dLv

Jacques H. Teeuwen

Das Geheimnis von Nabelan Kabelan

Steinzeitmenschen
begegnen Jesus Christus

clv
Christliche
Literatur-Verbreitung e.V.
Postfach 110135 · 33661 Bielefeld

Die Bibelstellen sind der Rev. Elberfelder Bibel entnommen.

1. Auflage 1997

© 1997 by CLV · Christliche Literatur-Verbreitung
Postfach 11 01 35 · 33661 Bielefeld
Aus dem Englischen übertragen und zusammengestellt von
Dr. phil. Veronika Trautmann
Satz: CLV
Alle Fotos: Jacques H. Teeuwen
Umschlag: Dieter Otten, Gummersbach
Foto: Jacques Teeuwen
Druck und Bindung: Ebner Ulm

ISBN 3-89397-261-7

Inhalt

Zur Person des Autors	7
Einführung	9
Vorwort	13
Kindheitserinnerungen	17
Der Krieg kommt nach Holland	27
In Polen	33
Der Zusammenbruch	45
Aus der Tiefe	73
Die Berufung	89
Aufbruch nach Irian Jaya	111
Landung in der Steinzeit	125
Das von Gott vergessene Land	131
Schmutzige Nasen	135
und schmutzige Nadeln	135
Ein Geschenk für Priscilla	141
Angst	143
Nabelan Kabelan	147
Feuer der Liebe	155
Alte Leidenschaften	163
Gefährliche Ankündigung	167
Schokolade und Mbawy	173
Neue Namen, neue Frisuren	179
Der große Vorstoß	185
Dem Bösen entrissen	201

»Ich bin der tote Mann« 207
Sie hatten alles gemeinsam 211
Vom Wilden zum Büchermenschen 215
Keine Bibeln, bitte! 221
Vermißt, wahrscheinlich getötet 223
Mburumburu geht nach Hause 235
Das Ende einer Epoche 237

Gespräch mit Jacques und Ruth Teeuwen 241
Karte von Irian Jaya 249
Anmerkungen 251

Zur Person des Autors

Jacques Hubert Teeuwen wurde am 30. März 1928 in Haarlem, Niederlande, geboren.

1940 wurde sein Heimatland von den Truppen Hitlers besetzt. Gerade 15 Jahre alt, meldete sich Teeuwen 1943 als Kriegsfreiwilliger nach Polen, wo er auch das Ende des Zweiten Weltkrieges erlebte.

Schreckliche Erlebnisse während des Krieges und das Gefühl der Sinnlosigkeit stürzten Teeuwen nach dem Krieg in tiefe Verzweiflung. Über eine christliche Arbeitskollegin kam er zum Glauben an Jesus Christus.

Von 1955 bis 1958 absolvierte Teeuwen eine theologische Ausbildung an der Bibelschule Wiedenest in Deutschland, wobei er von Anfang an den Wunsch hatte, später einmal als Missionar tätig zu sein.

1958 heiratete er die aus Schottland stammende Ruth und bereitete sich mit ihr zusammen auf einen Missionseinsatz in Neuguinea (heute Irian Jaya) vor. Dreizehn Jahre (von 1961 bis 1974) verbrachte die Familie – inzwischen mit vier Kindern – in Irian Jaya.

Nach der Rückkehr nach Holland arbeitete Teeuwen mit einer Osteuropamission zusammen. Auch heute, nach der Öffnung des »Eisernen Vorhangs«, erfüllt das Ehepaar Teeuwen noch Aufgaben in diesem Bereich.

Familie Teeuwen (von links):
Ruth, John Mark, Priscilla, Stephen, Andrew, Jacques

Einführung

»Aufgrund meiner Kindheits- und Jugendjahre hätte wohl niemand angenommen, daß ich eines Tages als Diener des Herrn Jesus Christus im Dschungel von Irian Jaya landen würde«, sagt Jacques Teeuwen selbst über seine Jugendzeit, denn »die Religion lag meinem praktischen Leben damals so fern wie Irian Jaya«.

Das vorliegende Buch bezieht daher auch die »Vorgeschichte« des Autors mit ein. Jacques Teeuwen erlebte als Zwölfjähriger die Besetzung seines Heimatlandes Holland durch die Deutschen und schildert, wie die verderbliche Ideologie des Nationalsozialismus zunächst von vielen begeistert aufgenommen wurde und er selbst auch ihrem Trug unterlag, dann aber eine Enttäuschung nach der anderen folgte; schließlich mußte er Hunger, Flucht und den Tod vieler seiner Kameraden miterleben. So mancher aus Jacques Teeuwens Generation wird sich mit diesen Erfahrungen identifizieren können.

Dann aber folgt etwas gänzlich Neues, das den meisten Lesern weniger vertraut sein wird. Die Erzählung führt uns in die fremde Welt Irian Jayas (früher: Niederländisch Neuguinea), das ist die westliche Hälfte der Insel Neuguinea, nördlich von Australien und nur wenig südlich des Äquators gelegen. Seit 1962 gehört Irian Jaya zu Indonesien. Der östliche Teil der Insel, Papua-Neuguinea, ist ein unabhängiger Staat.

Mit bis zu 1300 km Länge und bis zu 600 km Breite gilt Neuguinea als zweitgrößte Insel der Erde; sie ist Heimat des Paradiesvogels und vieler anderer seltener Tier- und Pflanzenarten, sowie reicher Bodenschätze, weswegen sie auch von Naturforschern, neuerdings sogar von Bergsteigern, besucht wird.

Irian Jaya ist ein Land, wie man es sich gegensätzlicher kaum vorstellen kann. Es finden sich hier die unterschiedlichsten Klima- und Vegetationszonen: In den Küstengebieten ist es tropisch heiß. Große Flächen, vor allem im Süden, werden von Sümpfen bedeckt. Regenwälder sind weit verbreitet und reichen bis auf eine Höhe von etwa 1200 m. Darüber herrscht montanes Klima, und es gibt sogar Regionen ewigen Schnees. Wenn man an der heißen Südküste ein Bad im tropisch warmen Meer nimmt, kann man bis auf diese schneebedeckten Berge blicken.

Die ganze Insel wird in ihrer Länge von mehreren Gebirgsketten – mit zum Teil alten, goldführenden Gesteinen – durchzogen, die im Westen in ein Berg- und Hügelland auslaufen. Der höchste Gipfel im Zentralgebirge Irian Jayas, der »Puncak Jaya«, weist eine Höhe von 5030 m auf und überragt somit alle Gipfel der Alpen! Die Berge sind schroff und steil, unzählige Wasserfälle stürzen zu Tal. Wolken bilden sich blitzschnell an den Hängen, fast täglich ergießen sich schwere Gewitter.

Wenn man um die Unzugänglichkeit vor allem des inneren Berglandes weiß, kann man erst verstehen, daß manche dort beheimatete Volksstämme bis in die 60er Jahre unseres Jahrhunderts niemals in Berührung mit der Außenwelt gekommen waren und wie im Steinzeitalter lebten.

Zu einem dieser Stämme – den »Dani« – waren Jacques Teeuwen und seine Ehefrau Ruth 1961 unterwegs. Ihre Missionsstation befand sich im zentralen Hochland, wo die Siedlungen auf 1500 m und höher liegen. Das Klima ist hier nicht so sehr durch jahreszeitliche, vielmehr durch beachtliche tageszeitliche Temperaturschwankungen geprägt, heiß am Tag und empfindlich kalt in der Nacht. Da die Hütten der Dani nur unzureichend vor der nächtlichen Kälte schützten, waren Erkrankungen an der Tagesordnung.

Der Stamm der Dani umfaßte damals ungefähr 100.000 Menschen. Ihre Sprache stellte nur eine unter geschätzt mindestens 300 Eingeborenensprachen Neuguineas dar. Die Dani kennen lediglich 22 Buchstaben, für die es in unserem Alphabet zum Teil keine Entsprechung gibt, für »rot« und »weiß« nur ein einziges Wort und verschiedene Formen der Zukunft, die bei uns unbekannt sind. Alles, was über den Zeitraum von etwa einem Monat hinausreicht, gilt als entfernte Zukunft und unsicher.

In den letzten 20 Jahren hat sich vieles in Irian Jaya verändert. Die Zivilisation hat Eingang gefunden – mit allen ihren negativen Begleiterscheinungen. Regenwälder wurden abgeholzt, Bodenschätze ausgebeutet, Straßen gebaut. Die Bergstämme wurden zum Teil von der indonesischen Regierung zur

Umsiedelung gezwungen, leben im sozialen Elend und führen ihre traditionellen Riten nur noch für Touristen auf. In den letzten Jahren sind mehrere Bücher erschienen, die sich kritisch mit diesen Entwicklungen sowie mit der Mission auseinandersetzen.[1]

Gerade deshalb aber finde ich das Buch Jacques Teeuwens so interessant, weil er und seine Familie noch in eine von außen weitgehend unberührte Stammeskultur kamen, wie es sie heute wahrscheinlich gar nicht mehr gibt. Niemals legte er den Einheimischen nahe, ihre traditionellen Lebensformen abzulegen, um den westlichen Lebensstil anzunehmen. Dann aber geschah doch Bahnbrechendes, allerdings immer auf Initiative der Stammesangehörigen selbst ...

20 Jahre sind vergangen, seit der Autor seine Erfahrungen zuerst schriftlich niedergelegt hat. Das Buch ist bereits in mehreren Sprachen erschienen, aber erst jetzt bietet sich die Möglichkeit für eine deutsche Ausgabe. 1993 habe ich zusammen mit meiner amerikanischen Freundin Bernardine Heckman begonnen, das englische Manuskript ins Deutsche zu übertragen. Danken möchte ich an dieser Stelle auch allen meinen Freunden, die mich zu der Arbeit ermutigt haben, meinem Ehemann Manfred und meinem Bruder Karl für wertvolle Mithilfe.

In einem Anhang gebe ich die Niederschrift eines Interviews wieder, das ich mit dem Ehepaar Teeuwen führte.

Micheldorf, Oberösterreich, im Sommer 1997
Dr. phil. Veronika Trautmann

Vorwort

»Warum hast du kein Buch über deine Erfahrungen in Irian Jaya geschrieben?«

Es war im Jahre 1977, als mir Johnny Mitchell zum erstenmal diese Frage stellte. Johnny war zu dieser Zeit Vizepräsident einer amerikanischen Missionsgemeinschaft, für die ich eine Vortragsreihe hielt.

»Es hat mich nie jemand danach gefragt«, gab ich zur Antwort.

»Dann bin eben ich es, der dich fragt!« – Johnny ging immer geradewegs auf das Ziel zu.

Damals äußerte ich mich nicht weiter dazu, aber Johnnys Frage ging mir auch nicht aus dem Sinn. Ich legte ein Vlies vor dem Herrn aus: »Wenn ich das nächste Mal in die Vereinigten Staaten komme, und jemand spricht mich auf das Buch an, dann sehe ich es als Zeichen, damit zu beginnen.«

Nach einiger Zeit hielt ich wieder einen ganzen Monat lang Vorträge im Osten der Vereinigten Staaten, doch niemand war da, der das Thema auch nur berührt hätte. Am 13. November 1977 brachten mich Wilbert und Nellie Bakker sofort nach dem Gottesdienst zum Flughafen. – Sie gehörten ehemals der »Grace Church« in Ridgewood, New Jersey,[2] an und hatten mich während meines Floridabesuchs gastfreundlich aufgenommen. – Das Flughafengebäude war schon in Sicht, als Nellie auf einmal sagte: »Gestern waren sechs von uns bei deinem Vortrag. Wir waren uns einig, daß du deine Erfahrungen zu Papier bringen solltest. Warum hast du kein Buch darüber geschrieben?«

»Ich *werde* es schreiben!« rief ich aus, wobei meine Stimme viel lauter war, als es der beschränkte Raum im Auto erfordert hätte.

Seither wurde ich von buchstäblich Dutzenden von Menschen aus verschiedenen Ländern darauf angesprochen: »Sie sollten ein Buch schreiben!«

Darauf erwiderte ich stets, daß ich bereits seit 1977 ein fertiggestelltes Manuskript in meiner Schublade liegen habe.

Ich traf öfters Menschen, die meine Berichte hörten und sich für mein Buch interessierten; einen Verleger habe ich aber lange Zeit nicht gefunden. Ich habe es allerdings auch nicht um jeden Preis versucht, denn unser Publikum ist ja schon mit Literatur jeder Art übersättigt. Warum sollte man des Guten zuviel tun? Es gibt ja so viele andere wichtige Aufgaben ...

20 Jahre mußten vergehen, aber nun ist es soweit! Die vorliegende Erzählung verstehe ich nicht als Autobiographie, obwohl sie viel Persönliches enthält. Es sollte auch weder nur eine Geschichte der Missionsarbeit in Irian Jaya werden, noch eine Abhandlung über die Entwicklung der christlichen Gemeinden dort – dazu ist es auch noch zu früh. Vielmehr ist es mir ein Anliegen, einige Dinge, die Gott in meinem Leben und mit den Menschen um mich getan hat, noch einmal in Erinnerung zu rufen.

Als die erste Waffenverbrennung stattfand, war ich noch nicht in Irian Jaya eingetroffen. Ich habe aber dieses Ereignis mit hereingenommen, weil es zum Verständnis des Folgenden sehr wichtig ist. Dabei konzentrierte ich mich auf Frank Clarke als Zeugen, obwohl auch andere beteiligt waren, als schon sehr früh das Wirken des göttlichen Geistes sichtbar wurde.

Vielleicht werden Sie sich fragen, ob einige der Dinge, die Sie lesen werden, wirklich wahr sind. Dazu möchte ich folgende Geschichte erzählen:

Ein Mann, der als Schlüsselfigur in der Erweckungsbewegung auf der Insel Timor (südwestlich von Neuguinea gelegen) anzusehen ist, besuchte mich einmal zu Hause. Ich hatte soeben die Ausgabe einer bekannten christlichen Zeitschrift erhalten. Es befand sich darin ein Artikel über die Geschehnisse auf Timor, wobei der Autor die Ansicht vertrat, er könne die Berichte einfach nicht glauben.

Diesen Artikel las ich meinem Gast vor. Der aber ließ sich nicht im geringsten dadurch beunruhigen. »Wie kann man schreiben, daß diese Dinge nicht möglich sind«, sagte er freundlich, »ich habe sie doch selbst erlebt!«

In der gleichen Weise übernehme ich die volle Verantwortung, daß die von mir im vorliegenden Buch geschilderten Ereignisse wahrheitsgetreu sind.

»Er zog mich heraus aus der Todesgrube, aus Schlamm und Morast, er stellte meine Füße auf Felsengrund, sicher machte er meine Schritte« (Psalm 40,3).
Dem Herrn sei Ruhm und Ehre!

Jacques Teeuwen

Kindheitserinnerungen

Holland ist ein faszinierendes Land. Jeder Holländer, der sein Herz am rechten Fleck hat, empfindet das so, nur wird er es nie aussprechen. Es ist nicht Wesensart der Holländer, Gefühle zu zeigen, auch nicht für einen Augenblick.

Wenn ein Fremder beredsam die Vorzüge seiner Heimat herausstreichen würde, der Holländer würde nur verächtlich mit der Schulter zucken und abschätzig sagen: »Holland? Een kikkerland.«[3]

Wenn aber einer sich erlauben sollte, dieses sogenannte »Land von Fröschen« anzugreifen, so wird der Holländer in Rage kommen wie ein Löwe, dem man seine Jungen weggenommen hat. Er wird kratzen und um sich treten, vor Wut schnauben und beißen, bis er zurückerobert hat, was ihm rechtmäßig zusteht. Möglicherweise ist das der Grund, warum so viele holländische Wappen einen Löwen zeigen.

Es gab eine Zeit in der Geschichte, als die Holländer 80 Jahre lang mit allen Kräften ihre Freiheit verteidigten. Regelmäßig wurde Holland von Feinden umzingelt. Aber einer von ihnen war besonders siegreich – oder handelte es sich lediglich um einen unzuverlässigen Freund? Holland wird oft auch »Land des Wassers« genannt, und das Wasser gilt sowohl als Freund als auch als Feind. Intuitiv ist jedem holländischen Kind bewußt, was es mit viel Mühe in der Grundschule auswendig lernen muß:

Nimm dem holländischen Bauern die Gulden,
seine Pfennige und all sein Geld,
wenn er nur seinen fruchtbaren Boden hat,
wird er alles mißachten und vor sich hin pfeifen.

Und wenn man ihm seinen fruchtbaren Boden nimmt,
so wird er noch das Wasser behalten
und mit Hilfe seiner Mühle so lange pumpen,
bis es trocken ist – früher oder später.

Wenn man ihm aber das Wasser wegnimmt,
die Seen, Kanäle und das Marschland,
dann hat Holland aufgehört, Holland zu sein,
auch wenn es noch auf der Landkarte zu sehen ist.

Die Dünen werden dann zur Wildnis,
alle Wiesen trocknen aus.
Von meinem schönen Holland wäre nichts mehr übrig,
denn Durst kann es nicht ertragen.

Ohne diesen »Freund Wasser« kann Holland nicht existieren. Und wenn dieser Freund in einer seiner unberechenbaren Launen plötzlich zum Feind wird, so wissen die Holländer, wie sie damit umgehen müssen. Wenn die stürmischen Wellen der Nordsee von ihrem rasenden Verbündeten, dem Wind, aufgewirbelt und angetrieben, an Hollands heitere Küsten und unerschütterliche Deiche peitschen, dann ist Kampf angesagt. Die Kirchenglocken läuten Alarm, um jedes noch so kleine Tröpfchen, jede wütende Welle zurückzuschrecken. »Weicht zurück! Weicht zurück! Die Holländer kommen!« Zeitweise Siege der aufschäumenden Wasser werden so in demütigende Niederlagen verwandelt.

Bewaffnet mit Schaufeln und Sandsäcken bis zu Munitionskisten und Kränen kommt der Gegenangriff. Die aber vermutlich stärkste Waffe der Holländer ist ein unwahrscheinlicher Sinn für Humor, der unter schwierigen Umständen besonders zur Geltung kommt.

Wenn dann der Wind sich schließlich legt und das Unwetter vorüber ist, werden die übel zugerichteten Dünen wieder aufgebaut und die zerstörten Deiche repariert. »Nederland zal herrijzen« (Holland soll auferstehen) ist nicht nur ein leeres Sprichwort!

Die Holländer können es sich nicht leisten, nachtragend zu sein, denn sie brauchen Wind und Wasser. Wenn dann die Wellen friedlich wie zur Versöhnung kleine Schaumkronen ans Ufer spülen, ist alles vergessen. Der Wind treibt die Flügel der Windmühlen an, und der Duft von Millionen von Blumen weht über das verträumte Land, wo samtäugige Kühe grasen und Landwirte mit hölzernen Schuhen ihrer Arbeit nachgehen.

Wer kann da leugnen, daß Holland einmalig ist?

Unter den schönen Städten Hollands nimmt Haarlem einen der vordersten Plätze ein. Bereits 1245 wurde die an der Spaarne gelegene Siedlung zur Stadt erklärt. Das Sprichwort »Alter läßt sich nicht verleugnen« trifft auf diese Stadt bestimmt nicht zu. Haarlem hat nach über 700 Jahren noch immer einen Hauch von Jugendlichkeit an sich, während die historischen Bauten der Stadt eine besondere Würde verleihen. Möglicherweise trägt die Gestaltung des bekannten Marktplatzes zu diesem Eindruck von jugendlicher Unbeschwertheit bei. Nur ein verspieltes Gemüt konnte die Idee haben, den »Fleischmarkt« in so unmittelbarer Nähe zur stattlichen Kathedrale St. Bavo, die eine international berühmte Orgel mit nicht weniger als 500 Pfeifen und 70 Registern besitzt, zu errichten. Dieser Fleischmarkt, der erst später gebaut wurde, ist in seiner Gestaltung und seinen Farben so anmutig, daß respektlose Holländer die Vermutung äußerten, der Architekt habe möglicherweise zu viel einheimischen Gin getrunken. Der fröhliche Charakter der »Bloemenstad« Haarlem kann vielleicht auch durch die bekannten Tulpenfelder erklärt werden, die man von der Stadt aus leicht mit dem Fahrrad erreichen kann. Die Innenstadt zeigt sich im Frühling in berauschender Schönheit. Man ist überwältigt von hinreißenden Pflanzungen von gelben Narzissen, violetten, weißen und roten Hyazinthen sowie einer verschwenderischen Fülle von Frühlingsblumen in allen Farben. Es ist daher nicht verwunderlich, daß der am meisten begehrte Preis der jährlichen Orgelfestspiele in St. Bavo eine silberne Tulpe darstellt.

Am 30. März 1928 trug ein Beamter des Standesamtes in Haarlem pflichtgemäß folgendes ein:

> »Geboren wurde Jacques Hubert Teeuwen, Sohn des Jacobus Hubertus Teeuwen und der Carolina Hol, verehelicht.«

Nach Bezahlung einer geringen Verwaltungsabgabe wurde meinen Eltern die erforderliche Urkunde übergeben. Mein Eintritt in diese Welt ist also – falls jemand das bezweifeln sollte – höchst amtlich bestätigt worden.

Die Tatsache, daß ich nicht einmal 25 cm über dem Meeresspiegel das Licht der Welt erblickte, hatte keine negativen Auswirkungen. Vier Töchter der Teeuwens hatten bereits vor mir dieselbe Leistung erbracht. Ungefähr zehn Jahre später kamen noch zwei Jungen dazu, zweifellos ermutigt durch den guten Erfolg ihrer Vorläufer.

Vater und Mutter Teeuwen stammten beide aus großen Familien und wußten, wie sie ihre Kinderschar im Zaum halten mußten. Schwierige Zeiten meisterten sie durch ihre hingebungsvolle Entschlossenheit, ihren Kindern das beste zu geben, obwohl das bescheidene Einkommen meines Vaters als Polizeibeamter klare Grenzen setzte. Mein Vater stammte aus dem südlichen Teil Hollands und war römisch-katholisch, bis er meiner Mutter begegnete. Zu jener Zeit gab es so etwas wie eine gemischt-konfessionelle Ehe nicht. Daher trat Vater aus seiner Kirche aus und wurde wie meine Mutter protestantisch. Die Folge war, daß man die Familienbeziehungen mit diesem »verlorenen Sohn« abbrach. Mehrere Jahre lang wurde nicht miteinander gesprochen.

In meinem Elternhaus war es üblich, nach der Hauptmahlzeit einen kurzen Abschnitt aus der Bibel zu lesen. Wenn man die zuletzt gelesenen Worte wiedergeben konnte, galt das als ausreichender Beweis, daß man alles verstanden hatte. Anschließend sollte jeder leise beten. Nur die Jüngsten sagten ein kurzes Gebet auf.

Die Gottesdienste in unserer Kirche waren schrecklich langweilig und schier endlos. Während der etwa zwei Stunden dauernden Zeremonie bekam ich von meinen Eltern vermutlich mehr Stöße in die Rippen als während der ganzen restlichen Woche zu Hause. Was nutzte es schon, daß eine große Uhr rückwärts angebracht war? Alle zwei bis drei Minuten drehte ich mich, um zusätzliche Klapse zu vermeiden, verstohlen um, aber das Ergebnis war frustrierend. Meistens schien es, als ob sich die Zeiger der Uhr in der Zwischenzeit nicht im geringsten bewegt hätten. Außerdem wurde ich von den Leuten in der Reihe hinter uns für mein ungehöriges Betragen mit Blicken angestarrt, die so durchdringend waren, als wollten sie mich vor den drohenden Qualen der Hölle warnen.

Der einzige Lichtblick bestand in zwei Pfefferminzbonbons, die genauso zum Gottesdienst gehörten wie die schwarzen Jakken und gestreiften Hosen von Pastor und Diakonen. Wir hatten zu Hause die Angewohnheit, die Pfefferminzbonbons in vier gleiche Teile zu zerschneiden, um unsere einzige Quelle des Trostes so lang wie möglich auskosten zu können.

Ich möchte nicht allein dem Pastor die Schuld geben, dennoch muß ich die traurige Feststellung machen, daß ich mich nicht erinnern kann, jemals etwas Faszinierendes, Interessantes oder Herausforderndes von jenem Rednerpult gehört zu haben. Es war eine Erleichterung für mich, als die politischen Entwicklungen es mit sich brachten, daß meine Kirchenbesuche, von denen ich so wenig profitiert habe, im Alter von zwölf Jahren ein Ende fanden.

Die Schule war auch nicht gerade ein Vergnügen. Schon lange vor dem schicksalhaften Tag, an dem ich in die erste Klasse eintreten mußte, verursachte mir der Gedanke Bauchweh. Einer meiner wenigen Spielkameraden freute sich auf die Schule, was ich einfach nicht verstehen konnte. Mir war bange vor so vielen Kindern. Außerdem mußte ich einen Schulweg von etwa zehn Minuten zurücklegen, und ich war noch nie alleine so weit weg von zu Hause gewesen. Meine Eltern würden mich nur am ersten Tag begleiten, schließlich war ich jetzt ein »großer Junge«.

Entgegen aller Hoffnungen kam der gefürchtete Tag schließlich herbei. Ermutigt durch meine großen Schwestern, die schon einige Jahre Erfahrung mit dem Zur-Schul-Gehen hatten, beendeten wir unser Frühstück einigermaßen fröhlich. An der Hand meiner Mutter, die mir zulächelte und mir gut zuredete, ging es noch. Ich hatte sogar die schwache Hoffnung, daß ich doch alles überstehen würde. Aber als wir das Schulgebäude betraten, war es vorbei. Die Schüler aus den höheren Klassen waren viel größer und wilder, als ich mir vorgestellt hatte. Sie sahen mit Verachtung auf uns Kleine herunter oder ignorierten uns einfach. Man hörte die Stimme des Direktors, die fröhlich über den Lärm hinwegdröhnte, Anweisungen gab und ältere Schüler nach den Sommerferien begrüßte. Das Schlimmste von allem aber war der erdrückende Geruch von Karbol. Eben begann mir übel zu werden, und es würgte mich bereits ein wenig, als die Lehrerin für die erste Schulstufe mich erspähte. Sie sprach mich freundlich an und beugte sich zu mir nieder, um mich in ihrer Klasse willkommen zu heißen. Aber von ihr ging ebenfalls ein so eigenartiger Geruch aus, den ich von zu Hause her nicht kannte. Auf einem Muttermal an ihrem Kinn befanden sich außerdem drei widerliche Härchen, die irgendwie zu nahe an mich herankamen.

Für mich gab es nur eines, wie ich dieser ekelhaften und bedrohlichen Situation entrinnen könnte. Ich begann zu heulen, und zwar nicht nur ein bißchen oder gedämpft, sondern mit voller Lautstärke, mit der sich meine aufgestaute Angst aus Leibeskräften entlud. Mein unkontrolliertes Schluchzen verursachte kein geringes Aufsehen in einer Klasse, wo ungefähr vierzig junge und zumeist etwas zitternde Neuankömmlinge der Welt verzweifelt zu beweisen versuchten, daß sie mit einem Schlag große Jungen und Mädchen geworden waren. Keine Chance! Der Junge, der neben mir am gleichen Tisch saß, war der erste, dem ebenfalls die Tränen kamen. Die Lehrerin machte den Vorschlag, daß meine Mutter sich aus der Klasse zurückziehen sollte, doch das half nicht. Man rief meine Schwester aus der zweiten Klasse herbei, die versuchen sollte, mich zu trösten. Ein Jahr zuvor hatte sie das Schulgehen begonnen, ohne auch nur eine Träne zu vergießen. Zuversichtlich betrat sie das Klassenzimmer. Minuten später verließ sie es wieder – weinend. Ich setzte indessen das Brüllen fort. Nun wurde meine Schwester aus der sechsten Schulstufe herbeigeholt, um mir beizustehen. Auch sie verließ die Klasse mit ihrem Taschentuch dicht vors Gesicht gepreßt.

»Ich will nach Hause«, schluchzte ich als Antwort auf den Versuch der Lehrerin, mehr Durchsetzungsvermögen zu zeigen. Voll Verzweiflung spielte sie ihren letzten Trumpf aus: Fransje. Der kleine Fransje war ein Vorzeigeschüler. Übertrieben selbstsicher hatte er das Klassenzimmer betreten und mit einer lässigen Handbewegung seine Mutter und seine Tante, die ihn am ersten Schultag begleitet hatten, wohlwollend verabschiedet. Sein schicker Samtanzug und die dazu passende Krawatte waren vermutlich extra für diesen Anlaß gekauft worden. Fransje fühlte sich wohl, er konnte sich mit der Situation zurechtfinden. Er marschierte zu dem ihm zugewiesenen Tisch, setzte sich, hielt den Rücken gerade und verschränkte die Arme über der Brust – ganz wie man es von ihm erwartete. Wenn jemand Selbstbeherrschung besaß und etwas von der eigenen Zuversicht weitergeben konnte, dann war es Fransje. Man setzte ihn daher neben mich. Es lag wirklich etwas in seinem Verhalten, das mich beeindruckte, aber es reichte nicht aus, um mein Heulen zu stoppen. Als ich durch meine Tränen einen Blick auf Fransje riskierte, bemerkte ich, daß seine Unterlippe verräterisch zuckte. Eine dicke Träne rollte langsam über seine rosige Wange und landete auf seiner makellosen Samtjacke.

Ich weiß nicht mehr wie, aber schließlich kam es doch zu einem Waffenstillstand. Es war gewissermaßen ein Kompromiß: Wenn man mich um zwölf gehen läßt und ich wieder zu meinen Eltern kann, höre ich zu weinen auf.

Mit der Zeit schließlich gewöhnte ich mich an das Zur-Schul-Gehen, aber richtig Spaß gemacht hat es mir nie. Ich beteiligte mich gerne an den Spielen im Schulhof. Oft bog sich die ganze Klasse vor Lachen, wenn ich absichtlich eine meiner dummen Bemerkungen machte. Nach außen hin war ich einer von ihnen, aber unter der Oberfläche fühlte ich mich unbehaglich. Mit einer einzigen Ausnahme hatte ich nie das Gefühl, daß ein Lehrer Interesse an mir zeigte oder mich mochte. – Da die meisten Erfahrungen meiner Schulzeit negativ waren, empfand ich es nicht als schlimm, als die Ereignisse des Zweiten Weltkriegs meiner Schulbildung in der achten Schulstufe ein Ende setzten.

Obwohl ich in einer Stadt geboren bin, war ich niemals ein Stadtmensch, denn ich liebte die Natur über alles. Eine besondere Faszination übten auf mich die frühen Morgenstunden aus. In der Grundschule kam es vor, daß ich als erster beim Schulhof ankam. In der Ruhe des Morgens hörte ich den zwitschernden Spatzen zu, die den Schulhof zu dieser Zeit noch für sich allein hatten. Sie waren laut und spitzbübisch, genau wie die Kinder, die später ankommen würden und hier schon etwas Dampf ablassen konnten, bevor sie die stickigen Klassenzimmer betraten.

Auch zu Hause war ich oft als erster am Morgen auf. Nach einem Streifzug durch die Speisekammer pflegte ich mich auf mein Fahrrad zu schwingen. Wald und Dünen waren nicht weit weg. Die frühen Morgenstunden haben eine eigene Anziehungskraft und regen die Sinne auf ganz bestimmte Weise an. Es machte Spaß, dem Surren der Reifen zuzuhören, wenn sie scheinbar mühelos über den noch feuchten Boden fuhren. Glitzernde Tautropfen zeichneten Muster von zerbrechlicher Schönheit auf die Spinnennetze und Blumen. Sogar ein verrosteter Stacheldraht konnte auf diese Weise zu einer Augenweide werden. Wenn schließlich die kalte Morgenluft weichen mußte und die Sonne ihre goldenen Strahlen wie einen märchenhaften Fächer über das Land breitete, dann war es wunderbar, dabei zu sein. Nach dem kühlen Start tat es gut, die Sonne zu begrüßen und sich von ihr wärmen zu lassen.

Nichts aber faszinierte mich auch nur annähernd so wie das Wasser. Es gab nichts Geheimnisvolleres, als wenn es um die Zeit des Sonnenaufgangs ruhig dalag wie ein silberner Spiegel. Welche verborgenen Dinge lagen da direkt unter der stillen Oberfläche! Plötzlich lief ein fast unmerkliches Zittern durch jene Schilfbüschel, die sich selbst im Wasser betrachteten, und ahnungsvoll wartete man, was weiter geschehen würde. In einiger Entfernung hörte man vielleicht ein Wasserhuhn leise auftauchen. Immer größer werdende Kreise bildeten sich um seinen schimmernden Körper, der aus dem Nichts gekommen war und nun ruhig dahinschwamm.

Noch auf eine andere Weise konnte man den Geheimnissen des trüben Wassers auf die Spur kommen und etwas entdecken. Fischen gehörte ebenfalls zu den Leidenschaften meiner Kindheit. Eine Bambusrute, versehen mit einer möglichst leichten Schnur und einem messerscharfen Haken, konnte man in der Landschaft fast nicht ausmachen. Stundenlang saß ich geduldig da und beobachtete den sich sanft auf- und abwärtsbewegenden Schwimmer. Jede Sekunde konnte das Unvorhergesehene geschehen. Obwohl sehr oft gar nichts passierte, blieb doch die Erwartung. Unwiderstehlich zog es mich zum Wasser hin, wo ich den besten Teil meiner Ferien verbrachte. Die einzige Enttäuschung blieb, daß die wirklich großen Fische entweder immer davonschwammen oder von jemand anderem gefangen wurden.

Der Krieg kommt nach Holland

Am 10. Mai 1940 erreichte der Zweite Weltkrieg Holland. An jenem verhängnisvollen Tag stand ich früher auf als gewöhnlich; es lag etwas in der Luft, das ich nicht erklären konnte. Ich zog mich an und ging die Stiege hinunter. Zu meiner Überraschung waren meine Eltern bereits auf und völlig angekleidet. Sie standen neben dem Fenster und fixierten etwas am Himmel. Das Radio war eingeschaltet, und ich erkannte die Stimme des Nachrichtensprechers. Um diese Uhrzeit wurden normalerweise keine Nachrichten gesendet.

»Wir warnen vor Fallschirmjägern ...«, hörte man zum wiederholten Mal. »Rotterdam, Strijen, Den Haag, Warnung vor Fallschirmjägern ...«

»Ich denke, sie halten militärische Übungen ab«, sagte meine Mutter mehrmals. An ihrem Gesichtsausdruck aber erkannte man, daß sie selbst nicht recht daran glaubte. Wir hörten über uns das bedrohliche Geräusch von brummenden Flugzeugmotoren und konnten auch schon ein Flugzeug ausmachen. Plötzlich stiegen flaumige Bällchen schwarzen Rauchs rund um das scheinbar mühsam vorwärtskommende (feindliche) Flugzeug auf. Augenblicke später brachte das aufgeregte Bellen von explodierenden Flugabwehrgranaten die Fenster zum Klirren. Wir zuckten jedesmal zusammen, wenn wir dieses ungewohnte Geräusch hörten. Harmlos aussehende schwarze Wölkchen blieben zurück, bis der Wind sie zerfetzte. Wenn sie so orientierungslos emporstiegen, schienen sie enttäuscht, weil sie ihren Zweck nicht erreicht hatten.

Einige Tage später konnten wir mit ansehen, wie eine Granate einen direkten Treffer landete. Dem hoch fliegenden Bomber entströmte plötzlich ein gewaltiger schwarzer Schweif aus dicken Rauchschwaden; unerwartet änderte das Flugzeug seinen Kurs, vollführte einen Halbkreis und raste mit wachsender Geschwindigkeit auf den Erdboden zu. Ich überlegte, was wohl mit der Besatzung passieren würde und begann unwillkürlich mit den Zähnen zu klappern.

Die holländische Armee war den gutausgebildeten und -ausgerüsteten Deutschen nicht gewachsen, zudem war sie auch zahlenmäßig weit unterlegen. In einem einzigen Luftangriff der deutschen Bomber wurde die ganze Innenstadt Rotterdams in Trümmer gelegt. Der deutsche Hauptbefehlshaber drohte damit, anderen Städten dasselbe Schicksal zuteil werden zu lassen. Nach nur fünf Tagen mutigen Widerstands gegen die Übermacht wurde Holland vom Schrecken der Bombardements zur Unterwerfung gezwungen. Es gab keinen anderen Ausweg – Holland wurde besetzt. Unbewußt habe ich es vermutlich damals schon mitbekommen, daß das Leben niemals wieder das gleiche sein würde wie vorher.

Von einem Zwölfjährigen kann man nicht allzuviel politische Einsicht erwarten. Mangels Erfahrungen kann er Entwicklungen noch nicht abschätzen und die komplizierten Zusammenhänge der höheren Politik nicht begreifen. Er vermag das Agieren der Menschen nur von seiner eigenen Warte aus zu sehen und ist sich der Ziele und Motivationen der politischen Führer nicht bewußt. Warum hätte es bei mir damals anders sein sollen; ich konnte die Ereignisse – wenn überhaupt – nur nach ihrem äußeren Wert beurteilen.

Schon bald nach der Besetzung Hollands durch die Deutschen kam es in unserer Familie zu Veränderungen. An die Stelle von geflüsterten Bemerkungen über die Grausamkeit der Deutschen traten nun erhitzte Diskussionen, die den deutschen Nationalsozialismus befürworteten. Es kam klar heraus, daß mein Vater von Hitlers neuen Ideen angetan war, während meine Mutter Argumente dagegen lieferte. Mit der Zeit aber schien sie den kürzeren zu ziehen. Im Falle eines deutschen Angriffes auf Holland hatten die alliierten Streitkräfte Hilfe zugesagt; diese war aber ausgeblieben. Was konnte man also von diesen Alliierten halten? In den ersten Tagen der Besetzung waren Gerüchte über rohes Verhalten der Deutschen kursiert. Ich war an der Straßenseite gestanden, als sie mit lachenden Gesichtern einmarschierten und an die eingeschüchterte und verunsicherte Bevölkerung Schokolade und Zigaretten verteilten. Wenn das unsere Feinde waren, wer brauchte dann Freunde? Die Haltung unserer Königin war ebenfalls ein wunder Punkt. Vor Kriegsbeginn hatte sie ihren Untertanen versichert, daß ein Mitglied des Königshauses von Oranien niemals fliehen würde. Aber schon kurz nach dem ersten Ausbruch von Feindseligkeiten hatte sich die gesamte holländische Regierung »ins Ausland begeben«. Wenn man das Kriegsgeschehen betrachtete, so war offensichtlich, daß die Alliierten die Lust zum Kämpfen verloren hatten, denn die Deutschen waren in jeder Hinsicht siegreich – am Land, am Meer und in der Luft. Nach dem »Debakel von Versailles« 1919 hatte Hitler, wie er sagte, sein Volk vor der völligen Vernichtung bewahrt und es mit Freiheit, Arbeit und Brot versorgt.

Es war daher nicht überraschend, daß mein Vater eines Tages in der Uniform der Nationalsozialisten zur Tür hereinkam und kurze Zeit später hauptberuflich für sie tätig wurde. Das war für mich Anlaß genug, mich ebenfalls einer Jugendorganisation anzuschließen, da ich auch eine Uniform tragen wollte. Ich erhielt auch tatsächlich eine Uniform, nur besaß diese keine goldenen Sterne und ziemlich kurze Ärmel. Aber das würde sich schon noch ändern!

Nachdem ich anfängliche Bedenken überwunden hatte, begann ich meine Mitbeteiligung zu genießen. Ich kam mit Leuten zusammen, die genau wußten, was sie wollten. Viele von ihnen besaßen hochstehende Ideale – Rauchen und Trinken waren verpönt, man hörte auch keine schmutzigen Reden. Bei den Aktivitäten machte ich gern mit, besonders aufregend empfand ich die militärischen Übungen. Häufig pflegten wir durch die Stadt zu marschieren, um die Leute auf uns aufmerksam zu machen. Dabei schlugen wir die Trommeln und ließen die Fahnen wehen, wobei der durchdringende Klang der Trompeten wie ein Siegesruf nachhallte. Der Rhythmus unserer stampfenden Füße dröhnte über den alten Marktplatz, während wir aus Leibeskräften sangen:

»Wir sind die Jugend,
die Zukunft unseres geliebten Heimatlandes.
Wir wollen ans Werk gehen
und unser großes Vaterland neu bauen.«

Manchmal geschah es, daß Menschen sich voll Verachtung von uns abwandten. Dann wurden sie von unseren Funktionären gepackt, und man zwang sie, sich umzudrehen und uns zuzusehen, denn man meinte, daß es höchste Zeit sei, ihnen die neuen politischen Gegebenheiten nahezubringen. Einige meiner Schulkameraden beneideten mich. An Samstagnachmittagen schlichen sie sich von zu Hause weg, um sich uns heimlich anzuschließen. Wenn wir durch Haarlem marschierten, folgten sie unserem Schritt, bedauernswerte Kreaturen, die doch unsere Uniform nicht tragen durften, da ihre engstirnigen Eltern es nicht erlaubten.

Es gab aber auch andere Reaktionen. Einige Kameraden sprachen nicht mehr mit mir; wenn ich sie auf der Straße traf, benahmen sie sich, als ob sie mich nicht kannten, andere wandten sich ab und spuckten voll Ekel vor mir aus. Für mich war das nur ein Ausdruck von Dummheit; etwas, was man für die gute Sache vorübergehend zu ertragen hatte.

Bei Simon war es anders – wir waren schon lange Freunde, fuhren zusammen mit dem Rad, spielten Fußball oder machten unsere Hausübungen gemeinsam. Zusätzlich anziehend war für mich, daß Simons Onkel Hausmeister einer Kirche war. In dieser Funktion erlaubte er uns, die Kirche nach Geldmünzen abzusuchen, welche die Leute während des Gottesdienstes verloren hatten. Wenn wir Glück hatten und eine Münze fanden, eilten wir in eine nahegelegene Konditorei, wo wir unseren Fund in riesige Mengen von Keksbruch umsetzten. Als Simons Eltern von meiner neuen Zugehörigkeit erfuhren, beorderten sie mich zu sich nach Hause, wo sie mir klipp und klar sagten, daß mein Weg mich direkt zur Hölle führen würde, und daß ich daher für Simon ein zu gefährlicher Spielkamerad wäre. Sie versicherten mir noch, daß sie für mich beten würden. Von diesem Tag an war Simon wie ein Fremder für mich; es war, als ob ein unsichtbarer Vorhang aus Schweigen, Haß und Isolation vor mir gefallen wäre.

Vom 22. Juni 1941 an nahm das Kriegsgeschehen eine neue Dimension an. Die »Voraussicht unseres großen Führers« Adolf Hitler erkannte die unheilvollen Absichten der Sowjetunion, in

Westeuropa einzumarschieren, um unser kulturelles Erbe zu vernichten – so verkündete es die deutsche Propaganda. Um dieser Gefahr zuvorzukommen, drangen siegreiche deutsche Truppen in Rußland ein und schlugen die sogenannten barbarischen slawischen Horden in die Flucht. Wie andachtsvoll sangen wir doch unsere Lieder, in denen wir die Allmacht priesen, die uns einen so starken Führer gesandt hatte, der Europa retten würde. Die Gürtelschnallen der deutschen Soldaten trugen damals die Aufschrift: »Gott mit uns«. Diese Bedeutung wurde uns jetzt bewußt.

Für den endgültigen Sieg schien es nur noch nötig, mit den verbliebenen Widerstandszentren in den russischen Steppengebieten aufzuräumen. Nachdrücklich warb man daher um Freiwillige, die bereit waren, in die besetzten Länder zu gehen. Alle, die mithelfen wollten, der kommunistischen Bedrohung Europas ein für allemal ein Ende zu setzen, waren im »Tausendjährigen Reich« willkommen – so nannte man das neue Reich, das tausend Jahre bestehen sollte.

Aus den Reihen der Nazibewegung in Holland kam daher beträchtliche Beteiligung, da sich zugleich die Gelegenheit bot, etwas von der Welt zu sehen. Das Abenteuer lockte. Viele junge Männer wollten die Chance wahrnehmen, denn schließlich gehörte es zur holländischen Tradition, sich für nationale Werte und Freiheiten einzusetzen. Jung und alt kamen deshalb in Scharen zu den Registrationsbüros. Viele meiner Kameraden aus der Jugendbewegung schlossen sich an, und alle verpflichteten sich für die gesamte Kriegsdauer. Es bestand auch die Möglichkeit einer Zwei-Jahres-Verpflichtung, doch das erschien den meisten als zu lang, denn wer wollte schon nach dem Krieg noch beim Militär bleiben?

Für mich bedeutete es einen enormen Rückschlag, daß man keine Freiwilligen unter achtzehn Jahren annahm und ich bis 1946 würde warten müssen. Bis dahin würde der Krieg sicherlich zu Ende und vergessen sein. Es war zutiefst frustrierend, nur aus einem so nichtigen Grund ausgeschlossen zu werden. Was konnte ich denn dafür, daß ich nicht früher geboren worden war? Trotzdem fühlte ich mich selbst genauso als Kämpfer wie jene, die entschlossen ausgezogen waren, ihr Glück an der Ostfront zu machen.

Damit der Krieg rasch beendet werden konnte, mußte die Kriegsmaschinerie laufen. »Räder müssen rollen für den Sieg«, war ein Propagandaspruch, den man überall lesen konnte. Die Soldaten brauchten Versorgungsgüter, und diese Güter mußten erzeugt werden. Besonders im landwirtschaftlichen Bereich waren Arbeitskräfte Mangelware. Außerdem war noch zu berücksichtigen, daß man die russische Macht für so gut wie gebrochen hielt. Niemals wieder wollte man den Russen Gelegenheit geben, Deutschland zu bedrohen. Um dies auf friedliche Weise abzusichern, wurden große Gebiete Rußlands besetzt und verblieben unter deutscher Aufsicht. Die Ukraine, Kornkammer Europas, benötigte Arbeitskräfte. Neue Siedlungen sollten gegründet werden, und man versuchte, junge, wagemutige Bauern dafür zu gewinnen oder auszubilden. Als ich von diesen Absichten hörte, war ich fasziniert, denn die Idee kam meiner Vorliebe für die Natur entgegen. Ich hatte immer Landwirt werden wollen wie mein Großvater, aber in Holland waren die Aussichten dafür aufgrund der Überbevölkerung sehr schlecht. Ich war zwar nicht sicher, ob ich die anhaltende schwere Arbeit des Bauernlebens auch in Kauf nehmen würde, aber hier ging es noch um etwas anderes, denn wir würden ja die »Herren« sein und die billigen russischen Arbeitskräfte unsere Untergebenen. Die Bedingung, sich zunächst probeweise für zwei Jahre für die Waffen-SS zu verpflichten, erschien mir als nichtig im Vergleich zu dem großartigen Angebot.

In Polen

Als im Juni 1943 ein Transport Freiwilliger Holland in Richtung Osteuropa verließ, war ich auch mit dabei.

Vier Tage lang rollte unser Transport ostwärts, wo wir uns eine großartige Zukunft vorstellten. Fürs erste aber saßen wir tagelang im Zug, der oft kaum vorwärtskam, denn von Zeit zu Zeit zwangen uns Luftangriffe, anzuhalten. Bei anderen Gelegenheiten wurden wir von der Hauptverkehrslinie auf ein anderes Gleis verschoben, da der Transport von Militär und Militärmaterial Vorrang hatte. »Räder müssen rollen für den Sieg.« Aber niemandem fiel es ein, sich über die häufigen Aufenthalte, die zu großen Verzögerungen führten, zu beschweren. Dabeisein war alles, und wir waren auch ein Teil der riesigen Kriegsmaschinerie. Zusammen mit Millionen von Menschen hatten wir eine Bestimmung, ein Lebensziel, gefunden. Während sich der Zug Kilometer um Kilometer vorwärts bewegte – gleich einem sich entrollenden Teppich –, übertönten unsere jugendlichen, fröhlichen Stimmen das Rattern der Dampflokomotive mit dem bekannten Lied: »Wir wollen weiter marschieren, wenn alles in Scherben fällt. Denn heute gehört uns Deutschland und morgen die ganze Welt.«

Wenn wir dann vom Singen heiser geworden waren, setzten wir uns zusammen und begannen eifrige Gespräche über das bessere Leben, das wir einmal zu führen gedachten. Um uns möglichst effektiv einsetzen zu können, wollte man uns in Zehnergruppen aufteilen und in verschiedene Regionen Polens schicken. Wer würde zusammenkommen, und würde mit unserem Lagerführer ein Auskommen sein? Wie würden wir untergebracht sein? Einer meinte, wir würden Einzelzimmer bekommen, andere tippten auf Schlafsäle. Wir plauderten so aufgeregt wie Kinder, denen man soeben erlaubt hat, den farbenfroh dekorierten Raum zu betreten, in dem begehrte Weihnachtspakete hoch aufgetürmt liegen.

Wenn wir auf unser aufregendstes Gesprächsthema kamen, senkten wir ehrfurchtsvoll unsere Stimmen. Es befanden sich auf dem Zug auch jede Menge Mädchen, die zu anderen Lagern unterwegs waren. Dennoch waren sie wohl dazu bestimmt, einmal die Ehefrauen der zukünftigen »Großbauern« zu werden. Es war ein faszinierender Gedanke für junge Burschen, die ein Mädchen nur dann anzusprechen wagten, wenn sie in Gesellschaft anderer Jungen waren, jedoch alles, was Röcke anhatte, wie eine ansteckende Krankheit mieden, wenn sie allein waren.

Vor allem aber waren wir beeindruckt von der bemerkenswerten Voraussicht unserer fähigen Führer, denn nicht einmal unsere Eltern hatten ein so heikles Problem bedacht. Wenn also die langfristigen Pläne, die unsere Zukunft betrafen, schon so sorgfältig in Betracht gezogen wurden, konnten wir uns ruhig zurücklehnen in bezug auf die nähere Zukunft. Obwohl wir die vieldeutigen Aussagen noch kaum verstanden, sangen wir bei derben Soldatenliedern mit, worin die Schönheit des weiblichen Geschlechts sowie phantastische Vorstellungen vorkamen. Währenddessen kam der Zug unserem Bestimmungsziel immer näher.

Zunächst meinten wir, daß sich jemand einen Spaß mit uns erlaube, doch die Worte eines auch ein wenig unsicher gewordenen Gruppenführers überzeugten uns vom Gegenteil – wir waren an unserem Ziel angekommen. Wir schleiften unsere Koffer durch den losen Sand hinter uns her. Keiner sagte ein Wort, als wir vor einem baufälligen Schulgebäude zum Stillstand kamen. Wir befanden uns in einer der ärmsten Regionen Polens. Unsere Hoffnungen, mit einem warmen Essen empfangen zu werden, verflüchtigten sich wie Dampf aus einem Kessel, gefüllt mit dicker, leckerer Suppe mit riesigen Fleischbällchen und saftigen, zarten Fleischstücken darin.

Die Frage, ob unsere Betten bereits gemacht worden wären, oder ob wir uns selbst darum kümmern müßten, erschien auf einmal grotesk, denn es gab weder eine Suppe noch Betten, es gab absolut nichts. Wir gingen die leeren Räume ab, bis uns die völlige Absurdität der Situation dämmerte. Nachdem wir uns von dem anfänglichen Schock erholt hatten, begann einer plötzlich zu lachen, zunächst noch zögernd, dann lauter und ausgelassener, bis auch die Pessimisten angesteckt wurden und in das Lachen mit einstimmten, wodurch Enttäuschung und Müdigkeit auf einmal wie weggefegt waren. Dieser Herausforderung wollten wir uns schon stellen, schließlich waren wir Pioniere, und uns gehörte die Zukunft. Also gingen wir ans Werk. Einen Bauern in der Nachbarschaft beschwatzten wir um Kartoffeln, von einem anderen organisierten wir uns Stroh zum Schlafen. Wir liehen uns einen Trog aus, um darin unser erstes Kartoffelmenü zu kochen. Ein Künstler und stolzer Besitzer eines Taschenmessers begann, eine Schöpfkelle sowie einige nicht identifizierbare Werkzeuge zu schnitzen, die Gabeln darstellen sollten. Auf dem Boden sitzend versuchten wir, die Kartoffeln mit unseren unbeholfenen Geräten aufzuspießen und waren guter Laune.

Als das Licht des Tages sank, streckten wir uns mitsamt Kleidern im Stroh aus, und endlich kehrten Frieden und Ruhe ein. Wir waren zuversichtlich, daß sich die Dinge schon noch zum Besseren wenden würden.

Bald aber sollten wir erfahren, daß es noch schlimmer kommen konnte. Mehrere Wochen hatten wir im Lager verbracht und waren viel uns selbst überlassen; nun versuchten wir, Landwirte ausfindig zu machen, die unsere Dienste brauchen würden. So kam ich zu Joseph. Jeden Tag zeitig am Morgen stieg von seinem Anwesen, das etwa 300 m von unserem Lager entfernt war, blauer Rauch zum Sommerhimmel hinauf, was anziehend auf mich wirkte.

Man konnte Josephs Haus kaum als Bauernhof bezeichnen. Die Ställe waren aus grob zugehauenen Brettern gebaut und mit Stroh gedeckt. Es gab keinen betonierten Boden, so daß die Kühe bis über die Knöchel in Schmutz und Jauche einsanken. Diese paar knochigen und schmutzigen Kreaturen repräsentierten Josephs Reichtum und Stolz, während sie von uns respektlos in »Garderobenständer« umbenannt wurden. Eine Schwelle zwischen Stall und Hof bildete die einzige sichtbare Trennlinie zwischen dem Schmutz innerhalb und außerhalb des Stalles.

Auch das Haus war klein und schmutzig. Nur wer demütig genug war, sich niederzubeugen, konnte durch die vordere Tür eintreten. Man konnte nicht mehr eruieren, wann die schmierigen, gelblich-schwarzen Wände zuletzt weiße Farbe erhalten hatten.

Joseph war ein freundlicher Mann. Obwohl erst Anfang dreißig, wurde sein Haar bereits schütter. Wenn die Sonne seinen kahlen Kopf beschien, erhöhte das den Eindruck von Gutmütigkeit, den er ausstrahlte. Das gleiche bewirkte sein großzügiges Lächeln, wodurch das Fehlen mehrerer Vorderzähne offenbar wurde. Gefragt, ob er eine Hilfskraft für seinen Bauernhof benötige, bejahte Joseph. Seine Philosophie war so simpel wie sein gebrochenes Deutsch: »Du arbeitest gut – ich gebe Geld. Du arbeitest nicht gut – ich gebe kein Geld.« Als ich einwilligte, bedeutete er mir, ihm zu folgen, während er barfuß über eine Mischung aus Sand und Jauche – seinen Hof – schritt. Der Dreck quoll zwischen seinen nackten Zehen hervor. Joseph konnte seine Mißachtung kaum verbergen, als ich sorgfältig hinter ihm hertrippelte, während ich vergeblich versuchte, meine Schuhe sauber zu halten.

Bevor er mir die Hacke übergab, hatte Joseph mir vorgezeigt, wie man das Moos, das in den Ställen als Ersatz für Stroh diente, bearbeiten mußte. Fünf Minuten später befand ich mich ganz allein in einem kleinen Wald.

Am Anfang hatte die Aussage »Du arbeitest gut – ich gebe Geld« wie Musik in meinen Ohren geklungen. Aber schon bald kam ich darauf, daß es im Wald ziemlich heiß war. Es gab zwar jede Menge Insekten, aber keinen Menschen, mit dem man sich unterhalten konnte. Außerdem hatte ich schlechthin das Gewicht dieser Hacke unterschätzt. Der Mooshaufen, den ich dem Waldboden entriß, blieb enttäuschend klein.

Erstaunlich war Josephs philosophische Haltung, als er am Ende des Tages kam, um meine kümmerlichen Fortschritte zu inspizieren. Sein Gesicht drückte eine Mischung von Belustigung und Erstaunen aus.

»Das ist so wie das ist«, sagte er, indem er auf eine oft wiederholte Redewendung zurückgriff, faszinierend in ihrer Belanglosigkeit. Dennoch gab er mir etwas Geld, und ich fühlte mich in Hochstimmung, bis er mir eröffnete, daß er am nächsten Tag noch mehr Moos brauchen würde. Als ich am nächsten Morgen wieder mit Hacken beschäftigt war, begann ich mich zu fragen, ob es wirklich das war, was ich angestrebt hatte. Ich schien weit davon entfernt, ein »Großbauer« zu sein. Und wie konnte ich hier auf irgendeine Weise den Kriegsfortschritt beeinflussen? Alle Möglichkeiten dazu schienen weit weg zu sein. Die Sonne brannte heiß vom Himmel, Insekten taten sich auf meine Kosten gütlich. Oftmals – wohl zu oft – ging ich zu Josephs bescheidenem Anwesen hinüber, um auf die Uhr zu schauen und sicherzugehen, daß ich nicht über die Zeit arbeitete. An diesem Abend bekam ich nichts bezahlt. »Das ist so wie das ist«, sagte Joseph achselzuckend und gab mir zu verstehen, daß er kein Interesse hätte, daß ich am nächsten Tag wiederkommen sollte.

Nun wurde mir sozusagen eine vertrauliche Aufgabe angeboten. Ich empfand es zwar mehr als Bestrafung denn als Beförderung, zumindest aber als Warnung an meine Kameraden, nicht alles auf die leichte Schulter zu nehmen. Offensichtlich hatte ich aber keine andere Wahl. Zusammen mit einem Kameraden, der ebenfalls als Arbeiter nur wenig Erfolg gehabt hatte, wurde ich einem anderen Lager zugeteilt, das bewohnbar gemacht werden sollte. Van Loon, ein großer, blonder und drahtiger Bursche, war ein netter Kerl, freundlich und treu, aber mit Sicherheit nicht gerade der Klügste. Er hatte Probleme, sich auszudrücken, das machte er aber mit Fluchen wett.

Das altersschwache Schulgebäude, in dem wir zuerst untergebracht waren, kam uns im Vergleich zu unserem neuen Quartier noch wie ein Palast vor. Hier waren sogar noch intakte Fenster ein Luxus. Die Farbe an den Wänden blätterte bereits ab; Putz war von der Decke gefallen und bildete kleine Haufen auf dem Boden, wodurch es unmöglich war, die rissige Eingangstür zu schließen. Der Dachboden erschien noch als sicherster und gemütlichster Ort, um unser Quartier aufzuschlagen. Beim Einschlafen konnten wir durch beschädigte Dachziegel die Sterne funkeln sehen.

Da es kein fließendes Wasser gab, wuschen wir uns am nächsten Morgen in einem Gewässer gleich neben dem Haus, das in früheren Tagen wohl dem Erholungsbedürfnis von Enten und Gänsen gedient haben mochte. Bevor wir uns mit der lehmigen

Flüssigkeit das Gesicht wuschen, mußten wir erst die vielen Wasserflöhe loswerden, die wir mit unseren hohlen Händen zusammen mit dem Wasser herausgeschöpft hatten.

»Hast du einen besonderen Wunsch für das Frühstück?« fragte ich Van Loon sarkastisch. Mittags knurrten unsere Mägen bereits derart, daß wir uns veranlaßt sahen, einige unserer militärischen Übungen in der Praxis zu erproben, indem wir unbemerkt zu einem benachbarten Kartoffelfeld schlichen. Aus solchen Aktionen resultierte das Menü der folgenden Tage. Es ging so weit, daß Van Loon nicht mehr von seinem Magen sprach, sondern ihn einfach »Kartoffelfriedhof« nannte. Wir dachten uns auch nichts dabei, wenn man gelegentlich einen unschuldigen Fuchs dafür verantwortlich machen würde, daß einige Hühner nicht mehr aufzufinden waren.

Einige Wochen später trafen wir wieder mit unseren früheren Kameraden zusammen und wurden in ein Schulgebäude in einer anderen Gegend verlegt. Es gab dort etwas mehr Komfort als in den vorausgegangenen Quartieren, nämlich Stockbetten mit Strohmatratzen. Wir erhielten auch Kleidung, die aber für den herannahenden kalten Winter bei weitem nicht ausreichend war.

Ich wurde einem Landgut zugeteilt, dessen Besitzer sich im Militärdienst befand. Der polnische Verwalter lachte höhnisch, als er erfuhr, daß ich Bauer werden wollte. Nachdem er mehrere Tage meine allgemeine Unbeholfenheit beobachtet hatte, tat ich ihm leid. Vielleicht wollte er auch nicht, daß die anderen Arbeitskräfte durch meine Leistungen demoralisiert wurden, jedenfalls fand er immer einen leichten Job für mich, etwas abseits von den anderen. Vielleicht verschonte er mich auch mit weiteren Anordnungen des obersten Chefs, denn schließlich hatte er es mit einem Angehörigen der arischen Rasse zu tun, während er selbst »nur« slawischer Herkunft war. – Unablässig waren wir solcher Propaganda ausgesetzt, bis wir beinahe schon selbst daran glaubten. Zumindest war es für uns eine angenehme Überzeugung, und wer es nicht glauben wollte, mußte es eben mit Gewalt lernen. Der Herr Verwalter hatte daher allen Grund, vorsichtig zu sein. Im Grunde war es uns nicht einmal erlaubt, mit den russischen und polnischen »Sklavenmenschen« zu reden. Ein Kamerad, der ohne an Böses zu denken, angefangen hatte, polnisch zu lernen, wurde deswegen scharf zurechtgewiesen. Diese Rassendiskriminierung, gepaart mit deutscher Gründlichkeit, schuf oftmals groteske Situationen. Als ich einmal auf einem kleineren Bauernhof arbeitete, kam die Frau des Bauern deswegen in nicht geringe Verlegenheit. Sie hatte für alle Arbeiter gekocht, aber wie stand es mit der Sitzordnung? »Sklavenmenschen« konnten doch wohl nicht am gleichen Tisch sitzen wie die Niederländer, denen der Führer höchstpersönlich bestätigt hatte, daß sie eine Perle in der Krone der deutschen Länder einnahmen. Vielleicht aber war diese Perle doch nicht ganz so glänzend wie die der Deutschen selbst? Jedenfalls wurden schließlich drei Tische gedeckt, einer für die Deutschen, einer für mich und einer für die »Sklavenmenschen«.

Nur während der Kartoffelernte kannte der Herr Verwalter keine Gnade. Eine lange Reihe von Kartoffeln wurde umgepflügt, und jedem Arbeiter wurde ein etwa gleich langer Abschnitt zugeteilt, um die Kartoffeln zu ernten, die man anschließend an einen bestimmten Platz zu bringen hatte. Für mich war das eine entsetzliche Qual, denn ich besaß weder die Wendigkeit noch die Routine der anderen. Alle waren rasch mit ihrer Arbeit fertig und setzten sich dann auf ihre geleerten Körbe, während der Pflug die nächste Reihe umackerte. Zu der Zeit aber stand ich noch immer mit gegrätschten Beinen und hängendem Kopf da und grub verbissen Kartoffeln wie auch Steine aus. Dabei mußte ich aufpassen, daß mich der Pflug nicht überholte.

Im Geheimen fragte ich mich, ob in meinem Abschnitt vielleicht mehr Kartoffeln verborgen waren als bei den anderen. Immer wenn ich meinte, daß ich es geschafft hätte und mich einen einzigen ersehnten Moment lang auf meinem Korb ausruhen wollte, hörte ich bereits wieder die Stimme des Fahrers, wie er seine Tiere antrieb. Schon kam das Stampfen und Schnauben der Pferde näher, ihr Ledergeschirr quietschte, die Räder knirschten, und erbarmungslos ging die Folter von neuem los.

Als ich eines Tages von der Arbeit zurückkehrte, rief Van Loon mir zu: »Teeuwen, du sollst dich beim Lagerleiter melden!« Ich befand mich nun schon fast ein Jahr in Polen, und so schlimm empfand ich es insgesamt nicht. Zwischen den Freiwilligen im Lager hatte sich ein besonderes Zusammengehörigkeitsgefühl entwickelt. Durch die militärischen Übungen, die Arbeit und die Entbehrungen waren wir sowohl körperlich als auch seelisch gestählt worden. Es war uns bewußt, daß wir auf dem Weg waren, solche Männer zu werden, wie sie an der Frontlinie gebraucht würden. Unsere Führer aber behaupteten verzweifelt strikt das Gegenteil. In der Zwischenzeit hatte ich an einigen Arbeiten, die mir auf dem Landgut zugeteilt wurden, sogar Gefallen gefunden.

Als mir gesagt wurde, daß ich mich melden solle, ließ ich im Geiste rasch die letzten Tage Revue passieren. Ich hatte in letzter Zeit nicht geschwänzt. Wir hatten nämlich ein ziemlich narrensicheres System ausgearbeitet, um uns etwas Abwechslung zu verschaffen. Einige Tage im voraus pflegten wir unseren Arbeitgebern mitzuteilen, daß wir geschäftlich verreisen mußten, was gar nicht so abwegig klang, wenn man bedachte, daß wir in absehbarer Zeit Landgüter im weit entfernten Rußland innehaben würden. Der Plan war nur ein einziges Mal schief gelaufen, nämlich als unser Lagerleiter während einer unserer »Geschäftsreisen« beschloß, einigen der Bauernhöfe, auf denen wir vermutet wurden, einen Besuch abzustatten. Es kostete ihn viel Mühe, seinen Oberen nicht merken zu lassen, daß er nicht wußte, wo wir stecken konnten. Die Peinlichkeit der Situation erzürnte ihn mehr als unsere Abwesenheit.

An alle diese Dinge mußte ich denken, als ich zu seinem Büro gerufen wurde. Schon bald aber sollte ich Näheres erfahren. »Man hat Sie ausgesucht, um Sie für unsere Bewegung als Offizier weiter auszubilden«, wurde mir eröffnet. Der Lagerleiter genoß es sichtlich, daß er das Vorrecht hatte, mir die Botschaft auszurichten und freute sich für mich. Da ich als einziger in unserem Lager dieses Angebot bekam, war es eine Ehre. Es würde aber auch hartes militärisches Training und weitere Schulung bedeuten. »Geschäftsreisen« hätten da wohl keinen Platz mehr, außerdem mußte ich meine Clique verlassen. Mit nur wenigen Ausnahmen akzeptierten wir einander. Wir hatten Entbehrungen miteinander geteilt und gemeistert. Das alles sollte ich verlassen! Als ich wenige Wochen später das Lager verließ, war es, als ob ich von zu Hause wegging.

Mit nicht geringer Besorgnis stieg ich in den Zug, der mich in das Bergland im Süden führen sollte. Ein eisernes Training wartete auf mich. Ganz unerfahren war ich nicht mehr, doch die Erzählungen von anderen deuteten an, daß sie weitaus Schlimmeres erlebt hatten als ich. Wir würden eine internationale Truppe bilden, und das bedeutete auf jeden Fall viel Konkurrenz. Würde ich mithalten können, und würden die anderen gute Kameraden sein?

Beim Trainingszentrum angekommen, blieben meine Zweifel weiter bestehen. Mehr als hundert Männer, von denen einige bereits einen militärischen Rang innehatten, nahmen an der Schulung teil. Andere waren mindestens doppelt so alt wie ich. Als ich den Offizieren vorgestellt wurde, fühlte ich mich unbehaglich. Die meisten waren SS-Offiziere; Orden und Streifen zierten ihre Uniformen. Mehrere hatten Amputationen hinter sich oder hinkten; sie hatten die Realität des Krieges hautnah miterlebt und wußten, wie man Anfänger zu unterrichten hatte. Ein Trost war für mich, daß ich beileibe nicht der einzige war, der sich befangen fühlte; tatsächlich dürfte es den meisten ähnlich gegangen sein, was auch übertriebene Lautstärke oder Gleichgültigkeit nicht verdecken konnten.

Schließlich kam es aber doch ganz anders. Natürlich waren die sportlichen Wettkämpfe, die militärischen Übungen und der Gebrauch von leichten Waffen kein Kinderspiel, es war hart, aber nicht unfair. Aber es ging nicht um eine »natürliche Auslese«, um jene auszuschließen, die man für militärische Führungspositionen für ungeeignet hielt. Das Hauptgewicht wurde bei der Schulung vielmehr auf die Ideologie gelenkt, und die wurde uns unablässig eingetrichtert.

Die Vorsehung hatte unsere Rasse dazu bestimmt, eine hervorragende Rolle in der Geschichte zu spielen. Wir waren die Herren, die ganze Welt stand uns rechtmäßig zu, und jedes Hindernis mußte weichen. Aber besaßen wir auch den Mut, in die Fußstapfen jener zu treten, die ihr Leben auf dem Schlachtfeld hingegeben hatten? Waren wir bereit, uns mit den »Reaktionären« zu befassen, die in ihren Heimatländern Verwirrung stifteten?

Von einer Gruppe dieser Aufständischen wurde behauptet, daß sie kontinuierlich für Verwirrung sorgten – nämlich die gläubigen Christen, denen man nachsagte, daß sie sich auf lang widerlegte Ideen beriefen und sich nicht fügen wollten. Bei solcher Hartnäckigkeit gab es nur ein Mittel, sie zum Schweigen zu bringen, und zwar indem man sie physisch auslöschte. Ein Offizier berichtete, wie er an der Beseitigung eines einfach unbelehrbaren Pastors mitbeteiligt gewesen war. Das war das einzige Vergehen, das man ihm vorwerfen konnte. – Da einige von uns aus einem christlichen Elternhaus stammten, war die Stimmung an diesem Morgen gedrückt. Ich selbst hatte schon bald nach meiner Ankunft in Polen beschlossen, daß es einfach nicht möglich war, daß ein Wesen Kontrolle über die ganze Welt haben sollte. Daher gab ich die letzte religiöse Praxis auf, die ich bis dorthin durchgeführt hatte: ein gemurmeltes, vorgeformtes Mittagsgebet.

Wenn man wirklich Verantwortlichkeit und Liebe zur Heimat zeigen wolle, so gäbe es keine andere Wahl, als gegen die Geistlichkeit vorzugehen, hieß es. Schließlich sollten wir vertrauenswürdige Führer werden, so daß man uns die heilige Verantwortung, unser Volk zu schützen und zu befreien, übertragen konnte und wir uns des Vertrauens unseres Führers würdig erweisen würden.

Möglicherweise hatten wir aber nicht den vollen Sinn und die Ausschließlichkeit dessen erkannt, was von uns erwartet wurde. Wenn wir aber daran dachten, was auf dem Spiel stand – die zivilisierte Welt vor Zerstörung zu bewahren –, hatten wir keine andere Möglichkeit. Beherzte Freiwillige hatten in der Verteidigung dieser Werte sogar ihr Leben geopfert. Daher wollten auch wir, was immer notwendig sein sollte, in blindem Gehorsam ausführen. Mit neuer Entschlossenheit stimmten wir in das Lied der Soldaten ein: »Führer, befiehl, wir folgen dir.«

Nach zwei Monaten, als die Ausbildung bereits dem Ende zuging, war mein anfängliches Zögern gewichen, ich begann mich wohlzufühlen. Ein Anwerber kam zu unserem Trainingslager, und es bestand die Möglichkeit, sich weiter zu verpflichten, was nur die Feiglinge nicht taten. Ich hatte es geschafft, war befördert worden und trug nun die schwarzen Streifen eines Offiziersanwärters. Die Sportmedaille auf meiner linken Brusttasche hätte ruhig ein wenig größer ausfallen können. Am wichtigsten aber waren die rot besetzten Schulterstücke (mit der Aufschrift »Kriegsfreiwilliger«), die ich stolz zur Schau trug – das bedeutete Freiwilliger für die Waffen-SS. Nun brauchte ich nur mehr meinen siebzehnten Geburtstag abzuwarten, um in den aktiven Dienst einzutreten – also immer noch neun Monate! Wenigstens aber befand ich mich auf dem richtigen Weg.

Es zeigte sich, daß nicht mehr viel Zeit blieb, um meine Streifen und Abzeichen tragen zu können. Die Gelegenheit, sie in silberne oder goldene umzutauschen, kam nicht mehr. Als ich die Schulterstücke einmal besaß, waren sie mir auch nicht mehr so wichtig. Aber ich rückte dadurch eine Stufe höher und wurde Assistent des Lagerleiters, dem 18 junge Männer unterstellt waren. Alles, was nicht mit Administration zusammenhing, wurde nun meine Aufgabe. Ich gehörte nicht mehr zur Clique; die anderen waren verpflichtet, vor mir zu salutieren, aber das machte auch nur am Anfang Spaß. Innerlich verachtete ich die mir unterstellte Truppe. Die meisten von ihnen waren jünger als ich und hatten bei weitem nicht eine so gründliche Ausbildung erfahren. Insgeheim hielt ich sie für Waschlappen, mit denen ich meine Mühe hatte, ihnen militärischen Drill beizubringen. Auf dem Bauernhof, wo ich mithalf, nahm ich ebenfalls durch meinen militärischen Rang – so gering er sein mochte – eine besondere Stellung ein. Die anderen erblickten darin so etwas wie eine Gefährdung, und ich war noch zu naiv, um zu verstehen, warum. Die »gute alte Zeit«, in der wir uns Kartoffeln organisiert oder »Geschäftsreisen« unternommen hatten, schien jedenfalls vorbei.

Der Zusammenbruch

Unsere Aufmerksamkeit wurde indessen von anderen, wichtigeren Dingen in Anspruch genommen. Die Berichte von der Front waren nicht mehr so begeisternd und siegreich wie vormals. Natürlich hegte niemand, der vernünftig dachte, auch nur den geringsten Zweifel an unserem Sieg, denn unser Führer hatte ja alles in der Hand. Das hatte er uns versprochen, als wir uns zu Loyalität und unbedingtem Gehorsam verpflichtet hatten. »Führer, befiehl, wir folgen dir«, war weiterhin unsere Devise. Man konnte die täglichen Nachrichten aber auch nicht ganz mißachten. In Rußland, dem Land unserer Zukunft, wurde eine Stadt nach der anderen geräumt. Die Ukraine, Kornkammer Europas, wo wir heimisch werden sollten, war wieder in die Hand der Bolschewisten übergegangen. Offiziellen Berichten zufolge handelte es sich um eine generelle und strategische Kürzung der Frontlinien. Es erschien nicht länger notwendig, die Besetzung jener riesigen Gebiete verbrannter Erde aufrechtzuerhalten, die man Rußland nannte. Für den kommenden Frühling war es geplant, jene verwüsteten Landstriche erneut zu erobern – im Zusammenhang mit unserem endgültigen Angriff.

Im Januar 1945 sollte ich eine landwirtschaftliche Prüfung in der Stadt Elbing (heute Elblag in Polen) ablegen, die nicht weit von unserem Lager entfernt lag. Eines Morgens machte ich mich auf den Weg, doch ich kam niemals an, denn es verkehrten keine Züge mehr nach Elbing, da die Stadt im Schußbereich der russischen Artillerie lag. Ich war froh, ins Lager zurückkehren zu können, wo ich unserem Leiter Meldung machte. Wir kamen überein, daß die Lage durchaus ernst war. Mit einem Mal war die Möglichkeit, daß die Russen uns überrennen, zur Realität geworden. Man konnte wohl nicht meinen, die Russen würden sich sehr freundlich zu Menschen benehmen, die gegen sie angetreten waren. Vom örtlichen Parteichef wurde jedoch eine ganz andere Order erlassen: Ohne seine ausdrückliche Genehmigung durfte sich niemand aus der Gegend entfernen. Der

Befehl lautete: »Widerstand bis zum Letzten«. Aber womit sollten wir uns verteidigen, da in unserem Gebiet keine militärischen Einheiten stationiert waren und wir keine Waffen besaßen? Wenn die offizielle strategische Linie hieß: Zurückweichen, um sich neu zu organisieren, warum konnten wir diese Strategie dann nicht auf unsere Situation anwenden? Im Geheimen arbeiteten wir daher Pläne für unseren Rückzug aus. Wir mußten unserer Truppe Bescheid geben, Nahrungsmittel und Kleider einpacken. Jeder durfte einen kleinen Koffer mit persönlichem Eigentum mitnehmen. Der deutsche Besitzer eines nahegelegenen Bauernhofes, der sich mit ähnlichen Plänen trug, versorgte uns mit einem Wagen und zwei Pferden. Sobald es dunkel wurde, begannen wir, den Wagen zu beladen. Wenig später marschierten wir los und verließen unser Lager unter völligem Stillschweigen. Obwohl wir alles, was irgendwie möglich war, an Kleidung angezogen hatten, war uns immer noch bitter kalt. Ein eisiger Ostwind blies durch jede Schicht unserer Kleidung hindurch. Stundenlang stapften wir über schneebedeckte Flächen durch die trostlose Nacht. Einmal stoppten wir, um einen Bissen zu essen, doch unser Brot war festgefroren wie Stein. Der Kaffee, den ich unter dem Mantel in meiner Feldflasche trug, war nur mehr ein einziger Eisblock. Während der kurzen Pause froren auch die Sohlen meiner Schuhe zu einer steifen Masse und erschwerten jeden weiteren Schritt. Nun war es nicht mehr erforderlich, jedermann zur Stille zu mahnen, denn alle waren zu müde, um zu sprechen. Aber niemand beschwerte sich oder schlug vor, ein Quartier für die Nacht zu suchen, denn das entfernte Getöse der russischen Artillerie hielt uns in Bewegung.

Lange nach Mitternacht stolperten wir in eine verlassene Jugendherberge. Wir machten uns nicht die Mühe, uns zu entkleiden und fielen auf die Betten. Wenig später wurde uns angekündigt, daß wir ein warmes Essen bekommen konnten, aber niemand stand deswegen extra auf. Wie ein Sprenggeschoß riß uns am nächsten Morgen die schrille Pfeife des Lagerleiters aus einem traumlosen Schlaf. Benommen und mit verschlafenen Gesichtern begannen sich die müden Jugendlichen zu regen.

Im Stehen stürzten wir eine Tasse heißen Kaffees hinunter. Die Pferde wurden wieder angespannt. »Szybko, szybko«, drängte eine Stimme, die vergaß, daß wir gar nicht Polnisch sprachen. »Beeilung, Beeilung.« Die Pferde schüttelten ihre Mähnen, als ob sie gegen die schlechten Arbeitsbedingungen und Überstunden Protest einlegen wollten. Dann befanden wir uns wieder auf dem Weg. Immer war es noch bitter kalt, der Wind blies mit unverminderter Stärke, aber zumindest war es nicht mehr dunkel. Dicht zusammengedrängt stapften wir durch den Schnee. Niemand sagte ein Wort, kein einziger sarkastischer Witz war zu hören, nicht einmal die Frage, wohin wir denn gehen würden und wie lange diese Tortur noch dauern würde. Still marschierten wir dahin, nur weg vom Krieg, weg von den Russen.

Mehrere Stunden später zog ein Spektakel vor uns unsere Aufmerksamkeit auf sich: Stimmengewirr, Fahrzeuglärm, knirschender Schnee. »Wir sind in die Frontlinie gelaufen, anstatt uns davon zu entfernen«, war mein erster Gedanke. Als wir um eine Kurve bogen, erkannte ich, daß meine Spekulation falsch gewesen war. Diese Erkenntnis brachte aber keine Erleichterung. Mir blieb richtiggehend der Atem weg, als ich das Geschehen erfaßte, das vor meinen Augen ablief. Wir waren an eine Hauptstraße gekommen, die zu unserer großen Bestürzung gerammelt voll mit Pferdewagen und Menschen war, die alle in Richtung Westen unterwegs waren. Einige Offiziere der Armee schrien mit äußerster Stimme, um den Weg für ihre Autos freizubekommen, denn sie fuhren in Richtung der Front. Aber niemand tat ihnen den Gefallen, denn es war einfach nicht möglich durchzukommen. Auf den Straßenbanketten lag Schnee, man konnte daher auch seitlich nicht ausweichen. Die Gefährte der nach Westen flüchtenden Menschen waren mit den unvorstellbarsten Gütern beladen. Unser Gepäck bestand hauptsächlich aus Hafer für die Pferde und Nahrungsmitteln zu unserer eigenen Versorgung, auch ein lebendiges Schwein befand sich darunter. Hier aber wurden ganze Zimmereinrichtungen, Nähmaschinen und Bettzeug transportiert. Die Alten, die Kranken und die Kinder, die nicht gehen konnten, thronten oben auf den gefährlich beladenen Fuhrwerken. Man mußte kein Experte sein, um festzustellen, daß viele dieser Passagiere nicht mehr viel länger würden durchhalten können. Offensichtlich waren etliche von ihnen bereits hinüber, denn Kälte und Erschöpfung hatten ihnen den Rest gegeben. Neben den Wagen gingen vor allem Frauen und größere Kinder, deren Ehemänner und Väter sich an der Front befanden, um für eine bessere Zukunft zu kämpfen.

Als wir im Verlauf des Tages eine kleine Stadt erreichten, war das Chaos perfekt. Die engen Gassen waren von Fuhrwerken verstopft, von denen manche unter ihrer erdrückenden Last zusammengebrochen waren. Die Pferde wurden zusehends nervöser und reagierten nicht mehr auf die Befehle ihrer Kutscher. Überall liefen angespannte und aufgeregte Leute umher, die versuchten, ein Schlafquartier oder einen Platz zum Wärmen einer Mahlzeit ausfindig zu machen. Hysterisch stieß eine Frau Flüche auf Hitler aus, denn jetzt schien es nichts mehr auszumachen. Ein Soldat war wegen Plünderei auf dem Marktplatz erhängt worden. Er hatte die warnenden Hinweise mißachtet, die man überall in der Stadt angebracht hatte: »Plünderer und Diebe werden hingerichtet.« Aber niemand kümmerte sich um den baumelnden Körper.

Eine Frau versuchte, sich einen Weg in die entgegengesetzte Richtung zu bahnen. Auf dem Schlitten, den sie zog, befand sich ein kleiner Sarg. Die Frau weinte nicht, doch ihr Gesicht war voll Trauer. Wenige Tage später schon würde sich niemand mehr die Mühe machen, seine Toten einzugraben, denn es gab einfach zu viele von ihnen, und die Erde war steinhart gefroren.

Während andere sich um Unterkunft in überfüllten Häusern stritten, erstatteten wir bei der örtlichen Zentrale der Hitler-Jugend Bericht. Für uns war es kein Problem, einen Schlafplatz zu finden, denn noch immer benötigte man junge Leute wie uns für die Fortführung des Krieges. Unser »Rückzug zur Neuorganisation« klang vollkommen plausibel. Man wies uns genügend Platz nach unseren Wünschen an.

Nach einem erholsamen Schlaf wurden wir zu unserem Leiter gerufen. Mit verhaltener Stimme informierte er uns von seiner Entscheidung. Im Augenblick waren wir der unmittelbaren Gefahr entronnen, und es gab hier Züge, die Flüchtlinge nach Westdeutschland transportierten. Der Leiter sah seine Verantwortung erfüllt, von nun an war jeder auf sich allein gestellt. Binnen Minuten befanden sich fast alle der Jungen auf dem Weg zum Bahnhof. Das war das letzte, das ich von den meisten von ihnen gesehen habe.

Ich war der einzige, der beschloß, nicht zum Bahnhof zu gehen. »Warum soll ich mich beeilen?« fragte ich mich etwas phlegmatisch. Der Gedanke an die vielen drängelnden Menschen und die panische Eile überall waren mir unangenehm. Das Zimmer im Hauptquartier hingegen war bequem, warum sollte ich es verlassen? Wo sollte ich außerdem hin? Es kam mir gar nicht in den Sinn, daß ich versuchen könnte, mich nach Holland durchzuschlagen. Wenig später schlenderte ich ziellos durch die Stadt und fühlte mich dabei mehr als Zuschauer denn als Teilnehmer. Aber es war so kalt, unbequem und langweilig, daß ich gegen Abend genug davon hatte und mich doch auf den Weg zum Bahnhof machte. Dort betrachtete ich die lange Zeile von Viehwaggons, die mit Menschen und deren wenigen Habseligkeiten vollgestopft waren. Man wartete ängstlich auf ein Zeichen zur Abfahrt. »Wann soll der Zug abgehen?« fragte ich in die Menge. »Frühestens in einigen Stunden«, kam die Antwort. »Vielleicht fahre ich doch mit«, überlegte ich und ging zurück zum Hauptquartier, um meine Sachen zu holen.

Als ich zum Bahnhof zurückkehrte, stand der Zug immer noch da. Mit Schwierigkeiten quetschte ich mich in einen der Waggons. Noch einmal erkundigte ich mich, wann die ungefähre Abfahrt vorgesehen wäre. »Frühestens in einigen Stunden«, antwortete jemand monoton. Da stand ich, wartete und fror. Die Leute neben der Tür bestanden darauf, daß die Tür wegen der Kälte geschlossen blieb. Die Kälte machte sich aber dennoch breit, außerdem wurde die Luft unerträglich stickig. Nach einigen Stunden hatte ich genug, denn wir waren noch keinen Meter vorwärtsgekommen.

»Kann ich bitte hinaus?«

Ich schlängelte mich zur Tür durch und sprang aus dem

Waggon. Die klirrend kalte Nachtluft wirkte belebend. Ich war so überzeugt, daß der Zug sich nicht in Bewegung setzen würde, daß ich meinen Koffer im Waggon ließ. Im Hauptquartier genoß ich einen ruhigen Schlaf. Als ich am nächsten Morgen zum Bahnhof zurückkehrte, war der Zug fort – und mit ihm mein Koffer!

Die Situation an der Front wurde überschaubarer. Die Russen hatten offensichtlich deutsche Strategien angenommen, die sich als erfolgreich erwiesen hatten. Sie drängten nicht länger so rasch wie möglich vorwärts, sondern umschlossen zangenartig große Gebiete, die sie dann abschnitten, um sie später von feindlichen Truppen zu säubern (in sogenannten Kesselschlachten). Wir befanden uns innerhalb eines solchen Kessels, die Front kam also nicht näher, sondern verlief an uns vorbei, um uns dann den Ausweg abzuschneiden. Für uns bedeutete das eine Verschnaufpause. Eine verlassene Molkerei wurde zur Zentralküche umfunktioniert. Tagelang half ich mit, den Flüchtlingsstrom, der in großen Zahlen vorbeizog, mit Nahrung zu versorgen. Als der Flüchtlingsstrom abriß, schien es nicht sinnvoll, noch länger zu bleiben. Ich stieg in einen der letzten Züge ein, bevor die Kessel geschlossen wurden; dieser Zug war beinahe leer.

Nur langsam kamen wir durch die trübe, winterliche Landschaft voran. Die mit Briketts gefütterten Dampflokomotiven zogen lange Rauchschwaden hinter sich her. Die pechschwarzen Lokomotiven bildeten einen scharfen Kontrast zum schneebedeckten Land, das wir durchquerten und waren leichte Zielscheiben für russische Kampfflugzeuge. Nur die mannshohen Buchstaben der Parole »Räder müssen rollen für den Sieg« verschmolzen mit der weißen Farbe rings um uns. Überall kamen wir an ausgebombten Häusern oder Bauernhöfen vorbei, alles sah aus wie nach einer Schlacht. Nach einer, wie es uns schien, endlosen Fahrt erreichten wir Stettin (heute Szczecin), wie man meinte, einen Hafen der Ruhe und Sicherheit. Hier sollten wir noch einen anderen Aspekt des totalen Krieges kennenlernen.

»Fliegeralarm! Fliegeralarm!« Dann wurde auch schon die stille Nacht vom warnenden Geheul der Sirenen erfüllt. »Fliegeralarm! Rasch in die Luftschutzkeller!« Es war verpflichtend vorgeschrieben, sich in Luftschutzkeller zu begeben, denn immer mehr Menschen hatten dies mißachtet, da die Meinung vorherrschte, daß es ohnehin nur eine Frage der Zeit wäre, bis man getroffen würde. Warum um Aufschub der Exekution plädieren, wenn es soviel Umstände zu jeder Tages- oder Nachtzeit machte, einen Luftschutzkeller aufzusuchen?

Es war an einem Sonntagnachmittag, als ich mich – ein Fremder in einer fremden Stadt – mit einer ganzen Menschenmenge eilends in Sicherheit bringen mußte. Ich war zerlumpt und schmutzig; da erlebte ich etwas völlig Unglaubliches. In einem Teil des Luftschutzkellers befand sich eine größere Gruppe von Jungen und Mädchen, die der Hitler-Jugend angehörten. Sie sahen alle sauber und gepflegt aus, ja, ihre Uniformen waren so makellos, als stünde eine strenge Inspektion bevor. Sie verhielten sich vorbildlich gelassen. Irgendwie kam es dazu, daß ich mich ihnen anschloß, denn ich fühlte mich eigentümlich verbunden mit ihnen, obwohl ich aufgrund meiner vernachlässigten Erscheinung nicht zu ihnen paßte. Vielleicht war es auch die reale Bedrohung, die uns zusammenschloß. Wir waren mit einem brutalen und niederträchtigen Feind konfrontiert, der versuchte, die wehrlosen Zivilisten der Stadt auszuradieren. Während der Luftschutzkeller unter den Angriffen erzitterte und das Geräusch der detonierenden schweren Bomben selbst im Untergrund deutlich hörbar war, begannen wir zu singen. Wir sangen ruhig, wunderschön und harmonisch, überzeugt, daß wir trotz der gemeinen Angriffe dieser Barbaren eines Tages rehabilitiert und siegreich sein würden. Ernst und feierlich übertönten unsere Stimmen den gedämpften Lärm der Einschläge: »Deutschland, heiliges Wort, du voll Unendlichkeit, über die Zeiten fort, seist du gebenedeit. Heilig sind deine Seen, heilig dein Wald und der Kranz deiner stillen Höhen bis an das grüne Meer ...« Diese Tonlage tat einfach gut, sie war so feierlich und herzerwärmend.

Stettin hatte für mich nicht viel Besonderheiten zu bieten. Die Flüchtlingshilfe war gut organisiert, man versuchte, den Flüchtlingen ohne weitere Verzögerungen auf ihrem Weg in Richtung Westen zu helfen. Obwohl ich ohne wirkliches Ziel und etwas verloren war, beschloß ich, ihrem Beispiel zu folgen. Mit dem Zug gelangte ich nach dem Nordseehafen Hamburg, wo ich eine Kostprobe des zerstörerischen Handelns der amerikanischen Luftwaffe erhalten sollte. Als ich das Bahnhofsgelände in Hamburg verließ, glaubte ich fast meinen Augen nicht zu trauen: Soweit man blickte, links, rechts, geradeaus – nichts als Trümmer. Nicht einmal ein einsamer Kamin war stehengeblieben, der an frühere Zeiten erinnert hätte.

Trotz dieser totalen Zerstörung zeigte sich bei der Bevölkerung dieselbe stoische Haltung, der ich bereits in Stettin begegnet war: »Wenn dies der Preis für den Endsieg ist, sind wir bereit, ihn zu zahlen.« Das Leben ging so normal wie möglich weiter – abgesehen von der jederzeitigen Möglichkeit eines Luftangriffs.

In der Nähe des Bahnhofs konnte man in einem Fischgeschäft gebratene Scholle kaufen. Wo nahmen die nur eine solche Köstlichkeit her? Das Risiko, auf die See hinauszufahren, war unermeßlich, dennoch wurde die Ware zu regulären Preisen angeboten.

Was mich am meisten beeindruckte, war die Herrentoilette am Hauptbahnhof. Die weißen Fliesen glänzten immer ganz makellos. Auch die Fenster waren unversehrt, die Wasserversorgung noch nicht unterbrochen. Es stellte für mich ein seltenes Bild von Ordnung und Sauberkeit dar in einer zusammenbrechenden und brennenden Welt. Ich empfand es daher als Wohltat, diesen Ort zu besuchen. Er erinnerte an eine Vergangenheit, die nun weit weg und unwirklich schien.

Aber es mußte fast passieren, daß eines Tages auch diese Idylle zerstört wurde. Ich hatte nicht wahrgenommen, daß in der Nähe eine Bombe gefallen wäre, aber als ich eines Tages wieder die Toilette betrat, waren die Fenster geborsten und versengt. Die einstmals glänzenden Fliesen waren zerbrochen und rußig. Wasser drang aus einem grotesk verformten Wasserhahn. Mit so Wenigem war ich zufrieden gewesen, und nun war mir auch das genommen!

Jeden Tag gab es neue Überraschungen. Seit ich mit einigen der »alten Jungen« aus unseren Anfangszeiten wieder zusammengetroffen war, fühlte ich mich nicht mehr allein. Unter ihnen befand sich auch ein gutmütiger und verwegener Kerl namens Weber, der die gleiche Ausbildung wie ich absolviert hatte. Wir lieferten einander zunächst einen reichlich übertriebenen Bericht, wie wir versucht hatten, uns nach dem Westen durchzuschlagen, dann wurden wir ernsthafter. Niemand von uns verspürte das Verlangen, nach Holland zurückzukehren. Wir wollten dort bleiben, wo etwas los war, und berieten über unsere Möglichkeiten. Da wir immer noch keine siebzehn waren, kamen wir für den militärischen Dienst nicht in Frage. Der Krieg ging dem Ende zu, und wir hatten noch kein wirkliches Kriegsgeschehen miterlebt. Ständig hörte man Gerüchte, daß die von Hitler schon lange angekündigte Geheimwaffe bald zum Einsatz gelangen würde. Ein Offizier hatte mir vertraulich gesagt, daß er wichtige Insider-Informationen besitze: »Bald wird sich die Welt wundern.« Bei diesen Worten war mir ein Prickeln über den Rücken gelaufen. Der Sieg schien greifbar nahe. Armeen und Nationen, die so lange unsere Pläne durchkreuzt hatten, würden vor uns in die Knie gehen müssen, während unsere Truppen in langen Paraden aufmarschierten. Dann würden auch die vielen Kameraden, oft nur wenig älter als wir selbst, die an der Ostfront gefallen waren, eine Rechtfertigung finden. Wir würden aber bei der Parade nicht mitmachen können, einfach aus dem dummen Grund, weil wir ein bißchen zu spät geboren wurden! Das konnte man nicht hinnehmen. Unsere offiziellen Papiere waren schon lange verloren gegangen, wer wollte daher unser Alter beweisen? In der Wirrnis dieser Kriegstage war es außerdem unmöglich, bei einem Registrationsbüro nachzufragen. Und so ein kleiner Betrug, wenn er unserem Land zugute kam, konnte wohl nicht schaden.

Etwa sechs von uns meldeten sich bei einem Rekrutierungsbüro der Waffen-SS. Keiner fragte uns nach unserem Alter, als wir die verlangten Formulare ausfüllten und uns damit für die gesamte Kriegsdauer verpflichteten. Ohne Verzögerung wurden wir nahegelegenen Baracken zugewiesen und erhielten noch am gleichen Nachmittag unsere Uniformen. Wir hatten es geschafft! Es machte uns nichts, daß unsere Kleidung nicht neu war. An meine Hosen war zur Verlängerung ein zehn Zentimeter langes Stoffstück von einer anderen Farbe angenäht worden; auf einem Knie befand sich ein Flicken. Zusammen mit den Socken wurden uns auch Lumpen ausgehändigt, um unsere Füße einzuwickeln. Das Wichtigste aber war, daß meine Uniformjacke mit dem Emblem der SS ausgestattet war, dem ich schon lange nachgejagt war. Wir schrieben den 5. April 1945. In dieser Nacht gab es einen Luftangriff, bei dem jedermann die Baracken verlassen mußte. Als ich mit meinem Trenchcoat im Freien stand, mit eigenem Helm und Gewehr, fühlte ich mich zuversichtlich und unerschrocken. Daran konnten auch die Sprenggeschosse nichts ändern, die an mir vorbeipfiffen.

Die Schulung am nächsten Morgen begann tödlich ernst, sie war kurz und gründlich. Was immer greifbar war, wurde in die Schlacht geworfen, um den anrückenden Feind aufzuhalten. Es schien nur mehr eine Frage von Stunden, bis der Führer unsere Geheimwaffe ausspielen würde. Unter den jungen Rekruten kursierte bereits eine starke Vorahnung davon.

Mittlerweile waren fast zwei Jahre vergangen, seit ich meine Heimat verlassen hatte, um eine Zukunft im Osten aufzubauen. Trotz aller Rückschläge und Widrigkeiten hatte ich mich nie beschwert. Aber nun kam ein Schicksalsschlag, der mir total unfair erschien. Ich fühlte mich betrogen und unterhalb der Gürtellinie getroffen. Nach einem strengen und rauhen Winter war der Frühling ins Land gezogen. Mit dem neu erwachenden Leben kam auch neue Hoffnung auf. Sogar zwischen den Häuserruinen brachen die unwiderstehlichen Kräfte der Natur durch. Es tat gut, sich von den Sonnenstrahlen wärmen zu lassen, denn wir hatten monatelang bis in die Knochen gefroren. Luftangriffe boten auch ihre Vorteile. Wir pflegten an einer geschützten Stelle in der Sonne zu liegen und beobachteten geruhsam die silberfarbenen Flöckchen am blauen Himmel, wie sie ihrer todbringenden Mission nachgingen. Nach dem Signal »Luft rein« ging unser anstrengendes Training weiter, wobei wir unsere aufgestauten Energien im Nu abladen konnten. Aber nach nur wenigen Tagen, die mit derlei Aktivitäten ausgefüllt waren, fühlte ich mich müde und lustlos. Der ganze Körper schmerzte, die Aussicht auf einen weiteren Tag am Schieß- und Übungsplatz hatte auf einmal keinen Reiz mehr für mich. Da ich nichts essen konnte, schlug Weber vor, ich solle mich in der Krankenabteilung melden. Der Doktor sah mir in die Augen und brauchte nicht lange, um die Diagnose zu stellen: Hepatitis. Diese Worte ließen meinen Mut sinken, ich war völlig verzweifelt. »Mindestens drei Wochen völlige Bettruhe«, bestimmte der Arzt. Auch die Aussicht auf eine besondere Diät bereitete mir keine Freude. Binnen einer Stunde lag ich im Lazarett. Seit Monaten hatte ich nicht auf weißen Laken geschlafen, aber das berührte mich wenig. Eines Tages besuchte mich Weber überglücklich und erzählte mir, daß unsere Truppe auf besondere Weise ausgezeichnet worden war. Der Reichsführer der SS, Heinrich Himmler, hatte die Bildung eines Elitebataillons angeordnet, um Panzer an der Westfront zu bekämpfen, woran auch unsere Einheit teilnehmen sollte. Hier bot sich die Gelegenheit, vor dem Kriegsende doch noch zu militärischen Ehren zu kommen. Ich aber mußte in diesen elektrisierenden und ereignisreichen Tagen das Bett hüten und sah eher aus wie ein pensionierter Chinese.

Kurze Zeit später brach unsere »Elitetruppe« bei Nacht auf. Als ich davon erfuhr, hätte ich heulen können. Einige kamen von ihrer ersten und einzigen Mission niemals zurück. Sie mußten die harte Lektion lernen, daß Begeisterung allein, wenn sie auch noch so groß ist, keine ausreichende Waffe gegenüber Panzern von 52 Tonnen darstellt, denn die Bewaffnung war völlig unzureichend gewesen. Als ein Nachzügler einer anderen Einheit später von den Erlebnissen berichtete, war ich peinlich berührt. Die Hepatitis hatte mir vermutlich das Leben gerettet.

Am 20. April versammelten sich alle Patienten unserer Station um ein kleines Radio. Es war »Führergeburtstag«, der Geburtstag Adolf Hitlers. Der Führer hatte an diesem denkwürdigen Tag eine Botschaft für uns. Ein Satz, mit großem Pathos gesprochen, prägte sich mir ein: »In diesem Jahr prophezeie ich euch den endgültigen Endsieg des Großdeutschen Reiches.« Die Rede fand tosenden Applaus, dann folgte schallende Marschmusik. Im Geiste sah man dazu die siegreichen deutschen Armeen marschieren. Einige ältere Männer hatten verstohlen Zweifel über den Ausgang des Krieges geäußert und wurden von uns daher scharf zurechtgewiesen. Ich war wie viele andere vollkommen überzeugt, daß unser Sieg unmittelbar bevorstand, denn ich wollte es glauben, und ich mußte es glauben. Was wäre mir geblieben, wenn aus diesem Traum nichts geworden wäre? Wir lehnten bei den Fenstern unserer Station und diskutierten die Rede Hitlers. Kanadische und amerikanische Streitkräfte waren bis 30 km an unser Lazarett herangerückt. Von unserem Beobachtungsposten aus versuchten wir herauszubekommen, ob die Kriegsgeräusche näher kamen, oder ob man den Feind endlich hatte aufhalten können.

Es konnte am Anfang keiner glauben, aber drei Wochen später war alles vorbei. Das Unbegreifliche war geschehen. Die für unbesiegbar gehaltene deutsche Armee hatte an allen Fronten kapituliert. Noch unbestätigten Meldungen zufolge war Hitler tot.

Was jetzt folgte, war ein Vakuum, das einen völlig überwältigte. Bald aber mußte man sich der Realität des Lebens und dem Überlebenskampf wieder stellen. Die Militärärzte versuchten, mich so lange wie möglich im Spital zu behalten. Als die häufigen Kontrollen der Alliierten im Spital ein längeres Verweilen unmöglich machten, wurde ich entlassen. Körperlich schwach und seelisch niedergeschlagen wurde ich einem Kriegsgefangenenlager zugewiesen. Gleich nach der Nachricht von der Kapitulation hatte man in die Baracken eingebrochen, und meine wenigen Habseligkeiten waren wiederum verschwunden. Ich war allein und so arm wie eine Kirchenmaus.

Millionen von entwaffneten Männern hatte man im nördlichsten Teil Deutschlands zusammengetrieben. Schleswig-Holstein erschien am geeignetsten für ein riesiges Gefangenenlager. Im Norden lag die dänische Grenze, die Nordsee im Westen und die Baltische See im Osten bildeten natürliche Barrieren. Im Süden ließ der schwer bewachte Kaiser-Wilhelm-Kanal Fluchtversuche von vornherein als zwecklos erscheinen.

Ein Entlausungskomitee hieß uns willkommen, unsere Ärmel, Hosen und Haare wurden mit DDT eingesprüht. Ich bezweifelte nicht die Notwendigkeit dieser Maßnahme, dennoch verursachte mir der stechende Geruch dieses Mittels Übelkeit. Als nächstes folgte ein Besuch bei den medizinischen Betreuern, die uns eine Typhusimpfung verabreichten. Dann wurde mir ein Heuboden bei einem nahegelegenen Bauernhof als Lager zugewiesen, der bereits mit Soldaten vollgestopft war, die im losen Stroh herumlagen und sich die Zeit mit Kartenspielen vertrieben.

Die Essensrationen waren äußerst knapp, entweder war wirklich nicht mehr da, oder es geschah auch absichtlich, ich war mir da nicht sicher. Jedenfalls blieb der Hunger ein ständiger Begleiter.

Nach der Hepatitis fühlte ich mich noch schwach; die tägliche Ration von zwei Scheiben Brot sowie einer wäßrigen Kohlsuppe trug nicht viel dazu bei, daß ich meine Kräfte wiedererlangen konnte. Das gleiche gilt für das hohe Fieber, das ich nach der Typhusimpfung bekam. Krank und hungrig lag ich im Stroh und begann mich allmählich wie ein Tier zu fühlen. Als das Fieber nachließ, stand ich auf. Beim Misthaufen hinter der Scheune fand ich ein paar alte, verschrumpelte Kartoffeln. Ich hatte früher schon Mahlzeiten genossen, die lediglich aus Kartoffeln bestanden, aber durch besonderes Glück entdeckte ich beim Müll eine richtige Speckschwarte. Junge Brennesseln, in einer leeren Dose gekocht, die ich irgendwo aufgestöbert hatte, dienten wunderbar als Gemüsebeilage. Ich genoß dieses herzhafte, wenn auch salzlose Essen durch und durch.

Etwas in mir widerstrebte der Gefangenschaft als erniedrigend und unehrenhaft. Als es noch eine Wahl gab, hatte ich öfters geprahlt: »Lieber sterbe ich, als in Kriegsgefangenschaft zu gehen.« Es erschien mir unfair und demütigend, gefangen zu sein, ohne die Chance zum Sterben gehabt zu haben. Der Zeitpunkt und die Art unserer Freilassung wurden zu Hauptthemen unserer Unterhaltungen. Es war mir klar, daß zumindest zwei Gründe meiner vorzeitigen Entlassung im Wege standen. Zum einen war ich ein Ausländer, die man in diesem Lager nicht vermutete. Zum zweiten stellte meine freiwillige Meldung für die Waffen-SS nicht gerade einen Pluspunkt dar. Ich konnte es verstehen, daß die Alliierten darauf bedacht waren, die SS-Leute in ihre Gewalt zu bringen, denn diese hatten bei vielen Gelegenheiten bewiesen, daß sie eine äußerst disziplinierte und gut ausgebildete Kampfkraft darstellten. Gerüchte über Grausamkeiten, die von SS-Leuten verübt worden seien, hatte ich stets zurückgewiesen. Soviel ich gesehen hatte, waren diese vielmehr als Reaktion auf die Attacken der amerikanischen Terroristen anzusehen.

Ich war wie elektrisiert, als die Ankündigung gemacht wurde, daß man demnächst beginnen würde, die Gefangenengruppen aufzulösen. Mein Plan stand bereits fest. Um die Einbringung der Ernte sicherzustellen, wollte man die Bauern zuerst entlassen. Ich konnte schließlich nichts verlieren, wenn ich ein kleines Spielchen versuchte. Als sich die erste Gruppe von Bauern froh und erwartungsvoll in einer Linie aufstellte, um nach Hause entlassen zu werden, befand ich mich unter ihnen. Die Überprüfung fiel aber gründlicher aus, als ich erwartet hatte, dennoch nahm ich mir vor, durchzuhalten. Mehrere Offiziere und Zivilisten überprüften die Papiere jedes einzelnen ganz genau. Offensichtlich waren auch einige Ausländer darunter. Nun kam ich an die Reihe. Eine makellos manikürte Hand griff nach meinen (gefälschten) Papieren.

Name?
»Jacques H. Teeuwen.«
Geburtsort?
»Haarlem.«
Wo liegt das?
»In Polen.«
Wo wollen Sie jetzt hin?

Diese Antwort konnte nicht so kurz ausfallen wie die vorhergehenden, und daher verriet mich mein holländischer Akzent. Zumindest vermutete ich es.

Nach militärischer Gepflogenheit begann ein Offizier mich anzubrüllen, weil ich so schlecht deutsch sprach. Mehr könne man von einem Bauerntölpel, der in Polen geboren und aufgewachsen ist, auch nicht erwarten, schloß er. Das alles machte mir nichts aus; ich war gewillt, alle Beschimpfungen zu ertragen, solange mein Gegenüber nur weiterhin glaubte, Haarlem, die Hauptstadt des nördlichen Holland, sei eine polnische Stadt. Einstweilen gab ich mir Mühe, so einfältig und dumm dreinzusehen, wie irgendein Vetter vom Land nur konnte. Das Komitee ging bereits weiter, um sich dem Mann neben mir zuzuwenden, was vielleicht bedeuten konnte, daß mein Fall abgeschlossen war. Doch ich hatte mich zu früh gefreut. Etwas abseits von den anderen Fragestellern stand ein Mann in ausländischer Zivilkleidung, der nun auf mich zutrat. Kalt blickte er mich an, bevor er die Papiere durchsah, die meinen Militärausweis darstellen sollten. »Sie sind Ausländer«, stellte er fest, »Sie sind Holländer.«

Was blieb mir übrig? Binnen einer Stunde befand ich mich wieder auf dem Heuboden. Aber ein engagierter Spieler gibt nicht gleich nach dem ersten Versuch auf, sagte ich zu mir selbst. Vielleicht hatte ich das nächste Mal mehr Glück. Einige Tage später wurde die nächste Gruppe zur Entlassung aufgerufen. Ich stellte mich dazu und hoffte inbrünstig, daß der unheimliche Mann vom letzten Mal nicht anwesend sein würde. So war es auch, aber ich fühlte mich unsicher, bis der Wagen mit scherzenden und singenden Soldaten das Lager verlassen hatte, immer darauf gefaßt, in letzter Minute doch noch zurückgepfiffen zu werden.

Einige Wochen lang half ich auf einem Bauernhof mit, da erschien eines Tages ein Botschafter einer offiziellen Organisation, der mir mitteilte, daß alle Ausländer so schnell wie möglich das Land verlassen sollten.

Nach Holland zurückzukehren, war nicht so aufregend und schön, wie ich mir vorgestellt hatte. Jeder, der von Deutschland kam, wurde mit Argwohn betrachtet. Von allen möglichen Komitees wurde man ausgefragt, warum man nach Deutschland gegangen war und was man dort getrieben hatte. Ich erzählte freimütig über meine Zeit in Polen, hielt es aber für besser, meine Beteiligung in der Waffen-SS nicht zu erwähnen. Die Tatsache, daß ich als Freiwilliger nach Deutschland gegangen war, ließ mich nicht gerade das Vertrauen der Autoritäten gewinnen, aber schließlich befand ich mich doch auf dem Weg nach Haarlem und glaubte, daß die Befragungen nun zu Ende wären. Aber siehe da, beim Bahnhof in Haarlem empfing mich ein weiteres Komitee. Da es sich um meine Heimatstadt handelte, war mein Name registriert.

»Was haben Sie jetzt vor?« Der Mann blickte hinter seinem Schreibtisch hervor, zeigte aber nicht wirkliches Interesse. Nachdem ich so lange in der Welt herumgezogen war, kam mir das als reichlich komische Frage vor. Ohne zu zögern antwortete ich: »Nach Hause natürlich!«

Mit einem Mal kam Leben in den Mann. Er blickte mich verächtlich an. »Sie haben kein Zuhause mehr. Wissen Sie denn nicht, daß Ihr Vater tot ist?«

Ich wußte es nicht, denn ich hatte von zu Hause schon seit Monaten nichts mehr gehört. Der Mann grinste, und man sah ihm an, daß es ihm Genugtuung bereitete, mir diese pikante Neuigkeit zu unterbreiten. Er beobachtete mich, um meine Reaktion festzustellen. Wenn er aber dachte, daß er sich mit mir einen Spaß erlauben konnte, so irrte er sich. Ich war schließlich geschult worden, niemals ein Gefühl zu zeigen, denn das galt als Zeichen der Schwäche. Diese Lektion konnte ich im Augenblick gut gebrauchen. Daher starrte ich nur trotzig zurück.

»Ihre Mutter befindet sich in politischer Gefangenschaft«, fügte der Mann hämisch lächelnd hinzu.

Inbrünstig hoffte ich, daß mein Schweigen nicht Genugtuung in ihm auslösen würde. Außerdem sah ich es als einen kleinen Erfolg an, daß er keine Gründe fand, um mich in Haft nehmen zu können.

Es wurde bestimmt, daß ich zu Verwandten gehen sollte. Langsam und würdevoll schritt ich durch die Straßen meiner Heimatstadt. Wie anders war der Gang dieser Menschen doch im Vergleich zum trostlosen Schritt der Flüchtlinge! Überall waren Fahnen gehißt, aber für mich persönlich gab es keinen Grund zum Feiern. Obwohl ich mich an meinem Geburtsort befand, fühlte ich mich als Fremder. In einer mir unbekannten Straße läutete ich die Glocke eines Hauses, aber es wurde nicht geöffnet. Anscheinend war niemand zu Hause, daher ging ich zurück zur Hauptstraße und setzte mich auf eine niedrige Garteneinfassung. Aus Zigarettenkippen, die ich auf der Straße aufgelesen hatte, drehte ich mir eine Zigarette. Als ich einen Passanten um Feuer bat, hatte ich auf einmal alles vergessen, was ich über das Verbergen von Emotionen gelernt hatte.

»Ich bin soeben von Deutschland heimgekommen und habe erfahren, daß mein Vater tot ist«, kam es aus mir heraus.

»Das ist wirklich schlimm«, sagte der Mann, »es tut mir aufrichtig leid. Aber ich muß jetzt gehen. Wir haben heute Abend eine Befreiungsparty.« – Als der Mann weiterging, schalt ich mich selbst, daß ich meine Lektionen so plötzlich hatte vergessen können, und ich schwor mir, daß es nicht wieder vorkommen sollte. Auf einmal schlug eine Welle verzweifelter Einsamkeit über mir zusammen. Es gab nichts mehr, wofür ich leben sollte, niemanden und nichts, wo ich hätte hingehen können. Und es war mir noch nicht bewußt, daß dies erst der Anfang sein sollte.

Freunde meiner Schwester, die beim ersten Anläuten nicht zu Hause gewesen waren, nahmen mich für die Nacht auf. Ich befand mich nun im Haus einer verwitweten Frau mit ihrem halbwüchsigen Sohn und einer Tochter. Wenige Wochen vorher hatte die Frau ihren Ehemann und einen Sohn verloren, als die beiden auf eine Mine getreten waren, während sie am Strand nach Feuerholz suchten. So gab es auch in diesem Haus Trauer, doch sie war völlig anders als meine eigene. Man klagte nicht und jammerte nicht, sondern zeigte sogar Mitgefühl für meine Situation. Man gab mir Essen, Kleidung und ein Bett zum Schlafen. Diese Menschen waren wirklich die einzigen, die Anteil daran nahmen, daß ich meinen Vater verloren hatte. Wenn sie sagten: »Wir wissen, wie dir zumute ist«, dann glaubte ich ihnen. Ich wußte, daß sie regelmäßig zur Kirche gingen, doch sah ich noch keinen Zusammenhang zwischen dieser Tatsache und ihrem Verhalten mir gegenüber.

Der unsympathische Mann am Bahnhof schien sich mit mir üble Tricks erlauben zu wollen. Er hatte mich für den nächsten Morgen wieder dorthin bestellt, wo ich vier oder fünf Stunden lang in einem überfüllten Büro warten mußte. Anschließend wurde mir gesagt, ich solle nach Hause gehen und mich am folgenden Tag wiederum melden. Am nächsten Tag erlebte ich das gleiche noch einmal. Als ich mich beschwerte, erhielt ich die zornige Antwort: »Wir haben jahrelang auf Sie gewartet. Können Sie jetzt nicht wenigstens ein paar Stunden warten?« Diese Art, Rache zu nehmen, erschien mir reichlich kindisch, aber ich hielt mich doch an die Weisungen, indem ich stets zu dem Zeitpunkt zurückkam, den man mir nannte.

Ich hatte den Verdacht, sie warteten nur darauf, daß ich entweder nicht mehr erschien oder davonging, bevor es mir erlaubt wurde. In diesem Fall hätten sie mir leicht einen Fluchtversuch unterschieben und mich einsperren können. Daher nahm ich das tagelange Warten in Kauf.

Da man mich nicht ganz freilassen wollte, wurde ich einem Kinderheim für Kinder bis zu 12 Jahren, deren Eltern politische Gefangene waren, zugeteilt. Eingesperrt zu werden hätte ich noch akzeptiert, aber das hier empfand ich als demütigend. Als ich im Kinderheim eintraf, wurde ich sogleich von einem Rudel von Kleinkindern mit rinnenden Nasen umringt, die mich mit großen, fragenden Augen anstarrten: »Papa? Papa?«

Nach zweijähriger Abwesenheit war der siebzehnjährige »Großbauer«, Assistent des Lagerleiters und Offiziersanwärter, nach Hause gekommen und brachte alle seine weltlichen Besitztümer mit sich: einen Tornister, einen Pullover und ein Paar Socken. Das war im Juli 1945.

Auf der einen Seite hätte man es im Kinderheim schon aushalten können, denn es gab reichlich zu essen, und die Betreuer waren freundlich. Zum ersten Mal seit vielen Monaten erlebte ich wieder so etwas wie Routine. Die Luftangriffe hatten aufgehört. Auf der anderen Seite war mir entsetzlich langweilig. Es gab keine Wachen oder geschlossenen Tore, dennoch war es untersagt, das Gelände zu verlassen. Ich versuchte es auch gar nicht, denn wohin hätte ich gehen, und was hätte ich unternehmen sollen? Ich versuchte, mich in dem großen, vernachlässigten Gutshof, der jetzt voll kleiner Kinder war, nützlich zu machen. Der weitläufige, parkähnliche Garten hätte viel Betreuung bedurft. Im großen und ganzen kam ich mit den Betreuern aus, vorausgesetzt, die Sprache kam nicht auf den Krieg oder Politik.

Damals wurde »Umerziehung« zu einem wichtigen Schlagwort. Die ehemaligen Nazis mußten umerzogen werden, damit sie wieder in die Gesellschaft eingegliedert werden konnten, und man wurde von denen, welche die Umerziehung vornehmen sollten, von oben herab behandelt, als ob diese fehlerlos wären. Das ganze erschien lächerlich und unsinnig. Um die richtige Atmosphäre zur Umerziehung zu schaffen, war es unbedingt erforderlich, daß wir Bedauern über unsere politische Zugehörigkeit und unsere Beteiligung während des Krieges zeigten. Aus diesem Grund kam es zu total unergiebigen und erhitzten Debatten, denn für jedes Argument gab es sogleich ein Gegenargument.

»Wie konnte man nur mit den Deutschen zusammenarbeiten, die Rotterdam mit einem einzigen schrecklichen Luftangriff dem Erdboden gleichgemacht haben?« warf man uns vor.

Dem konnte ich entgegenhalten, daß Haarlem von den Briten bombardiert worden war. Ich hatte es selbst miterlebt, denn als ich 13 war, stand ich in den brennenden Straßen Haarlems und half den Rettungsmannschaften. Damals sah ich zum ersten Mal im Leben einen Toten.

Die Deutschen hatten Coventry zerstört. – Was aber ist mit Dresden, wo in den letzten Kriegstagen in einer einzigen Nacht ungefähr 250.000 Zivilisten den Tod fanden? – Die Deutschen hatten viele Menschen auf dem Gewissen, aber auch die sogenannten Befreier begingen Verbrechen gegen die Menschlichkeit. So wurde mein Vater, obwohl bekannt war, daß er ein schweres Herzleiden hatte, nach seiner Gefangennahme gezwungen, zu einem Internierungslager hinüberzulaufen. Dabei brach er zusammen und starb.

Ob Anklagen und Gegenanklagen wirklich immer ganz der Wahrheit entsprachen, darauf kam es nicht an. Es ging einfach darum, den Kontrahenten so lange zu bearbeiten, bis er eine Schuld zugab. Das war aber nicht der richtige Weg, denn wenn schon ein Funken von Einsicht in die eigene Schuld da war, wer hätte es unter solchen Umständen zugegeben?

Menschen, die während des Krieges am wenigsten durchgemacht hatten, fühlten sich am meisten veranlaßt, die Umerziehung vorzunehmen. Ihre Argumente waren mir aber zu schwerfällig. Eher konnte ich einen Kommunisten verstehen, der zugab, als Mitglied einer Untergrundorganisation einige Deutsche abgeknallt zu haben, denn seine Härte und sein kaltblütiger Haß waren noch irgendwie begründbar. Im Krieg gelten andere Gesetze.

Die kirchlichen Leute empfand ich zweifellos als die langweiligsten von allen. Nichts brachte mich mehr aus der Fassung als scheinheilige Frömmigkeit. Wenn also jemand es nötig hatte, umerzogen zu werden, dann ...

Als ich einmal die Erlaubnis bekam, zusammen mit einem Betreuer das Gelände des Kinderheims zu verlassen, traf ich die Mutter eines früheren Schulkollegen. »Bist du also zurückgekommen!« stellte sie ohne weitere Einleitung fest, es folgten noch mehrere bissige und unfreundliche Bemerkungen, dann schloß sie: »Und jetzt komm lieber gleich zurück zur Kirche, oder«, fügte sie in einem unheilverkündenden Ton hinzu, »du wirst zur Hölle gehen wie dein Vater.« – Ich empfand nichts als Mitleid mit ihr.

Noch ein anderer Vorfall war eher belustigend als verletzend für mich. Eines Tages herrschte Aufregung in unserem nicht gerade pompösen Kinderheim. Eine religiöse Gruppe hatte beschlossen, die Insassen unseres Heimes mit so sehr benötigter Kleidung auszustatten. Eine kleine, ausgesuchte Gruppe von privilegierten Kindern durfte an der Übergabe teilnehmen. Die Mädchen schnatterten aufgeregt, es war ein bißchen ein Gefühl wie Weihnachten. Einige Kinder hatten sich aufgeschrieben, was sie brauchten, andere mutmaßten darüber, was sie bekommen würden.

Als wir an der angegebenen Adresse ankamen, wurden wir in einen großen, nur spärlich erleuchteten Raum geleitet. In der Mitte stand eine Kiste im Ausmaß von etwas mehr als einem Meter lang und ebenso breit.

»Im Namen unseres Königs Christus«, stand in fetten Lettern auf der uns zuwandten Seite. Mehrere Damen huschten nervös herum. Schließlich wurde der Deckel der Kiste in geziemender Haltung abgenommen. Unsere kleine Versammlung wurde ganz still, als eine der Damen mit großem Zeremoniell einige Kleidungsstücke entnahm. Man hatte uns oft genug klar gemacht, daß wir nicht die geringste Gnade verdienten. Nur der Herzensgüte einiger Menschen hätten wir es zu verdanken, wenn man uns gut behandelte. Das war vielleicht der Grund, warum man eine Schenkung von Kleidern, die andere weggeworfen hatten, für uns als gut genug ansah. Denn alles was die Kiste enthielt, war schlichtweg Müll. Eigentlich hätte ich mich nicht zu beschweren gehabt. Unter den second-hand-Waren befand sich auch eine neue Weste. Man konnte sich leicht vorstellen, wie diese hierher gekommen war. Ein gutsituierter Herr hatte sich einen dreiteiligen Anzug gekauft und nach dem Kauf festgestellt, daß ihm die Weste nicht gefiel. Genau das Richtige, um sie im Namen Christi weiterzugeben. Vorausgesetzt, daß ich keinen zu tiefen Atemzug tat, paßte sie mir wie angegossen. Ich erhielt auch einen wollenen Schal, doch der war so kurz, daß er sich kaum um den Hals legen ließ und daher eine Sicherheitsnadel nötig war, um die beiden Enden zusammenzuhalten. Zurückgekommen ins Heim mußten sogar die Zwölfjährigen darüber lachen, wie sich »König Christus« offensichtlich einen Spaß mit uns erlaubt hatte.

Wenig später sollte ich noch einen weiteren Beweis der Doppelzüngigkeit religiöser Leute bekommen. Es stellte sich die Frage nach meiner Zukunft, denn ich konnte schließlich nicht immer im Kinderheim bleiben. Konnte es erneut als Landwirt weitergehen? Die Aussichten, in den Niederlanden einen eigenen Bauernhof erwerben zu können, waren schlecht, fast aussichtslos. Außerdem kannte ich jetzt die Härten des Bauernlebens aus erster Hand und war mir nicht mehr sicher, ob ich diesen Beruf mein Leben lang ausüben wollte. Aber mit der geringen formalen Ausbildung, die ich genossen hatte, gab es nicht allzu viele Möglichkeiten. Dazu kam, daß viele einen ehemaligen Nazi nicht einstellen wollten, denn man war sich nicht sicher, ob man ihm Vertrauen entgegenbringen konnte. Weil sich der Stellvertreter des Direktors im Kinderheim freundlicherweise für mich einsetzte, bekam ich eine Anstellung in einer kleinen örtlichen Bank. Der Prokurist, der mich eingestellt hatte, war ein freundlicher und hilfsbereiter Mann. Seine Philosophie lautete: »Vergessen wir doch das Vergangene!« Er schuf Möglichkeiten für mich, wie ich zusätzlich Geld verdienen konnte, denn mein reguläres Einkommen mußte im Kinderheim abgegeben werden. Sogar sein Fahrrad durfte ich mir ausleihen, was ein besonderes Privileg darstellte, denn Ersatzteile und Reifen waren damals nur schwer zu bekommen. Ich freute mich über dieses Wohlwollen und war bereit, mein Bestes zu geben; in unserem behaglichen kleinen Büro fühlte ich mich geborgen.

Der einzige Haken war, daß der Prokurist mich eingestellt hatte, ohne den Direktor zu informieren, der nur ein paar Mal die Woche hereinschaute. Dieser Mann hatte offenbar von den Deutschen Schlimmes erlitten, ich konnte ihm daher keinen Vorwurf machen, daß er mich einfach nicht leiden konnte. Er sprach mit mir niemals mehr als das wirklich Notwendige, aber seine kalten und verachtenden Blicke sagten mehr als viele Worte. Wenig später bot sich auch schon eine Gelegenheit, an mir Rache zu nehmen. Eine Unklarheit in der Buchhaltung führte zu Unmut mit dem Hauptbüro. Ohne wirklich im Klaren zu sein, was los war, beschuldigte mich der Direktor fälschlich, an den Büchern etwas manipuliert zu haben. Er versuchte, mir ein Geständnis zu entlocken; als das aber nicht den gewünschte Erfolg zeigte, wurde ich gefeuert. Einen Arbeitsplatz zu verlieren, bedeutete nicht mehr den Weltuntergang für mich, hatte mich nicht das Glück schon viel früher verlassen? Was mich viel mehr beunruhigte, war die Tatsache, daß der Direktor in der gesamten Gemeinde als frommer und treuer Kirchgänger bekannt war. Seine Falschheit bestätigte mich wiederum in meiner Überzeugung, daß die kirchlichen Leute die am wenigsten zuverlässigen waren.

Neun Monate hatte ich nun im Kinderheim gewohnt. Für meine weitere Umerziehung erachteten es die Behörden für notwendig, das Heim zu verlassen, und ich kam in ein Heim für Knaben am Ende des Jugendalters. Dieses Haus war in der Bauweise ähnlich wie das Kinderheim und hätte ebenfalls etwas frische Farbe vertragen, doch die Atmosphäre dort war völlig anders. Ich befand mich nicht mehr unter Kindern. Die meisten der jungen Burschen waren politische Gefangene oder Kriegsgefangene gewesen; anderen war von den Alliierten übel mitgespielt worden; einige waren im Kampf verwundet worden; alle aber hatten Schweres mitgemacht. Die Betreuer waren restlos überfordert, wie sie mit diesen jungen Männern umgehen sollten.

Nummer eins ihres Programms bestand darin, uns deutlich zu machen, daß wir viel besser behandelt wurden, als wir es verdient hätten, da man annahm, daß wir uns während des Krieges verbrecherischer Handlungen schuldig gemacht hatten. Wenn nicht nachprüfbare Geschichten über das Leiden unbekannter Menschen in einem weit entfernten Land erzählt wurden, so konnte jeder von uns mit persönlichen Erfahrungen aufwarten. Es konnte daher bei diesen Diskussionen nicht viel herauskommen, außer daß sich die Gemüter auf beiden Seiten erhitzten.

Der zweite Programmpunkt, für den Herr und Frau X. zuständig waren, sollte noch mehr zum Reinfall werden. Die X. stellten ein ungewöhnliches Ehepaar dar; sie trugen stets Cordhosen oder -röcke sowie karierte Hemden und Blusen. Zu dieser Zeit war das nur üblich für Naturliebhaber, Camper oder Besucher von Jugendherbergen. Dicke, wollene Socken und Sandalen vervollständigten ihren Aufzug, außerdem trug Frau X. immer ein rotes Band in ihrem zerzausten Haar.

Die X.s waren friedliebende Menschen, daher hatte während des Krieges weder die eine noch die andere Seite mit ihrer Unterstützung rechnen können. Junge Leute in einem friedvollen und fröhlichen Geist umzuerziehen, war etwas, zu dem sie sich mehr berufen fühlten. Gut gemeint teilten sie ihre Lebensanschauung mit uns: »Vergeßt das Vergangene und genießt das Gegenwärtige, denn man weiß nie, was die Zukunft bringen wird, und man lebt nur einmal.« Mehr war nicht dahinter. Um uns mit der praktischen Seite einer solchen noblen und sorglosen Lebensweise vertraut zu machen, wurden Abende gestaltet, zu denen man verpflichtend erscheinen mußte. Frau X. lächelte gewinnend, während ihr Ehemann uns wohlwollend aufforderte, das Vergangene vergangen sein zu lassen.

»Kommt her und bildet einen Kreis um mich«, rief er enthusiastisch aus, aber sein Vorschlag wurde von den selbstbewußten jungen Männern nur zögernd und mißtrauisch angenommen. »Was hat er jetzt nur wieder vor?« Diese Frage stand jedem ins Gesicht geschrieben. Man konnte Herrn X. nicht abschrecken. Er lächelte zufrieden: »Ich werde euch ein neues Lied beibringen, ein englisches Lied. (In der Tat fand Herr X., daß die englische Sprache besser geeignet wäre, um frohe Gedanken auszudrücken als das Deutsche, das viele seiner Schützlinge jahrelang gesprochen hatten.)

»Dieses liebenswerte Liedchen heißt der ›Hokey-Pokey‹.« Herr X. strahlte, als hätte er uns soeben ein wunderbares Geheimnis offenbart. Jemand machte eine spöttische Bemerkung, andere lächelten höflich. Ich gab mir alle Mühe, so gelangweilt wie nur möglich dreinzusehen. Herr X. begann nun zu singen:

Put your right hand in,
take your right hand out
Put your right hand in
And shake it all about
And dance the hokey-pokey
And turn around
That's what it's all about.

Beim zweiten Mal stimmte Frau X. mit ein, schließlich wurden alle eingeladen mitzusingen, worüber Herr X. hocherfreut war. »Phantastisch! Phantastisch!« rief er in Ekstase. Wer meinte, nun würde er es gut sein lassen, kannte Herrn X. noch nicht, der noch eine weitere Überraschung bereithielt. »Wir singen das Ganze noch einmal, aber diesmal bewegen wir uns dazu«, kündigte er fröhlich an. Damit begann der Zirkus erst richtig ... »Put your right hand in, take your right hand out ...«

Herr X. erwartete nicht einmal Dank für diesen schönen Abend. Aber welch kümmerlicher Abglanz war es doch im Vergleich zu den patriotischen Liedern, die wir mit so viel Überzeugung gesungen hatten. Diese Lieder waren jetzt natürlich verboten. Es war auch niemandem mehr nach Singen zumute.

Die besten Zeiten schienen für mich endgültig vorbei. – Mein Heim war beschlagnahmt, mein Vater umgebracht worden. Als zusätzliche Erniedrigung hatte man ihn einfach in ein Leintuch eingeschlagen (wie großzügig!) und in einem verlassenen, bisher nicht benutzten Winkel des Friedhofs beigesetzt. Sogar im Tode hielt man ihn noch für zu gefährlich, um ihn zusammen mit anderen Menschen zur letzten Ruhe zu betten.

Meine Mutter wurde zwei Jahre lang als politische Gefangene festgehalten. Man konnte ihr kein Verbrechen nachweisen, so verurteilte man sie nach Ablauf der zwei Jahre zu dem, was sie bereits in Untersuchungshaft abgesessen hatte, und ließ sie frei. War dieser Urteilsspruch nicht genial? Er verhinderte, daß sie ihren Anspruch auf Entschädigung wahrnehmen konnte. Ein schlauer Schachzug, das konnte man nicht leugnen, aber wo blieb die Gerechtigkeit? Genau die Menschen, die sich so verhielten, wiesen anklagend mit ihrem selbstgerechten Finger auf uns »Ehemalige« und warfen uns vor, daß wir während der Naziherrschaft das Recht mit Füßen getreten hätten.

Das Vergangene vergessen, das Gegenwärtige genießen? – Leider legten die Menschen, die zu unserer Umerziehung eingesetzt waren, oftmals einen Lebensstil an den Tag, der abstoßend auf mich wirkte.

Mir taten noch immer sämtliche Knochen weh von der langen Zeit, die wir auf der Flucht vor den Russen in klirrender Kälte zubringen mußten. Auch mein Geist wurde lebensmüde. Der Hokey-Pokey konnte keine Antworten auf die immer größer werdende Finsternis, Einsamkeit und Verzweiflung in mir bieten.

Das blieb noch mehrere Jahre so, obwohl ich zugeben muß, daß es Chancen von außen gab. Nach ungefähr fünf Monaten im Heim für jugendliche Knaben wurde ich entlassen und lebte von da an in einem möblierten Zimmer oder bei Verwandten. Als meine Mutter aus der Haft entlassen wurde, wohnte ich mit ihr und zwei jüngeren Brüdern zusammen in einer Hinterstraße Haarlems. Es war verständlich, daß meine Mutter innerlich von Haß und Zorn erfüllt war; unser Zuhause war daher nicht mehr das gleiche wie früher. Auch meine eigene, veränderte Verfassung spielte da zweifellos mit.

Ich fand eine Stelle in Amsterdam und genoß die Schreibtischarbeit, aber die brennende Frage, ob dies alles war, was mir das Leben zu bieten hatte, blieb weiter ohne Antwort. Frühere Angehörige der Hitler-Jugend trafen einander wieder, aber einfach Zusammensein ohne eine Zukunftsperspektive war nicht mehr das gleiche. Den meisten, wenn nicht sogar allen von ihnen, schien es besser zu gehen als mir, denn sie waren bereits dabei, sich eine neue Zukunft aufzubauen und ermunterten mich dazu, es ihnen gleich zu tun. Mehr um den anderen einen Gefallen zu tun, begann ich einen Englischfernkurs, den ich aber nur wenige Monate durchhielt. Es folgte ein Buchhaltungskurs, den ich ebenfalls kurz vor den letzten Prüfungen aufgab. Meine Freunde drängten mich, am Leben mehr Anteil zu nehmen und mir ein Hobby zu suchen. Um etwas zu tun, begann ich leere Gin-Flaschen zu sammeln, bekam aber niemals mehr als ein halbes Dutzend zusammen, obwohl ich zeitweise soviel trank, daß ich die Orientierung verlor, wohin ich ging.

Aber was half das alles? Meine Knochen schmerzten so, daß ich mich wie ein alter Mann fühlte. Wie ein Fluch lasteten die Bilder der Vergangenheit auf mir, denn ich konnte sie einfach nicht vergessen. Tag und Nacht wurde ich von Bildern gequält, wie Soldaten sterbend im Schnee lagen. Viele von ihnen hatte ich persönlich gekannt oder heimlich bewundert. Der erste Kriegstote, den ich gesehen hatte, ging mir nicht aus dem Sinn. Es war ein Junge, ungefähr im gleichen Alter wie ich, zwölf oder dreizehn. Sein Kopf war völlig mit Blut bedeckt. Sand klebte an seinem Kopf und verlieh ihm zusammen mit dem Blut ein groteskes Aussehen. Dumpf setzte sich in meinem Gehirn die eine Frage fest: »Warum nur? Was hat das alles für einen Sinn?«

In meiner Mutlosigkeit fand ich keine Antwort. Auch Freundschaften mit Mädchen waren in dieser Hinsicht keine Lösung, obwohl ich auf diesem Gebiet wirklich genug herumsuchte. Ein früherer Freund aus der Nazizeit hatte mir anvertraut: »Das einzige, was uns retten kann, ist Liebe mit großgeschriebenem L.« Ich wollte es ja versuchen, aber was konnte ich schon anbieten? Da ich nicht wußte, was Liebe wirklich ausmachte, konnte ich mir nicht vorstellen, auf diesem Gebiet bestehen zu können.

So konnte es aber auch nicht weitergehen! Eine Zeit lang überlegte ich, ob ich das tun sollte, was eine feindliche Kugel versäumt hatte. Wie viele meiner früheren Kameraden beneidete ich diejenigen, die im Kampf umgekommen waren, denn die hatten wenigstens keine Probleme mehr! Es lag etwas beinahe Beschämendes darin, daß man selbst ein Überlebender war, während so viele andere ihr Leben verloren hatten. »Ich bin gerade in dem Augenblick krank geworden, als mein Bataillon zum Kampf aufgebrochen ist!« – Wäre das etwa sehr überzeugend, wenn ich es Gleichaltrigen erzählte? Da ich so lange an der Schwelle des Todes gelebt hatte, fürchtete ich mich nicht mehr davor. Andererseits empfand ich das Ausarbeiten eines völlig sicheren Planes als einfach zu viel Aufwand. Die Möglichkeit, daß auch ein sorgfältig ausgeklügelter Plan fehlschlagen könnte, hielt mich zurück. Mir war bewußt, daß in diesem Fall alles noch viel schlimmer wäre als vorher. Beispiele dafür sah man im täglichen Leben.

So entwickelte meine Niedergeschlagenheit immer tiefere Wurzeln, bis schließlich daraus die giftigen Früchte des Hasses und der Bitterkeit erwuchsen. Einer mußte einfach der Sündenbock sein, dem ich die Schuld an meiner Misere zuschieben konnte.

Indem ich versuchte, befriedigende Antworten auf die Frage nach dem Sinn des Lebens zu finden, war es ganz natürlich, daß auch die Frage nach Gott auf der Bildfläche erschien. Es konnte mir niemand vorwerfen, daß ich mir in den letzten Jahren allzuviel Gedanken in bezug auf ein übernatürliches Wesen gemacht hätte. Die Vorstellung einer allmächtigen Gottheit sagte mir nicht zu, und doch mußte ich widerwillig zugeben, daß ich oft das Gefühl hatte, als sei sie doch vorhanden, unabhängig davon, ob ich mich darum kümmerte oder nicht. Aus meiner Kindheit trug ich noch das Bild eines grantigen alten Mannes in mir, der mir den Spaß verderben wollte. Nun erschien mir dieser intolerante Schatten noch um einiges bösartiger. Ich brauchte ja nur seine Nachfolger zu beobachten, um seine doppeldeutigen Absichten zu erkennen. Sie sprechen zwar immer von Liebe, aber sie verfolgen dich mit Haß. König Christus, wohltätiger Spender von neuen Westen und Minischals, trug ebenfalls zu diesem Bild bei. Gut – wenn ich auch zu ohnmächtig war, es mit ihm aufzunehmen, so wollte ich meine Verachtung wenigstens an seinen Nachfolgern abreagieren.

Aus der Tiefe

Jacob konnte sicherlich nicht als sehr anziehender Mensch bezeichnet werden. Wenn es jemals einen Wettbewerb für Unbeholfenheit gegeben hätte, wäre er ein ernsthafter Anwärter gewesen. Sein krauser Haarschopf wirkte stets fettig; wäßrige blaue Augen, die durch die dicken Brillengläser in ihrer wuchtigen Fassung noch größer wirkten, trugen nicht dazu bei, daß sein blasses, verschwollenes und meistens schlecht rasiertes Gesicht mehr Attraktivität gewonnen hätte, das gleiche galt für seine Pickel. Volle, ein wenig zu rote Lippen und lange, niemals saubere Fingernägel vervollständigten sein Erscheinungsbild. Auch die Art seiner Kleidung verbesserte durchaus nicht sein Aussehen. Tag für Tag trug er einen zerknitterten, dunkelgrau gestreiften und schlecht sitzenden Anzug. Sein Hemdkragen wirkte mehr gelb denn weiß und gab zu der Vermutung Anlaß, daß er nur ein einziges Hemd besitze. Dicke, wollene Socken ringelten sich in den Schuhen, die, wie es aussah, noch nie Schuhcreme gesehen hatten.

Jacob war mein jüngerer Kollege im Amsterdamer Büro. Wir arbeiteten beide in der Buchhaltungsabteilung, doch Jacobs Arbeit war genauso unordentlich wie seine äußere Erscheinung, mit allen unausbleiblichen Folgen. Er war einfach dafür prädestiniert, Fehler zu machen. Wenn ein solcher passierte oder er einen entdeckte, hatte er die irritierende Gewohnheit, einen Pfeifton von sich zu lassen. Manchmal kam es mir vor, als würde er den ganzen Vormittag pfeifen.

Ich mied Jacob so weit wie möglich und wechselte sogar die Straßenseite, wenn ich ihn auf dem Weg zum Büro traf. Ein Grund dafür lag auch darin, daß er stets laut und undeutlich sprach, wobei man als Zuhörer beinahe einen Regenschirm benötigte, und er oftmals über seine eigenen langweiligen Witze lachte.

Manchmal ertrug ich widerwillig die Gesellschaft dieses Kollegen, denn in der Mittagspause pflegten wir Bridge zu spielen, wobei für einen Robber vier Personen nötig sind, die wir nicht immer auftreiben konnten. Daher griffen wir gelegentlich auf Jacob zurück. Auf seine Weise war er ein hilfreicher Spielpartner, denn bei besonders schlechten Karten äußerte er sein Mißfallen durch einen Pfiff.

Eines Tages brauchten wir Jacob wieder einmal für unser Kartenspiel. Der dritte Mitspieler arbeitete ebenfalls in unserer Abteilung, war aber in jeder Hinsicht genau das Gegenteil von Jacob. Er leistete gute Arbeit und wirkte immer makellos gepflegt. Allerdings waren seine Berichte über diverse Zechgelage schrecklich langweilig. Die vierte Mitspielerin war Henny, eine Sekretärin, die erst wenige Wochen im Büro beschäftigt war. Mehr wußte ich nicht von ihr, und ihre äußere Erscheinung war nicht dazu angetan, mein Interesse zu wecken.

Wir befanden uns mitten im Spiel, und ich verspürte leichte Aufregung, denn ich hatte an dem Tag einen besonderen Trumpf. Ich meine nicht eine von den dreizehn Karten in meiner Hand, sondern eine interessante Entdeckung, die ich in bezug auf Jacob gemacht hatte. Was ich herausgefunden hatte, paßte haargenau zu meinem Bild: Jacob war religiös. Während er nichtsahnend seine Karten sortierte, setzte ich zu meinem ersten Schachzug an.

»Jacob«, sagte ich ohne jede weitere Einleitung, »letzten Samstag habe ich dich gesehen, wie du religiöse Literatur verteilt hast.«

Von seinem schmuddeligen Kragen an begann sogleich eine tiefe Röte Jacobs mit Pickeln übersätes Gesicht zu überziehen. Verwirrt und sogar ein wenig erschreckt blickte er auf. Herablassend lächelte ich ihm zu.

»Jacob«, sagte ich mit spöttischer Anteilnahme, »warum verschwendest du deine Zeit mit solchen Dingen? Du kannst doch nicht einmal beweisen, daß es einen Gott gibt.«

Mit diesem Argument ging ich auf Nummer Sicher, denn die meisten Gläubigen konnte man damit mundtot machen. Mit Jacob verhielt es sich nicht anders. Falls sein konfuses Stottern eine Antwort darstellen sollte, so würde sich davon wohl niemand überzeugen lassen. Ich hatte mein Ziel erreicht und lehnte mich befriedigt zurück, um mich nun ganz den Karten in meiner Hand zu widmen und erwartete, daß das Spiel weitergehen würde. Nun meldete sich Henny zu Wort.

»Aber ich«, sagte sie mit einem sanften Lächeln, »ich kann beweisen, daß es Gott gibt, denn schließlich wohnt Jesus in meinem Herzen.« Das war alles. Dennoch trafen mich ihre Worte wie ein Donnerschlag. Nun war ich es, der rot anlief und zu stottern begann. War dies hier nicht absolut lächerlich? Noch nie hatte ich von jemandem ein positives Wort über Gott gehört. Vertraut waren mir nur Drohungen mit Hölle, Bestrafung und Verdammnis. Henny wirkte aber gar nicht so, als ob sie soeben etwas Sensationelles gesagt hätte, ruhig studierte sie die Karten in ihrer Hand. Mir aber war die Lust an meinem Lieblingsspiel vergangen. Wie konnte sie eine solche Aussage machen? Religiöse Leute verabscheuen es normalerweise, über ihre Überzeugungen in der Öffentlichkeit zu sprechen, Henny aber gab Auskunft, ohne gefragt zu sein. Es beschlich mich das eigenartige Gefühl, daß dies noch ärger war als ein Luftangriff, weil es keinen Platz für mich gab, an dem ich hätte in Deckung gehen können. Ich hatte gedacht, daß ich alle diese Fragen ein für allemal für mich geklärt hätte, und nun sagte ein Mädchen solche dummen Dinge! Woher besaß sie nur den Mut dazu? Ich fühlte mich bedroht, obwohl äußerlich keine Veranlassung dazu bestand, nur weil sie Jacob aus der Klemme geholfen hatte. Henny saß ganz gelassen und mit friedlicher Miene da, während die Fragen durch meinen Kopf wirbelten. Wenn Jacob wenigstens seinen Pfiff ausgestoßen hätte, um klarzumachen, daß es sich um ein Mißverständnis oder einen Scherz handelte!

Ich konnte nicht anders und begann mich für Henny zu interessieren, obwohl sie gar nicht mein Typ war. Mir gefielen eher feminine, gepflegte und gutgekleidete Frauen. Obwohl Henny natürlich nicht so grauenhaft angezogen war wie Jacob, schien es ihr einfach gleichgültig zu sein, was sie trug. Ihre schweren naturfarbenen Schuhe mit den breiten Bändern wirkten entschieden unvorteilhaft. Im Büro trug sie die übliche Rock-Blusen-Kombination. Für draußen besaß sie anscheinend nichts anderes als einen ausgeblichenen grünen Regenmantel mit Schulterstreifen und einem breiten Gürtel, worin ihre zierliche

Gestalt an einen stark abgemagerten Soldaten erinnerte, der soeben vom Kriegsschauplatz heimgekehrt war. Mit ein wenig Mühe konnte man sich ohne weiteres vorstellen, daß der lose Saum ihres Mantels von der Begegnung mit einem Stacheldraht herrührte.

Dennoch war etwas an Henny, das mich anzog. Unmittelbar nach jener denkwürdigen Bridge-Partie hatte ich begonnen, stärkeres Interesse an ihr zu zeigen. Erfreut fand ich heraus, daß sie in einem Vorort Haarlems wohnte, wodurch wir Gelegenheit hatten, nach der Arbeit gemeinsam zum Zug zu gehen und während der dreiviertelstündigen Fahrt nach Hause zu plaudern.

Henny erzählte mir in ihrer freundlichen Art freimütig von ihren Kriegserlebnissen. Aufgrund schlechter Gesundheit hatte sie ihre Ausbildung zur Ärztin abbrechen müssen. Ursprünglich wollte sie in die Fußstapfen ihres Vaters treten, der ebenfalls Arzt war, aber in einem Konzentrationslager ums Leben gekommen war.

Die Gelassenheit und stille Freude, die von Henny ausgingen, beeindruckten mich tief, denn ich verstand sie nicht, wenn ich all das bedachte, was sie durchgemacht hatte. Offen gesagt, beneidete ich sie darum, daß sie ihre Zufriedenheit so natürlich an den Tag legen konnte. Man hatte mir beigebracht, Gefühle zu verheimlichen; hier aber ging es nicht einfach um das Verbergen von Tatsachen, sondern es war noch eine andere Realität da. Während eines Gespräches auf dem Weg zum Zug legte sie einmal unvermittelt die Hand auf meinen Nacken und sagte mit warmer Stimme: »Innerlich weint immer etwas in dir.« Ich war entsetzt – hatte ich denn meine Lektionen vergessen? Dennoch war ich fasziniert, daß jemand mit so wenigen Worten den Nagel auf den Kopf treffen konnte. Vielleicht könnte sie auch ihr Geheimnis von Freude und Glück mit mir teilen, denn danach sehnte ich mich sehr, wußte aber, daß beides sich außerhalb meiner Reichweite befand. Immerhin war ich bereit, alles – sagen wir fast alles – zu tun, um es zu erlangen.

Das gleiche, das mich an Henny anzog, entfremdete mich auch von ihr. Ich bewunderte ihre innere Kraft und Stärke. Sie hatte sich durch schreckliche Kriegserfahrungen nicht unterkriegen lassen. Bewundernswert war, wie sie den Verlust ihres Vaters und die daraus resultierende Armut ohne Bitterkeit ertrug. Daß sie aber nur aufgrund von Krankheit einen nichtssagenden Sekretärinnenposten ausführen mußte, obwohl ihr ein höheres Niveau zustand, und dabei nicht klagte, das lag außerhalb meines Begreifens.

Wie schaffte sie es nur, wo war der Schlüssel? Offensichtlich besaß sie etwas, das mir abging und das ich nicht erlangen konnte. Wenn die Unterhaltung wirklich persönlich wurde, entstand immer eine Trennlinie zwischen uns, eine tiefe Kluft tat sich zwischen uns auf, denn immer wenn wir einer Lösung nahe waren, wurde Henny grundsätzlich religiös.

»Es ist Jesus«, sagte sie einfach und versuchte mich zu überzeugen, daß hier die Lösung für jedes Problem lag.

Geduldig setzte ich ihr auseinander, daß ich mich nicht für die Religion interessierte. Ich lehnte Gott ab, und Jesus war für mich eine unheimliche Gestalt mit erbärmlichen Idealen. Ich gebrauchte seinen Namen manchmal als Fluch, und in der Hitler-Jugend waren Spottlieder über ihn gesungen worden.

Ich suchte ja nur ein wenig Lebensglück, aber nicht Religion. An diesem Punkt aber wurde die sonst so umgängliche Henny immer störrisch. »Es ist Jesus«, sagte sie immer wieder, und darüber hinaus gab es für sie keine Diskussionen.

So ging es wochenlang weiter. Unsere Reaktionen waren allerdings verschieden. Während ich zornig wurde, blieb Henny friedlich. Daß sie auf dem Gebiet der Religion so inflexibel war, störte mich manchmal. Ich fragte mich, ob sie mir Sand in die Augen streuen wollte, doch ihr freundliches Benehmen sprach dagegen. Daher kam ich zu dem Schluß, daß sie nicht wirklich verstanden hatte, wie schwer und welcher Art das Elend gewesen war, das ich miterlebt hatte. Als wir uns an einem Abend wieder auf der Heimfahrt von der Arbeit befanden, begann ich ihr mein Herz auszuschütten. Ich erzählte ihr, was ich noch nie einem Menschen mitgeteilt hatte; kein Detail von physischem oder emotionalem Terror ließ ich aus, wodurch mein Leben in das Chaos geraten war, in dem ich mich augenblicklich befand.

Es war ein langer, trauriger Bericht. Als wir zu der Station kamen, an der ich aussteigen mußte, stand Henny automatisch auf und stieg mit mir aus. Wir waren so gefangen in der Düsterkeit meiner jammervollen Erzählung, daß wir nicht weitergehen konnten. So standen wir am Bahnhof, während ich von der Traurigkeit berichtete, die mich überwältigt hatte. Es war mitten im Winter; die Kälte des schneebedeckten, gefrorenen Bodens kroch langsam an meinen Beinen hoch und ließ den seelischen Schock der Vergangenheit um so lebendiger werden. Henny unterbrach mich an keiner Stelle, sie stand einfach da und hörte mir ruhig zu. Endlich hörte ich zu reden auf, ich hatte Henny alles anvertraut, ich war ausgepumpt, und es gab nichts mehr zu sagen.

Als ich Henny anblickte, sah ich im Licht der Straßenlaterne, daß ihr Tränen über die Wangen liefen, was ihr nicht oft passierte. Nur ein einziges Mal hatte ich feuchte Augen bei ihr gesehen, nämlich als sie mir erzählte, wie Gott seine Liebe zu uns gezeigt hatte, indem Er seinen Sohn in die Welt sandte. Mich hatte das völlig unberührt gelassen, ich war sogar etwas ungeduldig über soviel Frömmigkeit. Hier aber ging es um etwas anderes. Plötzlich stieg eine bange Hoffnung in mir auf, und mir wurde bewußt, daß es mir gelungen war, Hennys religiöse Fassade zu durchdringen. Sie war am Ende doch verletzlich wie andere Menschen. Ich wußte nicht recht umzugehen mit diesen gemischten Gefühlen und dachte, nachdem ich ihr nun alles anvertraut hätte, würde sie vielleicht auch das Geheimnis ihrer Ausgeglichenheit und Ruhe mit mir teilen. Das stellte sich aber nur als eine sehr kurzlebige Hoffnung heraus. Henny wischte sich die Tränen ab und sagte leise: »Ich weiß nicht, warum du das alles durchmachen mußtest.« Sie machte eine Pause, als ob sie nur ungern ihre weiteren Gedanken mitteilte, dann fuhr sie fort: »Aber eines weiß ich ganz sicher, daß Jesus die Antwort darauf ist.«

Der gefrorene Boden schien unter meinen Füßen zu schwanken. Ich fühlte mich auf einmal wie betäubt, alle Gefühle waren wie weggeblasen, nicht einmal Zorn verspürte ich mehr, sondern nur totale Einsamkeit und Leere. Ich hatte Verständnis und

Hoffnung gesucht und einen letzten verzweifelten Versuch gewagt; ich hatte gespielt und verloren. Ohne jeden Zweifel wußte ich, daß dies das letzte Mal gewesen sein sollte, daß ich jemandem meine innersten Erfahrungen und Wünsche mitgeteilt hatte. Antworten waren eben nicht möglich. Obwohl ich zu benommen war, um irgendeine Emotion wahrzunehmen, fühlte ich mich betrogen. Aus Gründen, die ich selbst nicht ganz verstand, hatte ich einem Mädchen, das ich kaum kannte, mein Innerstes offenbart, und sie hatte ohne jedes Einfühlungsvermögen die oberflächliche und bedeutungslose Antwort gegeben: »Ich weiß, daß Jesus die Antwort ist.«

Ohne ein Wort zu sagen, warteten wir auf den nächsten Zug, der Henny mitnehmen würde. Als das Schlußlicht des letzten Waggons in der Dunkelheit verschwunden war, hätte mein Gefühl von Trostlosigkeit nicht größer sein können. Ich ging durch die frostige Abendluft nach Hause. Obwohl Zeit zum Abendessen war, hatte ich keinen Appetit. Ich zog mich in mein Zimmer zurück, wo ich in äußerster Verzweiflung zuerst Vorkehrungen traf, daß mich niemand beobachten konnte, dann kniete ich nieder und sagte ohne viel Emotion: »Jesus, wenn es dich wirklich gibt, dann laß es mich wissen.«

Nichts passierte, nichts veränderte sich. In Wirklichkeit erwartete ich auch gar nicht, daß sich etwas verändern sollte. Rasch begab ich mich zu Bett. Wenigstens hatte ich den bescheidenen Trost, daß nie jemand herausfinden würde, wie ich mich in einem Moment großer Schwäche hatte gehen lassen.

Am nächsten Morgen war es immer noch so kalt, daß sich auf dem Weg zum Bahnhof der Rauch meiner Zigarette mit meinem Atemhauch vermischte. Als ich das Waggonabteil betrat, sah ich mich automatisch nach Henny um, konnte sie aber nicht entdecken. Die Atmosphäre war zum Ersticken – die Fenster geschlossen und alle rauchten, eine Welt, die sich selbst im Rauch erstickte und niemanden entkommen lassen wollte. Welch eine Wohltat, als wir Amsterdam erreichten und ich wieder die frische Morgenluft atmen konnte! Als ich im Büro ankam, war Henny bereits da. Ich traf sie auf dem Weg zur Garderobe. Nachdem wir uns begrüßt hatten, sah sie mich durchdringend an.

Dann sagte sie mit fragendem Blick: »Du siehst heute verändert aus. Hast du gebetet?«

Ihre Worte verfehlten ihre Wirkung nicht. Mit einem Mal war es wieder da, was ich mir selbst gelobt hatte, für immer zu vergessen: »Jesus, wenn es dich wirklich gibt, laß es mich wissen.« Das hatte ich am Abend vorher gemurmelt. Und wirklich – es war etwas geschehen, etwas hatte sich verändert. Auf einmal wurde mir bewußt, daß ich den ganzen Tag noch nicht an den Krieg gedacht hatte. Dieser Gedanke war zunächst beängstigend für mich, denn schließlich war der Krieg ein Teil von mir, etwas, was unverbrüchlich zu mir gehörte. Bewußt versuchte ich nun, die Bilder in mein Gedächtnis zurückzurufen, die mich in den sieben Jahren seit dem Kriegsende ständig begleitet hatten. Aber seltsam – auf einmal sah ich alles wie ein Außenstehender vor mir ablaufen. Schmerz, Trauer und Schrecken, die ich sonst empfand, waren nicht mehr da. Was ich bei Henny so lebendig miterlebt hatte und wonach ich mich immer gesehnt hatte, war jetzt auch in mir eingekehrt: Gelassenheit und Frieden.

Henny stand noch immer mir gegenüber.

»Das macht Jesus«, sagte sie. »Das ist es, was Jesus in dir bewirken kann.« Sie strahlte.

Der Tag zog sich endlos hin. Nicht einmal die übliche Bridge-Partie besaß Anziehungskraft für mich. Der Pfiff, der hinter einem bestimmten Schreibtisch zu hören war, störte mich nicht länger. Am Nachmittag konnte ich eine Entschuldigung finden, um eine Besorgung zu machen. Die Sonne schien, zögernd stimmten die Spatzen in ein mitreißendes Konzert ein. Frühling lag in der Luft.

Am Abend ging ich mit Henny zum Bahnhof. Ich war so verändert, daß ich ihr zum ersten Mal ohne Feindseligkeit zuhören konnte. Nicht einmal ein Bibelzitat konnte mich aus der Fassung bringen. Mit wachsendem Staunen erkannte ich, daß Henny von Jesus wie von einem lebendigen, lieben Freund sprach. Die Spannung war gebrochen, es war, als wäre ich einer militärischen Zangenbewegung entkommen, die mir beinahe das Leben gekostet hätte. Als der Zug Haarlem erreichte, bestand keine Notwendigkeit, daß Henny mit mir ausgestiegen wäre, und es war auch nicht nötig, die Unterhaltung fortzusetzen. Auch ohne Hennys Anwesenheit fühlte ich mich nicht allein, alles war gut, sehr, sehr gut. Wir schrieben den Februar 1952.

Es war nicht überraschend, daß meine Kenntnisse des Christentums praktisch null waren. Was ich bisher sicher zu wissen glaubte, stellte sich als total falsch heraus. Mein ganzes Gottesbild gab nur Zeugnis von unglaublicher Unwissenheit. Nirgends in der Bibel wird Gott als häßliches, mürrisches und humorloses Wesen dargestellt, wie ich es in der Schule gehört hatte und auch in der Kirche, die ich gelegentlich unter Zwang besuchte. Die Botschaft der Bibel lautete vielmehr: »Barmherzig und gnädig ist der HERR, langsam zum Zorn und groß an Gnade.«[4]

Dennoch war das negative Gottesbild in mir so tief verwurzelt, daß es Wochen dauerte, bevor ich bereit war, Gott »Vater« zu nennen. Es war eine wunderbare Erfahrung, als ich es das erste Mal tat. Bis dahin war ich überzeugt gewesen, wenn Jesus auch gut war, so mußte doch Sein Vater böse sein, denn irgendeine Gottheit mußte schließlich für das Unheil in der Welt verantwortlich sein. War nicht gerade das ein bewegendes Zeichen seiner Langmut und seiner Güte, daß er mich trotz allem annahm? »O Tiefe des Reichtums, sowohl der Weisheit als auch der Erkenntnis Gottes! Wie unerforschlich sind seine Gerichte und unaufspürbar seine Wege!«[5]

Obwohl ich wußte, daß Jesus gekreuzigt worden war, kam es mir nie in den Sinn, daß das etwas mit mir zu tun haben könnte. Man setzte einfach ein gebührend ernstes Gesicht auf, wenn davon die Rede war. Später wurde das Kreuz sogar in geschmackloser Weise durch Wort und Lieder verspottet. Vielleicht hatte mir jemand einmal die wirkliche Bedeutung erklärt, aber ich konnte mich nicht bewußt erinnern. Von Henny erfuhr ich, daß Jesus am Kreuz für mich persönlich für meine Sünden bezahlt und mich mit Gott versöhnt hatte. Nun konnte ich verstehen, warum ihr manchmal Tränen kamen, wenn sie über diese Dinge sprach. In Wirklichkeit fühlte ich mich gar nicht schuldig. Es gab so viele Sündenböcke, die man für die Lage verantwortlich machen konnte, in der ich mich so lange Zeit befunden hatte.

Mein Bibelwissen war ebenfalls lückenhaft. Ich wußte, daß es ein Altes und ein Neues Testament gab. Vage erinnerte ich mich an die Namen Peter und Paul, aber ich glaubte lange, daß ein einziger Mann mit zwei Namen gemeint sei.

Während der ersten Monate, in denen jene unbegreifliche Veränderung in meinem Leben stattgefunden hatte, war ich völlig überzeugt, daß Henny und ich die einzigen Menschen auf der Welt waren, die ein so vertrautes Wissen von der Liebe Gottes hatten, die sich in Jesus Christus geoffenbart hatte. Obwohl ich im nachhinein nicht verstehe warum, schien Henny dieses Denken zu bestärken und zu unterstützen.

Ich weiß nicht mehr, ob mir das Wort »Evangelisation« bis dahin etwas sagte. »Mission« war ebenfalls ein sehr unklarer Begriff. Irgendwie hatte es mit dem Pfennig zu tun, den wir jeden Montagmorgen »für die Heidenvölker« mit in die Schule nehmen mußten. Ein dicker Prediger hatte einmal unsere Schule besucht und uns Dias von schwarzhäutigen Menschen, die irgendwo in den Tropen lebten, vorgeführt. Sie waren »Heiden«, denn sie wußten nicht so viel über Gott wie wir.

Obwohl ich auf der Wissensseite noch viele Defizite besaß, begann in mir eine Überzeugung zu wachsen. Mein ganzes Leben war wie umgeformt: »Was Gott durch Jesus Christus in deinem Leben bewirkt hat, ist so großartig, daß du hinausgehen mußt, um anderen davon zu erzählen.« Es lag auf der Hand, daß jene, mit denen ich während des Zweiten Weltkrieges so viel Leidvolles erlebt hatte, die ersten sein sollten, denen ich davon erzählen wollte. Henny stimmte dem zu. Unsere Missionspläne umfaßten zwar die ganze Erde, doch Osteuropa und Deutschland blieben immer mein erster Gedanke. So warteten wir auf einen Hinweis, was für uns das Richtige wäre.

Die Beziehung zwischen Henny und mir beschränkte sich nun nicht mehr darauf, daß wir im gleichen Büro arbeiteten und die gleichen spirituellen Interessen vertraten. Wir hatten uns ineinander verliebt und gelobten einander Treue bis zum Tod im Dienst unseres Meisters.

Es war eine fröhliche Zeit, die wir zusammen verbrachten. Wir waren jeden Tag beisammen, nicht nur im Zug und während der Bürostunden, sondern auch in unserer Freizeit; wir lasen, beteten und redeten miteinander. Als Ostern kam, feierten wir unseren eigenen kleinen Gottesdienst. (Denn, wie ich erwähnte, glaubten wir ja, daß es keine anderen Gläubigen so wie uns gäbe.) Zum ersten Mal verstand ich damals etwas von dem Opfer unseres leidenden Erlösers und von dem Zusammenhang mit meiner eigenen Schuld.

Holland ist aber auch ein Land mit viel Sonne und Wind, und wir genossen die weiten Strände, die sandigen Dünen, Bootsfahrten auf den Kanälen und Seen und Radtouren durch die fruchtbaren Polder.[6]

Bei alledem verloren wir nicht unser wirkliches Ziel aus den Augen. Weiterhin verfolgten wir unsere privaten Studien und unsere Vorbereitungen, in die Mission hinauszugehen. Als am Strand eine Evangelisation durchgeführt wurde, wurde uns bewußt, daß es doch noch andere Menschen gab, die unseren Glauben teilten.

Mit der Zeit kam es zu einer kleinen Veränderung. Ich beschäftigte mich gedanklich viel mit der »Wiederkunft« und war überzeugt, daß Jesus bald wiederkommen würde, ja, ich freute mich darauf. Könnte ich Ihm aber etwas anbieten, wenn Er plötzlich käme? Was hatte ich länger im Büro verloren? Vielleicht war es eine verborgene Form von Unwilligkeit, daß ich mich noch dort befand. Hatte Er mich bereits gerufen, und ich hatte Seine Stimme überhört? Schließlich wurde das Verlangen übergroß, jenen Menschen die frohe Botschaft weiterzusagen, mit denen zusammen ich die Verwüstungen des Krieges erlebt hatte, und die zum Teil noch immer in Flüchtlingslagern zusammengedrängt leben mußten, da eine Rückkehr in ihre Heimat (die inzwischen kommunistisch gewordenen Oststaaten) nicht mehr möglich war.

Ungefähr ein Jahr nachdem ich Christ geworden war, kündigte ich daher ziemlich unvermittelt meine Arbeit. Henny war einverstanden, daß ich nach Osteuropa gehen würde und versprach abzuwarten, wie sich die Dinge entwickeln würden. Wenige Tage später verabschiedete sie mich am Bahnhof von Amsterdam.

Es war eine ernüchternde Erfahrung, in die Welt hinauszugehen ohne eine sichtbare Rückenstärkung. Aber am Vorabend der Reise hatte ich, während ich in der Bibel blätterte, von Gott eine wunderbare Ermutigung bekommen. »So seid nun nicht besorgt, indem ihr sagt: Was sollen wir essen? Oder: Was sollen wir trinken? Oder: Was sollen wir anziehen? Denn nach diesem allen trachten die Nationen; denn euer himmlischer Vater weiß, daß ihr dies alles benötigt.«[7] Seltsamerweise waren dies so ziemlich die einzigen Sorgen, die mich beschäftigten. Die Frage, ob ich geistlich meiner selbstgesetzten Aufgabe gewachsen sein würde, kam mir kaum in den Sinn.

Es traf mich wie ein Schock, als ich in die Welt zurückkehrte, die ich vor ungefähr acht Jahren verlassen hatte. Das Lager, das ich besuchte, war genauso überfüllt wie der Flüchtlingszug, auf den ich Anfang 1945 aufgesprungen war. Die Menschen waren noch genauso arm. Bestürzt sah ich einem jungen Mädchen zu, wie es ein rotes Band aufhob, das etwa 10 cm lang war und aus einem Karton gefallen war, den eine Hilfsorganisation mitgebracht hatte. Für das Mädchen war das Band wertvoll wie ein lang ersehntes Weihnachtsgeschenk. Wie damals auch warteten die Menschen begierig auf gute Neuigkeiten. Die Frage lautete aber nicht mehr: »Wann fährt der Zug ab?« sondern: »Wann kommen wir endlich aus diesem Lager heraus?«

Man konnte es ja verstehen, daß diese Leute auch die Religion zu benutzen versuchten, um dem Lager zu entkommen, und zwar jede Religion, die als mögliches Mittel dazu erschien.[8] – Aber nach kurzer Zeit schon erkannte ich, daß eine noch so große Portion an jugendlichem Enthusiasmus nicht ausreiche, um diesen heimatlosen Menschen wirklich helfen zu können. Man kann zwar die Lösung eines Problems wissen; sie aber auf verständliche Weise vermitteln, so daß der andere sie auch annehmen kann, ist wieder eine andere Sache, obwohl die Flüchtlinge grundsätzlich zum Gespräch bereit waren. Ältere Brüder mit mehr Erfahrung in diesem Dienst wiesen mich in freundlicher Weise auf meine Mängel hin, und ich nahm ihre Ratschläge dankbar an. Nach nur wenigen Wochen kehrte ich nach Holland zurück – dafür gab es aber noch zwei weitere Gründe.

Ziemlich unerwartet sagte Henny mir offen, daß sie einen Fehler mit mir gemacht habe und ließ mich sitzen. Sie nannte niemals einen wirklichen Grund, aber ich bin überzeugt, daß sie auf Druck von außen handelte. Es war ein vernichtender Schlag, von dem ich mich jahrelang nicht erholte. Wiederum war ich von einem Seiner Leute betrogen worden, nur waren die Umstände noch viel delikater. Ich ließ mich aber dennoch nicht von meiner Richtung abbringen: Wenn auch alle mich verstoßen sollten, Jesus niemals! Gleich ob mit jemandem zusammen oder allein, ich hatte nur den einen Wunsch, Ihm nachzufolgen. Was Henny betrifft, so werde ich ihr immer dankbar sein, daß sie bereit war, mir den Weg zum LEBEN zu zeigen.

Eine Naturkatastrophe, die Holland zu jener Zeit heimsuchte, war ebenfalls ein Grund für meine frühzeitige Rückkehr von den deutschen Flüchtlingslagern. Durch eine ungewöhnliche Kombination von Hochwasser und äußerst stürmischen Winden war das Wasser über die Deiche gestiegen und verursachte in vielen Teilen des Landes Überschwemmungen. Deiche waren unter den heftigen Wellen ins Wanken geraten, und Tausende von Häusern waren unter den unaufhörlich peitschenden Wellen eingestürzt, so daß unzählige Menschen ohne Zuhause waren; etwa 2000 Menschen waren umgekommen.

Man brauchte dringend Hilfe: Für die Überlebenden mußten Quartiere geschaffen werden; Nahrungsmittel, Kleider und Bettwäsche waren in das Katastrophengebiet zu bringen, um die Menschen vor der strengen Kälte zu schützen. Tote Menschen und Vieh mußten schleunigst aus dem Wasser geborgen, die Deiche wiederaufgebaut, das Salzwasser aus den überfluteten Poldern ausgepumpt werden – und das alles so schnell wie möglich. Sobald das Wasser einigermaßen zurückgewichen war, wollte man an den Wiederaufbau des verwüsteten Landes gehen. Aus vielen Staaten der Erde trafen Hilfs- und Rettungstrupps ein. Es war für mich daher ganz klar, mich ebenfalls zu beteiligen.

Die Erfahrungen, die ich in diesem Zusammenhang machte, wurden äußerst bedeutungsvoll für mich, denn zum ersten Mal wurde mir bewußt, wie unreif mein eigener Glaube noch war und wie gnädig und gütig Gott mir dennoch beistand und mich leitete, und zwar in verschiedenen Situationen, von denen man hätte meinen können, sie wären dem Schöpfer des ganzen Universums nicht interessant genug gewesen.

Aufgrund von Geldmangel war ich gezwungen, aus Deutschland per Autostop nach Holland zurückzukehren, anschließend verbrachte ich einige Tage zu Hause. Da kein Geld verfügbar war, auf andere Weise in das Katastrophengebiet zu reisen, sattelte ich mein Fahrrad für die Zweitagesfahrt. Die damit verbundene Verzögerung drohte aber zu meinem Verhängnis zu werden. Wo immer ich mich meldete, bekam ich die gleiche Antwort: »Warum sind Sie nicht ein paar Tage früher gekommen, da brauchten wir noch dringend Leute? Jetzt haben wir keinen Bedarf mehr.«

Den ganzen Tag war ich mit dem Fahrrad unterwegs, und überall mußte ich mir das gleiche anhören. Als es dunkel wurde, fragte ich bei einem nicht beschädigten Bauernhof um Unterkunft. Der wohlgenährte, zigarrenrauchende Bauer sah mich mißtrauisch an, erlaubte mir aber schließlich, im Heu zu übernachten.

Am nächsten Tag war es trüb und nebelig. Ich versuchte, meinen Quartiergebern ein Glaubenszeugnis zu geben, doch ihre beiden Kinder im Volksschulalter verspotteten mich, was zum Amüsement ihrer sie abgöttisch liebenden Eltern beitrug. Als ich weiterzog, fühlte ich mich unbehaglich, hungrig, und mir war kalt. Bei dem Büro, wo ich vorsprach, erhielt ich wiederum eine Abfuhr: »Warum sind Sie nicht einige Tage früher gekommen, als wir noch dringend Leute benötigten? Jetzt brauchen wir niemanden mehr!«

Ich radelte den Deich entlang davon. Ein verlassenes Haus starrte durch seine windschiefen Fensterläden vor sich hin auf das Wasser, das zu seinen Füßen plätscherte. Warum machte niemand Anstalten, das Haus zu verankern? Mit einem Mal stieg Wut in mir auf über alle diese wohlgenährten, zigarrenrauchenden, kichernden Leute, die in gutgeheizten Büros saßen und keinen Helfer mehr heranlassen wollten. Da aber keine Menschenseele da war, an der ich meinen Ärger auslassen konnte, mußte Gott herhalten. War Er nicht schließlich verantwortlich für dieses Elend? Ich war immer noch fromm genug, daß ich meine Augen schloß, aber nicht so weit, daß ich vom Rad gestiegen wäre, also betete ich beim Radfahren mit geschlossenen Augen.

»Herr, wenn du mich hier haben willst, wie kommt es, daß ich keine Arbeit finde?« bedrängte ich Ihn. Es folgte noch ein kurzes Schimpfen. Zum Glück aber dauerte mein sogenanntes Gebet nicht länger. Als ich die Augen wieder öffnete, befand ich mich auf der falschen Straßenseite und fuhr schnurgerade auf das kalte Wasser am Fuße des Deichs zu. Schnell korrigierte ich meinen Kurs. In der Entfernung tauchte ein Motorrad auf. Als es näher kam, verlor es an Geschwindigkeit, und ich fragte mich, ob es etwa ein Polizist wäre, der mich wegen öffentlicher Trunkenheit belangen würde. Das Motorrad blieb stehen. »Rufen Sie in Tholen die Telefonnummer 9. Dort gibt es Arbeit für Sie!« rief mir der Fahrer über den Motorenlärm zu – und war auch schon wieder weitergefahren.

Rasch begab ich mich zum nächsten Telefonapparat und wählte Nummer 9. Als sich auf der anderen Seite jemand meldete, trug ich mein Anliegen vor. Ich glaubte meinen Ohren nicht zu trauen! »Warum sind Sie nicht einige Tage früher gekommen, als wir noch dringend Leute brauchten? Jetzt haben wir nichts mehr frei«, antwortete mir eine männliche Stimme. Ich konnte durch die Leitung beinahe den Zigarrenrauch riechen und stellte mir mein Gegenüber vor, wie es gemütlich in einem wohltemperierten Raum saß. Die Stimme nannte mir aber noch eine weitere Adresse, wo ich anfragen könnte. – So kam es, daß ich am nächsten Morgen schon in einem gutgeheizten Büro saß, wo ich Löhne für die Deicharbeiter ausrechnete. Verpflegung und Unterkunft wurden mir zur Verfügung gestellt. Als mir jemand eine Zigarre anbot, lehnte ich allerdings ab.

Mein Beitrag zum Wiederaufbau unseres zerstörten Landes war wirklich kaum nennenswert. Ich hatte aber wiederum eine für mich wichtige und zum Teil auch beschämende Gebetserfahrung gemacht und, wie ich hoffe, auch etwas daraus gelernt.

Die Berufung

Etwa ein halbes Jahr später fand meine Arbeit im Büro ein Ende, da die meisten Reparaturarbeiten an den Deichen beendet waren und die Zahl jener, die Löhne für die Deicharbeiter ausrechneten, entsprechend reduziert wurde. Ich kehrte nach Haarlem zurück und wollte mich den Sommer über für ein Bibelschulprogramm einschreiben lassen, doch ohne Erfolg. Daher nahm ich den Rat einiger erfahrener Christen an und sah mich nach einem Job um. Wenig später wurde ich von einer Firma, die Maschinen zum Kartoffelschälen und Gemüseschneiden herstellte, als »Mann für alles« aufgenommen. Obwohl ich mich nun wieder in einem weltlichen Beruf befand, war mein Wunsch, dem Herrn zu dienen, nach wie vor da.

Bis dahin war ich, was christliche Gemeinschaft betrifft, noch ein ziemlicher Einzelgänger gewesen. Gelegentlich nahm ich an Konferenzen teil, die in unregelmäßigen Abständen abgehalten wurden. In die Kirche ging ich ganz selten, einfach aus dem Grund, weil ich keine Gemeinschaft kannte, wo ich mich zu Hause hätte fühlen können. Eines Tages blätterte ich in der Zeitung, da fiel mein Blick auf den Namen eines Evangelisten, der einige Jahre zuvor einen Strandeinsatz geleitet hatte. Es wurde angezeigt, daß Herr Pasman in der »Zuiderkapel« in Haarlem sprechen würde. Von diesem Ort hatte ich noch nie gehört, aber da Herr Pasman damals einen guten Eindruck auf mich gemacht hatte, dachte ich, daß ich in der Zuiderkapelstraße vielleicht Gleichgesinnte treffen würde.

Am nächsten Sonntag besuchte ich dort den Gottesdienst und wurde nicht enttäuscht. Ich fand eine herzliche Gemeinschaft von Gläubigen vor, die fröhlich von ihrem »Jezus alleen« (Jesus allein) sangen. Diese Worte waren auch an der Vorderwand des etwas baufälligen Gebäudes angebracht, das früher einmal ein Kino gewesen war, wovon noch ein Hinweisschild vor der Kirche zeugte.

Ich wurde herzlich aufgenommen und fühlte mich unter diesen begeisterten Christen bald wie zu Hause. Herr Pasman gehörte zu den regelmäßigen Gastpredigern, und eines Tages faßte ich Mut, mit einigen der vielen Fragen, die mich beschäftigten, an ihn heranzutreten. Er erwies sich als geduldiger Zuhörer und weiser Ratgeber. Am Ende sagte er mir zu, daß er mir zu einem Studienplatz an der deutschen Bibelschule, wo er selbst gewesen war, verhelfen würde, wenn ich ein Jahr an den Aktivitäten der »Zuiderkapel« teilnähme und mich bewährte. Ich war begeistert, denn eine deutsche Ausbildung wäre mir als Vorbereitung zum Dienst unter den Flüchtlingen sehr gelegen gekommen. Mit ganzem Herzen nahm ich also an dem Programm der Kirche teil und ging damit, ohne es noch zu wissen, einer entscheidenden Herausforderung meines Lebens entgegen.

Trotz aller Unreife und aller Wissensmängel konnte ich ernsthaft sagen, daß ich Jesus liebte. Bei allem, was ich tat, war Er dabei, und ich unterhielt mich mit Ihm wie mit einem Freund. In Seinem Wort zu lesen, bedeutete mir keine langweilige Pflichterfüllung, denn alles war so neu; von Seiner Liebe zu erfahren war so belebend. Wie hatte ich nur so lange ohne Ihn leben können? Wenn ich die Bibel studierte, so konnte ich nicht leugnen, daß – abgesehen von dem, was Er für mich getan hatte – auch eine sehr klare und unbestreitbare Herausforderung auf mich zukam. Jesus Christus hatte alles für mich gegeben; wieviel war ich aus Dankbarkeit und Liebe heraus bereit zu tun?

Schon in den ersten Monaten, nachdem ich Christ geworden war, war ich damit konfrontiert worden. Ziemlich oberflächlich und gedankenlos hatte ich gesagt: »Alles, was sein ist, ist mein, und alles, was mein ist, ist sein.« Aber anscheinend hatte der Herr mich beim Wort genommen.

Ständig mußte ich an eine bestimmte Geldsumme denken, die ich beiseite gelegt hatte, um mir einen neuen Mantel zu kaufen. Der Gedanke, daß Christus dieses Geld haben wollte, ging mir nicht aus dem Sinn. Wenn es meines war, so war es auch Seines. Der Gedanke daran wurde mir unbehaglich. Wenn ich auch bereit war, dem Herrn die 25 Gulden zu überlassen, so wußte ich noch keinen konkreten Weg dazu. Ich hatte mich über das leichtfertige Geplänkel eines Mannes amüsiert, der spaßeshalber sagte: »Jeden Monat nehme ich mein Gehalt und werfe es in die Luft. Was oben bleibt, gehört Gott, und was wieder herunterfällt, behalte ich mir.« Mir war einfach nicht klar, wohin ich meine Opfergabe geben sollte. Schließlich nahm ich mir vor, das Geld in den Kasten der Heilsarmee zu werfen, der zur jährlichen Kollekte an der Straße aufgestellt war. Nachdem ich das getan hatte, kehrte mein Seelenfrieden wieder zurück. Ich sprach mit niemandem über diesen Vorfall, aber drei Tage später vertraute mir ein Freund an, daß er in der Lotterie gewonnen habe und schenkte mir 75 Gulden. Das war mehr als genug, um den benötigten Mantel zu kaufen. – Dies sollte nicht das letzte Mal gewesen sein, daß Gott mich auf ungewöhnliche Weise versorgte.

Aber es ging hier anscheinend noch um mehr. Jesus Christus wollte nicht nur mein Geld oder meine Zeit, Er wollte mich selbst. Als mir das bewußt wurde, war es nicht schwer für mich einzuwilligen. Was war ich schließlich ohne Ihn? Er hatte mir neues Leben, neue Hoffnung und einen neuen Lebenssinn geschenkt. Nicht lange nach meiner Bekehrung hatte Er mich auch von meinen quälenden Knochenschmerzen befreit.

Eines Tages saß ich ganz allein da, hatte die Bibel vor mir aufgeschlagen, als ich aufrichtig und voll Freude betete: »Herr Jesus, ich gehöre Dir. Ich bin bereit, alles zu tun, was Du von mir möchtest. Ich bin bereit, überall hinzugehen, wo Du mich haben möchtest. Wenn Du möchtest, daß ich schreibe – so will ich schreiben, was immer Du mit mir vorhast ...« – Hier machte ich eine Pause und überlegte, daß eine kleine Einschränkung wohl ohne Konsequenzen bleiben würde: »Alles ... außer ein Prediger zu werden. Aber auch nur deshalb, weil ich dazu einfach nicht fähig bin, auf einer Kanzel zu stehen, wenn mich vielleicht Hunderte von Augenpaaren anstarren.«

Die Jugendgruppe der »Zuiderkapel« bestand aus aktiven jungen Menschen, die aus einer ersten starken und begeisterten Liebe heraus, wo immer es möglich war, Zeugnis ihres Glaubens gaben. Ihr Eifer war so ansteckend, daß man sich ihnen gerne anschloß. Wenn es schon die ganze Welt erfahren sollte, was sprach dagegen, in Haarlem anzufangen? Jede Woche schwärmten kleine Gruppen von Jugendlichen aus, gingen von Tür zu Tür und verteilten kleine Schriftstücke mit Bibelworten. Auf einer Straßenkarte wurden nach jedem Einsatz die jeweiligen Straßen markiert, um sicherzugehen, daß keine übersehen wurde. Ebenso hielt man fest, in welchen Häusern man positiv auf unseren Besuch reagiert hatte. Eine Gruppe hatte sich vorgenommen, an Samstagabenden die Bars zu besuchen, um mit den Besuchern über Glaubensfragen ins Gespräch zu kommen. Unsere Hingabe war groß – ob es die Weisheit unseres Vorgehens auch immer war, sei dahingestellt.

Während der Sommermonate hielten wir unsere Treffen im Freien ab. »De Dreef«, so hieß eine schöne und belebte Promenade unweit des Stadtzentrums. Die Verantwortung dafür trug ein Herr Sussenbach, der aus Surinam stammte, von kleiner Statur war und eine sehr dunkle Haut besaß. Er war Fabrikarbeiter, doch jedermann bewunderte ihn wegen seiner Bibelkenntnisse sowie seiner überlegten, doch direkten Art, wie er die ansprach, die stehenblieben, um zuzuhören. Er besaß auch eine feine Art und Weise, mit christlichen Mitarbeitern, sowohl Erwachsenen wie auch jungen Leuten, umzugehen. Bei den Treffen wurden zuerst Lieder gesungen, dann gab Herr Sussenbach eine kurze Botschaft, es folgte ein weiteres Lied, worauf er von der Parkbank herunterstieg, von der aus er gesprochen hatte. Man konnte sich vorstellen, daß er betete, während er unsere Gruppe abschritt und dann auf den einen oder anderen zukam, der als nächster zu der erwartungsvollen Menge sprechen sollte. Es war unrealistisch zu erwarten, daß ich niemals an die Reihe kommen würde. Tatsächlich, eines Tages kam Herr Sussenbach auf mich zu. Er sagte nur meinen Namen und setzte ein Fragezeichen dahinter. »Jacques?« Es gab kein Entrinnen. Seine freundlichen, dunklen Augen zeigten mir, daß er eine Weigerung nicht gelten lassen würde. Was würden außerdem die anderen jungen Leute sagen? Ebenfalls ein wichtiger Grund, wenn auch nicht ganz richtig. So nickte ich Herrn Sussenbach zustimmend zu, aber als ich aus der Gruppe heraustrat und auf der Parkbank stand, fehlten mir die Worte. Dutzende von Augen waren erwartungsvoll auf mich gerichtet. Das Singen hinter mir kam zu einem Ende. Ich fühlte mich benebelt und verwirrt, da nahm der Titel des zuletzt gesungenen Liedes in mir Gestalt an. Es wurde der erste Satz meiner Jungfernrede: »Ich weiß, daß mein Erlöser lebt«, rief ich so laut ich konnte über die Promenade. Das war alles, was mir einfiel, es wurde aber auch zu einem Schlüssel, denn auf einmal funktionierte mein Denken wieder. Der Bann war gebrochen, und ich erzählte in einfachen Worten, was Jesus für mich getan hatte. Damals stand ich zum ersten Mal auf einer »Kanzel« – es sollte nicht das letzte Mal gewesen sein. Meine Beteuerung »alles – nur nicht ...« war nicht länger gültig. Jene Parkbank wurde zu einer Stätte, wo ich regelmäßig das Wort Gottes weitergegeben habe.

Es begann mir Freude zu machen, in der Öffentlichkeit zu sprechen. Bis zum heutigen Tag betrachte ich diese Gabe als ein Wunder, das Gottes Gnade entsprang. Die Tatsache, daß ich inzwischen das Wort Gottes in fünf verschiedenen Sprachen und – mit der Hilfe von vielen Dolmetschern – auch in allen Kontinenten verkündigt habe, ändert nichts an meiner Haltung, die geprägt ist von dankbarer Abhängigkeit.

Die jungen Leute in der Zuider-Straße baten mich, regelmäßig bei ihren Treffen am Sonntagabend dabei zu sein. Ich glaube, daß ich bei diesen Abenden mindestens so viel gelernt habe wie die Jugendlichen. So verging ein ganzes Jahr wie im Fluge.

Aber es gab noch etwas anderes, was ich während meiner Lehrlingszeit in Haarlem lernen mußte. Was Jesus als der Erstgeborene von den Toten mit seiner Auferstehung vollbracht hatte, war für mich menschlich unfaßbar; wirklich verstanden habe ich einen Teil davon erst durch die packende Erzählung eines Predigers, dessen Namen und Aussehen ich schon lange vergessen habe. Er verglich die Situation des Menschen mit einem Luftschutzkeller, der infolge eines Volltreffers unter fallenden Trümmern begraben wurde. Die Menschen im Luftschutzkeller waren alle am Leben, aber es gab keine Möglichkeit, diesem schrecklichen Gefängnis zu entkommen. Sie waren eingeschlossen und von der Außenwelt isoliert. Jeder Versuch, einen Fluchtweg zu graben, scheiterte. Alle schienen verloren, denn auch von außen konnte niemand den Luftschutzkeller erreichen. Es herrschte unvorstellbare Dunkelheit dort unten – noch düsterer war die Stimmung. Da drangen auf einmal Geräusche aus der unerreichbaren Welt von draußen herein, und eine neue, noch vage Hoffnung begann sich zu regen. Plötzlich durchbrach ein leuchtender Sonnenstrahl die Dunkelheit. Wo noch Sekunden vorher der Tod regiert hatte, kam jetzt Zuversicht auf. Minuten später wurde aus der Hoffnung Gewißheit, eine triumphierende Stimme rief: »Einer ist schon draußen!« Und wenn einer entrinnen konnte, so würden es die anderen auch schaffen.

Da ich beides kennengelernt hatte, den Schrecken der Luftangriffe ebenso wie die Tatsache der Auferstehung, hinterließ diese Metapher einen tiefen Eindruck in mir. Wenn ich mir vergegenwärtigte, wie Gott in Jesus Christus die Tore des Todes geöffnet hatte, um mich freizugeben, so waren alle meine Haßgefühle und Bitterkeiten verschwunden, und ich hatte keine Schwierigkeiten mehr mit denen, die mich unter dem Mantel der Gerechtigkeit so unglaublich ungerecht behandelt hatten. Ich konnte dem Mann vergeben, dessen Gefühllosigkeit den Tod meines Vaters herbeigeführt hatte. Materielle Güter, die gestohlen worden waren oder verloren gegangen waren, hatte man ersetzt, außerdem waren diese Dinge ja nur zeitlich, und ich interessierte mich nicht so sehr für weltlichen Besitz. Aber eine einzige Sache nagte noch an mir und vergiftete mein Inneres. Ich lebte mit allen Menschen in Frieden – mit einer Ausnahme. Gelassen blickte ich auf die Kriegsjahre zurück und hielt mir selbst vor: »Krieg ist Krieg. Wenn sie dich nicht geschnappt hätten, wäre es eben umgekehrt gewesen.« Das erschien mir fair, wer immer die anderen auch waren. Diese Theorie aber versagte in Hinsicht auf die Piloten der amerikanischen Luftwaffe, gegen die ich tiefe und leidenschaftliche Haßgefühle hegte. Sie verkörperten für mich die gemeinste Feigheit, die man sich vorstellen konnte, und ich fühlte abgrundtiefe Verachtung für sie.

Die letzten Wochen des Krieges, wie sollte ich sie jemals vergessen können? Tag und Nacht flogen US-Bomber über uns hinweg. Das wäre noch nicht das Hauptproblem gewesen. Obwohl wir oft Angst hatten, lachten wir nur herausfordernd, wenn wir von niedrig fliegenden Flugzeugen beschossen wurden. Ihre Niederträchtigkeit bestand darin, daß die meisten von ihnen oberhalb der Reichweite der FLAK (Flieger-Abwehr-Kanonen) und der wenigen verbliebenen deutschen Kampfflugzeuge flogen. Oftmals konnte man diese feindlichen Flugzeuge weder sehen noch hören, ab und zu verrieten uns nur weiße Kondensstreifen ihre Anwesenheit. Oder man sah die weißen Linien von fallenden Bomben als Zeichen von Aktivitäten aus großer Höhe. Ein bestimmtes Ziel zu treffen, war auf diese Weise gar nicht möglich und wohl auch nicht erwünscht. Man wollte einfach Angst und Terror erzeugen, doch in dieser Hinsicht zeigten die Angriffe nicht den gewünschten Erfolg. Das einzige Resultat war noch größerer Haß von seiten der betroffenen Bevölkerung, und auch in mir kamen diese Gefühle nicht zur Ruhe.

Als ich Monate nach dem Kriegsende zum ersten Mal Männern der amerikanischen Luftwaffe direkt begegnete, fühlte ich das starke Bedürfnis, diese Männer körperlich anzugreifen; endlich schien die Gelegenheit da. Nachdem ich Christ geworden war, hielten sich diese Gefühle im Hintergrund, waren aber noch nicht ganz verschwunden.

Eine Krise trat ein, als in der »Zuiderkapel« eine Veranstaltung angekündigt wurde, und zwar waren einige Amerikaner nach Holland gekommen, um zu evangelisieren. Diese Idee kam uns etwas seltsam vor, denn immerhin waren wir doch eine christliche Nation. Aber es stellte doch etwas Besonderes dar, Fremde unter uns zu haben, und von daher war es nicht erstaunlich, daß unser Saal an diesem Nachmittag bis zum letzten Platz gefüllt war. Trotz der fremden Sprache und des eigenen amerikanischen Kleidungsstils erkannten wir bald, daß unsere Besucher fröhliche Gotteskinder waren. Was durch Worte nicht vermittelt werden konnte, wurde durch Lieder und Herzlichkeit wettgemacht. Es erstaunte mich überaus, daß Menschen so entspannt und gelassen sein konnten, als mehrere aus der Gruppe ein Lebenszeugnis ablegten. Alle hatten zumindest eines gemeinsam: Der Herr Jesus Christus hatte sie zu neuen Menschen gemacht und ihnen einen Lebenssinn gegeben. Nun trat ein junges, eindrucksvolles Paar nach vorne: das Mädchen hübsch, blond und gepflegt; dennoch fand ihr Ehemann, der sie um ein gutes Stück überragte, noch mehr Beachtung. Denn dieser große, gutaussehende Mann mit hoher Stirn, leuchtenden blauen Augen und blondem Haar strahlte nur so vor Freude.

»Hi«, sagte er und ließ eine Reihe weißer, kräftiger Zähne blitzen. Ich hätte nicht geglaubt, daß man mit einem Wort, das nur aus zwei Buchstaben bestand, so viel ausdrücken konnte. Meine Beherrschung des Englischen ging damals nicht viel über dieses Wort hinaus, daher war ich erleichtert, als der Übersetzer mit seiner Einführung begann. »Bei uns zu Gast sind heute Gordon und Muriel Blythe.« Der junge Mann stand einfach vorne und lächelte, als wäre soeben ein wunderbares Geheimnis enthüllt worden. »Gordon war Mitglied der amerikanischen Luftwaffe«, fuhr der Übersetzer fort, »er flog während des Zweiten Weltkrieges 44 Einsätze gegen Deutschland.«

Das zuletzt Gesagte war ein unglaublicher Schock für mich. Wie konnte ein so faszinierender Mann Pilot der gehaßten Kriegsmaschinen gewesen sein? Und er besaß auch noch die Nerven zu lächeln, während diese Ansage gemacht wurde! Warum nur grinste er so? Ich überlegte mir, daß er kein wirklicher Christ sein konnte, denn mein Freund Jesus würde einen solchen Mann wohl nicht akzeptieren. Ich war total verblüfft. Wie hatte mich dieser Mann nur für sich einnehmen können? Mit einem Ruck stand ich auf, verließ den Saal und stürmte ins Freie. Ich weiß nicht mehr, wie oft ich den Häuserblock umkreiste, bevor ich zumindest ansatzweise wieder normal denken konnte.

Zunächst argumentierte ich mit Gott über die Auswahl Seiner Anhänger. Wie konnte Er einen Mann wählen mit einer solchen Vorgeschichte? Aber es war natürlich nur sein Werdegang, vielleicht hatte sich der Mann geändert. Langsam dämmerte es mir. Ich selbst hatte vielleicht noch weniger Grund, auf meine Vergangenheit stolz zu sein, dennoch hatte Gott mich angenommen. Obwohl mir der Ausdruck nicht so zusagte, mußte ich doch zugeben, daß ich ein Sünder war, vielleicht sogar ein schlimmerer als dieser Gordon, und dennoch hatte der Heilige Gott mir verziehen. Sollte ich, ein begnadigter Sünder, nicht auch einem Mitmenschen vergeben? Große Ruhe kam über mich, als ich beschloß, ihm zu verzeihen und ihn anzunehmen.

Ich ging zurück in die Kirche. Obwohl es nicht zum Programm gehörte, stand ich mitten in der Veranstaltung auf, trat aus meiner Reihe heraus und ging geradewegs auf Gordon zu. »Bruder«, sagte ich auf holländisch, »ich liebe dich im Herrn!«

Gordon lächelte, begriff aber nicht, denn er verstand kein Holländisch. Ein Übersetzer trat nach vorne, und ich schilderte, was ich an diesem Nachmittag erlebt hatte. Während Gordon die Geschichte hörte, füllten sich seine ernsten blauen Augen mit Tränen. Dann sagte er die wunderbaren Worte: »Jacques, auch ich liebe dich in Jesus Christus.« Ich zweifelte nicht an der Ernsthaftigkeit seiner Worte. Vor der ganzen Versammlung umarmten wir uns.

Einige Wochen später war ich zu Gast bei Gordon und Muriel. Wir sprachen nicht viel über den Krieg, sondern mehr über unseren Herrn Jesus Christus. Dennoch fanden wir heraus, daß Gordon mit seinem Bomber zur gleichen Zeit über Stettin und Hamburg geflogen war, als ich mich in diesen Städten befunden hatte. Dieses Wissen war aber nicht mehr negativ für mich, sondern trug dazu bei, daß wir beide nicht genug über unseren großen und wunderbaren Gott staunen konnten.

Nicht jeder Gläubige in Holland brachte mir so viel Verständnis entgegen wie Gordon. Auch wiedergeborene Christen waren oftmals ungeduldig und erzürnt, weil ich ihres Erachtens zuwenig Schuldgefühle wegen meiner Vergangenheit zeigte. Paradoxerweise hatte ihre Haltung aber genau die gegenteilige Wirkung. Wenn jene sich veranlaßt sahen, mich für Naziverbrechen verantwortlich zu machen, so konnte ich auf Grausamkeiten verweisen, die von den Alliierten begangen worden waren. Es kam hier die gleiche häßliche Selbstgerechtigkeit zum Vorschein, welche die Diskussionen in den Umerziehungslagern nach dem Krieg geprägt hatte.

Als es für mich schließlich so weit war, von der »Zuiderkapel« Abschied zu nehmen, um nach Deutschland auf die Bibelschule zu gehen, weigerte sich ein älteres Ehepaar der Gemeinde, an der Verabschiedung teilzunehmen. »Wir sind nicht dafür, daß unsere Kirche einen Nazi aussendet«, argumentierten sie.

Glücklicherweise sind Gottes Wege nicht die Wege der Menschen. Lange dauert es oft, bis wir begreifen, daß Er keine Person bevorzugt. – Jedenfalls wurde ich von meiner Kirche regelmäßig dafür ausgewählt, persönliche Lektionen über das Thema Buße zu lernen. Diese Ermahnungen zeigten jedoch keinen nennenswerten Erfolg, da sie »von oben herab« kamen. Was Menschen nicht gelungen war, vollbrachte schließlich das Wort Gottes, aber nicht von heute auf morgen. Ich war schon an die sieben Jahre Christ und hatte die Bibelschule bereits abgeschlossen, als ich an einem Brüdertreffen im kleinen Kreis in London teilnahm. Der Vortragende legte das zweite Kapitel des Römerbriefes aus, doch meine Gedanken waren nicht bei der Sache, sondern wurden auf einen Abschnitt gelenkt, den er vorher gelesen hatte: »Oder verachtest du den Reichtum seiner Gütigkeit und Geduld und Langmut und weißt nicht, daß die Güte Gottes dich zur Buße leitet?«[9]

Bestimmt hatte ich diese Worte schon früher einmal gelesen, aber erst in diesem Augenblick wurden sie für mich lebendig und bedeutungsvoll. Die große Kluft, die zwischen Gottes Güte und meinem Versagen stand, erschreckte mich zutiefst. Mit einem Mal konnte ich frei von menschlichem Drängen – man hatte mir die Buße gleichsam aufzwingen wollen – etwas von Gottes Güte erkennen, und nun wollte und konnte ich mich nicht länger widersetzen. Es wurde mir klar, daß ich mich unbewußt nicht nur Menschen, sondern zugleich auch Gott widersetzt hatte.

Obwohl ich dem Herrn manchmal gesagt hatte, daß es mir leid tat, hatte ich nicht wirklich Buße getan. Nun konnte ich erkennen, was Gott in seiner Güte für mich getan hatte. Jesus hing für mich am Kreuz, nicht nur als historische Gestalt, die dort eine bestimmte Aufgabe zu erfüllen hatte. Noch nie hatte mich diese Tatsache so persönlich getroffen, und diese erhabene Begegnung berührte mich tief. Ich lernte dadurch, daß jede einzelne Person wie ich ein Objekt von Gottes Güte und Liebe war. Diese Einsicht brachte rassistische und politische Barrieren ins

Wanken. Gott war nicht gegen die Nazis und für die Alliierten. Er hatte weder schadenfroh gegrinst, als Millionen von Juden in die Gaskammern getrieben wurden, noch als Hunderttausende von Deutschen und Flüchtlingen in einer einzigen Nacht in Dresden ausradiert wurden. Sie waren alle Menschen, die Er sich zur Freude erschaffen hatte, und Er liebte sie alle. Und seht, was sie, als sie Gottes Wesensart vergaßen, vielleicht sogar seinen Namen, einander angetan haben!

Alle waren schuldig, alle waren verloren, und ich mit ihnen. Nun konnte ich nicht mehr verstehen, daß ich sogar freiwillig an dieser absurden Vernichtung von Menschen hatte teilnehmen wollen. Dafür schämte ich mich, und dieses Gefühl der Unwürdigkeit im Vergleich zu Gottes Güte ist über die Jahre sogar noch stärker geworden. Mich schaudert, wenn ich daran denke, was Menschen einander in fanatischer Verblendung antun können. Wenn man sich vergegenwärtigt, was Millionen von Gottes Geschöpfen an Schrecken, Erniedrigung, Trennung, Schmerzen, Hunger und Todesängsten durchgemacht haben, so ist es mehr, als man ertragen kann. Allein Gottes Güte zeigt uns einen Ausweg. »Vater, vergib mir«, ist nicht ein gedankenloses Beten oder ein einfacher Weg, hat man erst einmal etwas von dem verstanden, was es Gott gekostet hat. Wie können wir Gott jemals danken für seine Güte?

Die kleine Ortschaft Wiedenest liegt etwa 60 km östlich von Köln und ist von Kiefernwäldern umgeben. Dieses hügelige Gebiet wird das Oberbergische Land genannt. Zu jener Zeit benötigten die kleinen Waggons, die von einer rauchenden, schnaufenden und keuchenden Lokomotive gezogen wurden, ziemlich lange, um diese Distanz zu bewältigen. Aber was bedeutet schon Zeit? An jedem Haltepunkt hat der gutmütige Lokomotivführer Bekannte und nützt die Gelegenheit, um Grüße und Neuigkeiten auszutauschen. Das schrille Pfeifen der Lokomotive, das Klingeln der Glocke und der plötzliche Ruck, der wie eine Welle alle Waggons erfaßt, zeigen an, daß die Reise weitergeht. Für Passagiere, die sich kurz in der frischen Landluft ergehen wollen, bleibt immer noch genügend Zeit, wieder einzusteigen, bevor die Waggons sich ächzend erneut in Bewegung setzen. Nach vielen Haltestellen kommt der Zug schließlich mit einem Quietschen zum Stillstand.

»Wiedenest! Wiedenest!« ruft der Zugführer laut und mit Nachdruck. Wiedenest! Ich verlasse den Zug und begebe mich in eine Welt, die ich vom Hörensagen und von Ansichtskarten her kenne. Eine weißgestrichene, aus dem neunten Jahrhundert stammende Kirche am Ufer eines seichten, aber schnellfließenden Flusses zeigt die Stelle an, wo Wiedenest seinen Anfang nahm. In der Nähe befindet sich eine Quelle, aus der eine Fülle eiskalten, klaren und schmackhaften Wassers sprudelt und mit ihrem unaufhörlichen Plätschern aus den darunterliegenden Felsen den müden Wanderer anlockt. Legenden erzählen, wer einmal von diesem erfrischenden Wasser getrunken hat, wird immer wieder nach Wiedenest zurückkehren, wo immer er sich in der Welt aufhält.

Die Bibelschule befindet sich nur wenige hundert Meter von der Quelle entfernt. Die weißgetünchten Hauptgebäude und Ställe dienten einst als Stätte, wo Reisende ihren Durst mit etwas Kräftigerem als Quellwasser stillen konnten. Dazu wurden auch herzhafte Mahlzeiten angeboten. 1919 wurde der Gebäudekomplex angekauft und zur Bibelschule umgewidmet mit dem Ziel, besonders Menschen aus den osteuropäischen Ländern auszubilden.

Während die Ortschaft Wiedenest ländlich und ruhig da lag, glich die Bibelschule mehr einem Bienenhaus mitten im Sommer, immer war es voll von Aktivitäten. Die Schule war zwar nicht übermäßig groß, aber dennoch weit und breit bekannt. Außerhalb der Schulzeiten wurden Seminare und Konferenzen abgehalten, an denen Besucher aus allen Ländern der Erde teilnahmen. Als ich 1955 in die Schule eintrat, war Erich Sauer der Direktor, ein kleiner, untersetzter Mann etwa Mitte fünfzig und für alle, die mit ihm zusammentrafen, ein Vorbild. Er trug sehr dicke Brillengläser, war beinahe blind; dennoch war er immer in ausgezeichneter Stimmung. Während meiner drei Jahre in Wiedenest erlebte ich nie, daß er zornig geworden wäre oder die Nerven verloren hätte. Liebevoll nannten wir ihn »Onkel Erich«, und wir waren nicht wenig stolz darauf, daß er auch ein

Gelehrter von Weltruf war. Seine Bücher »Morgenrot der Welterlösung«, »Der Triumph des Gekreuzigten« und »Von Ewigkeit zu Ewigkeit«, um nur einige zu nennen, wurden in viele Sprachen übersetzt.

Von Anfang an war es klar, daß Wiedenest mehr zu bieten hatte als klares, sprudelndes Quellwasser. Was noch reichlicher floß, war das Wasser des Lebens. Die »feste Speise« des Wortes Gottes, die in reichlichen Portionen angeboten wurde, übertraf noch bei weitem alles, was der damalige Besitzer der »Gaststätte an der Olper Straße« jemals seinen anspruchsvollsten Kundschaften servieren konnte.

Drei unvergeßliche Jahre verbrachte ich in Wiedenest. Allein die übersprudelnde Persönlichkeit und die hervorragenden Vorlesungen Erich Sauers wären es wert gewesen; es gab aber noch mehr. Ich hatte niemals vorher in einer christlichen Gemeinschaft gelebt und empfand den sehr deutlichen Unterschied zum Leben in den Baracken. Täglich wurden wir von qualifizierten Lehrern unter das Wort Gottes geführt, wovon wir viel lernen konnten. Manchmal war es aber auch notwendig, Dinge zu verlernen. Da man ziemlich eng mit anderen Christen zusammenlebte, kam es oft zu Reibungspunkten, wodurch der Charakter geschliffen und das eigene Benehmen korrigiert wurde. Die Reibung hat ja auch den Effekt des Polierens. Indem man die Lektionen der Schule auf das tägliche Leben anwandte, kamen manchmal auch unvermutete Charakterstärken ans Tageslicht.

Die meisten der Studenten waren aktive Christen. Nach der Zeit in Wiedenest sollte sich für viele bestätigen, was sie versprochen hatten: »Alles zu tun und überall hinzugehen, wo der Herr uns gebrauchen möchte.«

Dieses Missionskonzept war völlig neu für mich. Ich kann nicht erklären, warum ich nicht früher davon gehört hatte. Falsche Vorstellungen von rundlichen alten Männern in Tropenhelmen, die von Löwen verfolgt wurden, ließen mich wohl nicht weiterdenken. Hier aber waren hingegebene junge Frauen und Männer, die den festen Vorsatz hatten, das Zeugnis von Jesus Christus in alle Welt hinauszutragen. Obwohl ich nicht mehr zu den Jüngsten hier gehörte und auch nicht zu den Bestausgebildeten, entschädigte meine Begeisterung für viele andere Voraussetzungen, die mir fehlten. Immer wenn ein Missionar die Schule besuchte und uns ein Missionsgebiet vorstellte, pflegte ich auf mein Zimmer zu gehen und zu beten: »Herr, ich bin bereit, dorthin zu gehen, wenn Du es willst.«

Man könnte diese Haltung naiv nennen, auf jeden Fall verursachte sie ziemliche Verwirrung in meinen Gedanken. Dennoch glaube ich auch heute noch, daß Verfügbarkeit und Offenheit unentbehrliche Voraussetzungen sind, um göttliche Führung erfahren zu können. Gott weiß, wie es im Herzen aussieht und vermag aus dem Chaos etwas zu machen, das sehr gut ist. Für mich war dieser ganze Prozeß der Auslese ein Teil Seiner Führung. Die »Zuiderkapel« in Haarlem wurde von Gott dazu gebraucht, eine ganze Reihe von Missionaren auf die Erntefelder hinauszuschicken. Eine der ersten, die ausgesandt wurden, war Elze Stringer, die in »Niederländisch Neu Guinea« tätig war. Ich kannte Elze persönlich nicht, aber ihre Eltern und mehrere ihrer Brüder und Schwestern nahmen regelmäßig an den Gottesdiensten in der »Zuiderkapel« teil.

Es war vielleicht wegen dieser Verbindung, daß ich den »Pionier« zugesandt bekam. Das war eine Publikation des christlichen Missionsverbandes, der Elze ausgesandt hatte. In einer Ausgabe wurde berichtet, daß ein Pilot der CAMA (Christian and Missionary Alliance) namens Al Lewis in den inneren Bergen Neuguineas abgestürzt und ums Leben gekommen war. Von der Bereitschaft dieses Mannes, sein Leben hinzugeben, war ich sehr beeindruckt. Fast unvermeidlich ergab sich daher mein nachfolgendes Gebet: »Herr, wegen dieses Unglücksfalles ist eine Lücke entstanden. Ich bin zwar kein Pilot, aber wenn ich diese Lücke füllen soll, so bin ich bereit zu gehen.« Der Tod Al Lewis' trug dazu bei, daß mein Interesse an Neuguinea geweckt wurde.

Eine Reihe früherer Schüler aus Wiedenest war nach Pakistan gesandt worden, wobei die Bibelschule hier die Funktion einer Missionszentrale übernahm. Einige Mitschüler fühlten sich ebenfalls mit wachsender Gewißheit nach Pakistan berufen. Ich verspürte einen sanften Druck, mich ihnen anzuschließen, was zugleich schmeichelhaft und beruhigend für mich war. Es wäre sicherlich angenehmer, in Zukunft mit Klassenkameraden zusammenarbeiten zu können, als ganz auf sich allein gestellt zu sein.

Es brauchte daher nicht viel Überredungskunst, daß ich mich der Gebetsgruppe mit dem Ziel Asien anschloß. Schließlich befand sich Neuguinea ja ebenfalls in Asien. Schon etwas schwerer zu erklären war die Tatsache, daß ich auf einem Foto dabei war, das zukünftige Kandidaten für Pakistan zeigte, denn ich hatte niemals wirklich bestätigt, daß dies der Platz sein sollte, wo Gott mich haben wollte. Es mußte noch etwas Entscheidendes geschehen, damit ich sicher war, in welches dieser beiden Länder ich gehen sollte. Oder gab es vielleicht noch eine dritte Möglichkeit, die ich bisher zu wenig beachtet hatte? Aber noch verursachten mir diese Fragen keine schlaflosen Nächte, denn ich befand mich erst im ersten Studienjahr und war überzeugt, daß sich Gottes Führung schon bis zu meinem Abschluß 1958 zeigen würde. Zu meinem eigenen Erstaunen beschloß Gott aber, mir Seine Pläne bereits zu offenbaren, als ich kaum sechs Monate in Wiedenest studiert hatte.

Am 8. April 1956 organisierten Studenten, die ihren besonderen Auftrag in Afrika sahen, einen Missionsabend. Viele Vorbereitungen und Gebete waren diesem Treffen vorausgegangen. Lampenfieber und ein brennendes Herz für einen so bedürftigen Kontinent wirkten zusammen, und man nahm seine Verantwortung ernst. Zudem nahmen sowohl der Lehrkörper wie auch Gäste aus der Umgebung des Ortes teil. Daß die gesamte und in ihrer Kritik meistens nicht zurückhaltende Studentenschaft erschienen war, war ein weiterer Grund sich anzustrengen. Als der Abend herankam, meisterten die Studenten ihre Sache sehr gut. Vergnügt und mit beiläufigem Interesse verfolgten wir das vorgestellte Programm. »Sie sollen ruhig ein wenig schwitzen«, sollte unsere distanzierte Haltung verdeutlichen, »schließlich kommt jeder einmal an die Reihe.« An diesem Abend wurde mir deutlicher, daß die ganze Welt unser Arbeitsfeld sein sollte.

Mit 33 Jahren war Friedhelm Nusch der älteste männliche Student an der Schule. Um die Missionarslaufbahn einzuschlagen, hatte er eine gutgehende Druckerei aufgegeben. Er war in der »Welt« erfolgreich gewesen und war dennoch bereit, anstelle von materieller Sicherheit die Unsicherheiten und Nöte eines Lebens auf dem Missionsfeld auf sich zu nehmen. Viele bewunderten ihn heimlich deswegen, aber aus zwei weiteren Gründen wurde er von anderen beneidet. Zum einen war Friedhelm verheiratet, zum anderen wußte er bereits, wohin Gott ihn berufen hatte. An jenem Missionsabend gab Friedhelm ein Zeugnis und erzählte in seiner einnehmenden und legeren Art, wie Gott ihm gezeigt hatte, daß er nach Afrika gehen solle. Dankbarkeit dafür, was Gott für ihn getan hatte, nannte er als Hauptmotivation, daß er Missionar werden wollte. Mit einer unerklärlichen Liebe und Fürsorge für ein Volk, das er noch nie gesehen habe, fühle er sich nach Tansania gerufen. Seine Hingabe an Christus dränge ihn, diese Menschen für Jesus zu gewinnen.

Auf einmal kam es mir: »Was er über Tansania sagt, das könnte ich über Neuguinea sagen.« Der nächste Gedanke durchfuhr mich wie ein Blitz: »Dann ist es Neuguinea!« Es kam mir so klar zu Bewußtsein, daß es keinen Zweifel gab. Schon konnte ich fast nicht mehr sitzen bleiben. Es drängte mich, nach vorne zu stürzen und der Versammlung voll überfließender Freude und Gewißheit zuzurufen: »Der Herr hat mich soeben nach Neuguinea berufen!« Aber solche Dinge tat man in Wiedenest einfach nicht, daher blieb ich sitzen und versuchte, die Sache vernünftig zu betrachten.

»Mach dir nur nichts vor«, sagte ich zu mir selbst. »Warum sollte Gott dich nach Asien berufen, wenn einer über Afrika redet?« Das war doch ein logischer Gedanke. »Du bist außerdem erst ein Anfänger. Weißt du denn von irgend jemandem, der während seines ersten Jahres berufen wurde?« Mir fiel keiner ein. »Du hast früher schon Fehler gemacht«, ging die Argumentation weiter, »willst du dich vor allen diesen Menschen lächerlich machen?« Ich beschloß daher, auf meinem Platz sitzen zu bleiben und mich erst zu vergewissern, ob Gott wirklich gesprochen hatte. Was an diesem Abend noch weiter gesagt und getan wurde, ging an mir vorbei. Mit Spannung wartete ich bereits auf das Abschlußgebet. Denn gleich danach würde es mir möglich sein, in aller Stille Gott zu fragen, was das alles zu bedeuten hatte.

Als die letzten Kirchenbesucher gegangen waren, holte ich mir einen Sessel aus dem Zuschauerraum und setzte mich in die kleine Eingangshalle. Hier würde mich niemand stören. Ich hatte die Absicht, so lange dort zu bleiben, bis mir klar würde, ob Gott wirklich gesprochen hatte. Ich kniete vor dem Sessel nieder und beugte mein Haupt. Aber was war nur los? Bevor ich eine Frage stellen konnte, kamen Worte von Preis und Dankbarkeit spontan und übersprudelnd über meine Lippen, wie es meinem Herzen entsprach. Es war nichts zu fragen, ich konnte nur Gott für die Gewißheit danken, die Er mir geschenkt hatte. Er hatte gesprochen. Er wollte, daß ich nach Neuguinea gehe. Meine Freude war vollkommen.

In der darauffolgenden Nacht wachte ich zu einer ungewöhnlichen Stunde voll Angst auf. Wahrscheinlich hatte ich geträumt. Lebendig und klar sah ich ein Bild vor mir: Stammesangehörige aus Neuguinea, die nackt und schmutzig waren. Sie waren primitive Mörder, die nicht davor zurückschreckten, Missionare anzugreifen und zu töten. Ich fühlte einen Schauder, als wiederum die klare und unmißverständliche Botschaft kam: »Du bist nur ein Scheinheiliger. In der Öffentlichkeit hast du immer behauptet, du wärest bereit, überall hinzugehen. Nun hat Gott wirklich gesprochen, und du willst dich aus der Affäre ziehen.« Furcht mischte sich mit Unwilligkeit. »Herr Jesus«, betete ich, »du hast ja recht. Ich habe Angst und will schon aufgeben. Aber wenn Du willst, so will ich gehen.«

Schneller als eine Lampe zu leuchten beginnt, wenn man den Schalter aufdreht, kehrte die Freude zu mir zurück. Seit jener Nacht habe ich nicht ein einziges Mal mehr gezweifelt, daß Gott mich nach Neuguinea berufen hatte. Diese felsenfeste Gewißheit war gut für mich, denn es dauerte von diesem Zeitpunkt an noch fünfeinhalb Jahre, bis ich wirklich nach Neuguinea ausreisen konnte. Tatsächlich schlugen Dutzende von Türen zu, die mir Eingang nach Neuguinea hätten verschaffen können. Bereits am folgenden Morgen bekam ich einen kleinen Vorgeschmack der Dinge, die da kommen sollten. Wir saßen im Klassenzimmer in Erwartung der ersten Unterrichtsstunde. Als ich den Lehrer kommen hörte, ging ich ihm entgegen, um ihn außerhalb des Klassenzimmers abzufangen. »Gestern abend hat mich der Herr nach Neuguinea berufen«, platzte ich heraus. Doch es kam weder ein Lächeln, noch eine Frage, auch kein ermutigendes Wort. »Wir werden sehen«, war sein ganzer Kommentar, und damit schritt er auf das Pult zu.

Eine Regel der Bibelschule besagte, daß während der Bibelschuljahre keine Freundschaften zwischen Mädchen und Jungen begonnen werden sollten. Die Vorbereitung auf das Missionsfeld wurde als vorrangig betrachtet. Wer zuviel damit beschäftigt wäre, einen Partner für gemeinsame Zukunftspläne zu finden, würde vielleicht die Studien vernachlässigen und das Wesentliche aus den Augen verlieren. Natürlich wurde über diese Regelung viel diskutiert, von den meisten wurde sie aber dennoch akzeptiert. Die Studenten erinnerten einander gerne daran. Kaum hatte man eine Diskussion mit einem Vertreter des anderen Geschlechts, flüsterte schon ein Mitschüler spaßeshalber: »Keine Anbahnungen, bitte!« Wie sich herausstellte, war ich einer der wenigen, der hier eine Ausnahme machen sollte.

Nach Abschluß des zweiten Studienjahres wurde ich für die Sommermonate nach England geschickt, um die Sprache zu lernen. Durch Vermittlung der Bibelschule kam ich auf den Bauernhof der Familie Bailey in Wimborne, Dorset. In dem alten, weitläufigen Bauernhaus lebte auch Tochter Daphne mit ihrem Ehemann Rudi. Es wurde ein wunderbarer, unvergeßlicher Sommer. Am Vormittag widmete ich mich meinen Studien, und am Nachmittag fiel es mir nicht schwer, am Bauernhof Hand anzulegen. Herr und Frau Bailey waren etwa Mitte fünfzig und einfach ein großartiges Ehepaar: gastfreundliche, herzliche und fröhliche Christen. Die Zeit verging viel zu schnell, und nur wenige Wochen verblieben bis zu meiner Rückkehr nach Wiedenest, um mein letztes Schuljahr zu absolvieren. Es war ein so unbeschwerter Sommer gewesen, daß sogar »Anbahnungen« keine Versuchung dargestellt hatten; ich hatte nicht einmal daran gedacht, und zwar aus einem ganz einfachen Grund: Ich konnte mir vorstellen, ein holländisches oder auch ein deutsches Mädchen zu heiraten. Irgendwie aber schien ein englisches Mädchen für mich nicht in Frage zu kommen. Das änderte sich sehr schnell, als Ruth auf der Bildfläche erschien.

Eines Tages tauchte sie auf der »Honeybrook Farm« auf; sie begleitete Rosemarie, die älteste Tochter der Baileys.

Ruth war eine anziehende Person mit einem sanften Charakter. Ihr Hintergrund war ebenfalls interessant. Als Tochter eines staatlichen Steuerprüfers wurde sie in Haifa in Israel geboren, wo sie bis zu ihrem vierzehnten Lebensjahr lebte. Genauer gesagt, war ihre Abstammung nicht englisch, sondern schottisch, obwohl sie nie nördlich der Grenze gelebt hatte. Am Ende des Zweiten Weltkrieges kam sie zusammen mit ihren Eltern nach England, schloß die Schule ab und studierte dann am St. Michaels College in Oxford Theologie. Mit Rücksicht auf die traditionellen Ansichten ihres Vaters brach sie aber das Theologiestudium ein Jahr vor dem Abschluß ab und begann zu unterrichten.

Ich kalkulierte: Sie war hübsch, intelligent und gut erzogen – und von daher wohl nichts für mich. So war ich mit meinen Überlegungen bald am Ende. Warum aber machte ich mir darüber Gedanken?

Als Ruth auch an mir Interesse zeigte, meinte ich zunächst, sie wolle sich auf meine Kosten lustig machen. Dennoch kamen wir großartig voran. Wenn die Unterhaltung zu kompliziert wurde, wechselte ich auf Deutsch, das sie ebenfalls gut verstand, aber selbst nicht sprach. Indem wir zwei Sprachen benutzten, konnten wir uns mühelos unterhalten. Zudem merkten wir beide, daß wir uns verliebt hatten.

Einige Tage, bevor ich England wieder verlassen sollte, fragte ich Ruth, ob sie mich heiraten wolle. Als sie »Ja« sagte, konnte ich es zunächst nicht begreifen, da mein Antrag auch eine Einschränkung enthalten hatte. Ich hatte Ruth von meiner Vergangenheit ebenso erzählt wie von meiner Absicht, nach Neuguinea zu gehen. Ich mußte ihr auch sagen, daß Gott und meine Berufung immer Vorrang in meinem Leben haben würden. Ruth würde niemals mehr als den zweiten Platz beanspruchen können.

Zu der Zeit kannten wir uns nicht einmal einen Monat, und Ruth konnte nur an den Wochenenden nach Wimborne kommen. Heute sind fast vierzig Jahre vergangen, und sie nimmt noch immer »Nummer Zwei« ein, worüber sie sich niemals beschwert hat. Eine solche Frau ist Ruth!

Nachdem das geklärt war, konnte ich England unbesorgt verlassen. Wie aber sollte ich dem Direktor der Bibelschule in Deutschland gegenübertreten? Wieder zurück in Wiedenest, wurde mir bewußt, daß es nicht richtig war, die Richtlinien der Schule zu umgehen. Ich teilte Ruth meine Entscheidung mit, so daß die Korrespondenz vier Wochen unterbrochen war. Ermutigt durch einen Brief von Daphne Bailey in England sprach ich beim Stellvertreter des Direktors vor. So beiläufig wie möglich versuchte ich ihm zu erklären, daß ich mich verliebt hatte, wobei die Betonung darauf lag, daß es sich hierbei um etwas Spontanes, nicht dem Willen Unterworfenes handelte. Ich fand weitaus mehr Verständnis, als ich erwartet hatte und war freudig erregt über die Erlaubnis, Ruth schreiben zu dürfen. Gleich nach dieser Unterredung schrieb ich – nach langer Unterbrechung – an Ruth. Ich sehe es immer noch als Geschenk Gottes an, daß ich trotz meiner prekären finanziellen Lage immer eine Briefmarke für meinen täglichen Brief auftreiben konnte. Während der Weihnachtsferien 1957 verbrachte ich eine Woche mit Ruth in England. Zu Ostern 1958 kam sie für einige Tage nach Holland, und am 6. April kauften wir uns Verlobungsringe. Das waren bis auf zwei Tage genau zwei Jahre, nachdem Gott mich nach Neuguinea berufen hatte. Anschließend konnten wir noch drei Wochen zusammen verbringen.

Einen Monat später schloß ich die Bibelschule in Wiedenest ab und kehrte nach England zurück, um einen Lehrgang an der Sommerschule für Sprachwissenschaften zu belegen. Der Lehrgang endete am 19. September. Am 23. September heirateten Ruth und ich in der lieblichen Kleinstadt Wimborne Minster. Nach einer kurzen Hochzeitsreise fuhren wir weiter nach London und begannen am 2. Oktober eine medizinische Ausbildung an einer Missionsschule. Die medizinischen Ausdrücke kamen mir am Anfang wie eine weitere Fremdsprache vor. Nach neun Monaten harter Arbeit legten wir beide die Prüfung ab und gewannen Preise.[10] Eines der schönsten Komplimente, die ich je bekommen habe, stammt von einem der Lehrer dort: »Vor einem Jahr konnte er fast nicht englisch sprechen, und nun hat er sogar einen Preis erreicht.«

Nun hatten wir unsere Ausbildung abgeschlossen und waren bereit, jeden Moment nach Neuguinea aufzubrechen.

Aufbruch nach Irian Jaya

Dieser Moment sollte sich allerdings lange hinausziehen. Fünf lange Jahre des Wartens und Prüfens sollten insgesamt vergehen, und immer wieder mußten wir zusehen, wie unsere Pläne zunichte gemacht wurden, nicht zuletzt durch starre Missionsbehörden.

Ich hielt einen Brief in der Hand, der soeben in unser Postfach geflattert war, und war ratlos, wie ich mich weiter verhalten sollte. »Hör zu«, sagte ich zu Ruth, indem ich ihr vorlas:

Sehr geehrter Herr Teeuwen,
danke für Ihren Brief, den ich von unserem Generalsekretariat weitergeleitet bekam. Ich soll Ihnen den Beschluß unseres Rates mitteilen, daß wir Ihnen keine Bewerbungspapiere für eine Arbeit in Neuguinea ausstellen können. Sie werden leicht erkennen, warum wir Sie dazu nicht ermutigen können.

Zum ersten spricht Ihr Alter gegen eine Bewerbung für eine missionarische Pionierarbeit. Wir arbeiten vorzugsweise mit Missionaren zusammen, die noch wesentlich jünger sind. Zum zweiten haben wir den Eindruck, daß Ihre Frau nicht den Vorzug einer Bibelschulausbildung hat. Zum dritten käme es durch die große Entfernung Englands von Neuguinea zu unerschwinglichen Reisekosten, denn es geht nicht nur um die Anreise, sondern um die nachfolgenden Heimaturlaube. Zum vierten wünschen wir, bevor unser Rat jemanden auf das Missionsfeld schickt, diesen genau zu kennen, und das ist bei Ihnen nicht der Fall.

Wir vertrauen darauf, daß Sie diesen Beschluß als vom Herrn gegeben annehmen können und sind sicher, daß Er Ihnen Seinen Ratschluß für Ihr Leben enthüllen wird, wenn Sie Ihn danach fragen.

Danke für Ihr Interesse.
Mit herzlichen christlichen Grüßen, hochachtungsvoll ...
(Sekretariat für Bewerbungen).

Ruth war stets bemüht, die positive Seite der Dinge zu sehen. »Wenigstens haben sie geantwortet«, sagte sie ruhig. Wie recht hatte sie damit! Wir hatten unzählige Briefe an verschiedene Missionsgesellschaften geschrieben, aber viele machten sich nicht einmal die Mühe zu antworten. Bei manchen konnte man sich des Eindrucks nicht erwehren, daß eine Bewerbung bei ihrer Missionsgesellschaft ein zu großer Vorzug sei, als daß sie ihn erfüllen könnten. Eine Missionsgesellschaft hielt uns zwei Jahre lang am Gängelband. Dann fiel die Entscheidung, aber die Antwort, die kurz nach meinem 30. Geburtstag eintraf, kam uns wie Hohn vor: »Unsere Altersbegrenzung für Kandidaten liegt bei 30 Jahren«, schrieb man uns, »da Sie bereits über 30 sind, können wir Sie nicht annehmen.« Ich schrieb zurück, daß ich noch nicht einmal 28 gewesen war, als ich mich zum ersten Mal beworben hatte und ich diesen Ablehnungsgrund daher nicht akzeptieren konnte. Daraufhin gab man uns den Bescheid, daß wir von der holländischen Niederlassung der Missionsgesellschaft aus angenommen seien, die Zustimmung des amerikanischen Ausschusses aber noch ausstehe. Während wir uns zu Studien in England aufhielten, bekamen wir die Nachricht, daß der amerikanische Personalchef Holland besuchen würde, wobei Gelegenheit zu einem Treffen mit ihm bestünde. Wir sagten daher einige Unterrichtsstunden ab und buchten einen billigen Nachtflug nach Holland, um so ökonomisch wie möglich zu reisen. Beim Missionsbüro angekommen, mußten wir mehrere Stunden warten, während andere Kandidaten befragt wurden. Es war schon spät, als unsere Stunde schlug – zumindest dachten wir, daß sie da wäre.

»Der Personalchef läßt Ihnen sagen, daß es keinen Zweck hat, mit Ihnen zu sprechen. Aufgrund Ihres Alters erfüllen Sie unsere Anforderungen nicht«, teilte uns die holländische Sekretärin steif mit. Und das war, was uns betraf, alles.

Wenig später erhielten wir noch einen Brief derselben Missionsgesellschaft, in dem man uns eine Arbeit in Afrika anbot. Wir verspürten jedoch keine Lust mehr, mit dieser Gesellschaft zusammenzuarbeiten. Höflich sagten wir ab, ohne darzulegen, wie unlogisch dieses Angebot in Wirklichkeit war.

Somit stellte der Brief, den ich jetzt in der Hand hielt, wenigstens eine klare Antwort dar. Aber konnte mein Alter wirklich ein Hindernis darstellen, wenn Gott gesprochen hatte? Warum nahmen sie außerdem an, daß Ruth keine biblisch fundierte Ausbildung besaß? Sie hatte eine bessere als ich! Seltsam schien es auch, daß man sich über die große Entfernung Englands von Neuguinea Sorgen machte, wenn Jesus doch ausdrücklich befohlen hatte: »Gehet hin in alle Welt.« Doch diese Missionsgesellschaft ließ sich anscheinend von weiten Reisen abschrecken. Glaubten diese Brüder nicht daran, daß Gott alles bereitstellen würde? Und zum Schluß: Wenn man den Wunsch gehabt hätte, uns näher kennenzulernen, so hätte man schon eine Gelegenheit dazu gefunden, davon waren wir überzeugt. Die abschließende Formulierung, alles als »Entscheidung Gottes« hinzunehmen, entlockte uns eher ein Schmunzeln. Wie konnten Menschen, die offensichtlich so wenig Interesse, so wenig Voraussicht und so wenig Glauben besaßen, sich anmaßen, den Willen des Herrn zu wissen?

Wir befolgten daher den Rat der Missionsgesellschaft nicht und brachen den Briefkontakt ab, wobei ich das Gefühl hatte, daß ihnen das nur recht war. Es war einfach zuviel verlangt, sie zu bemühen. Obwohl uns soviel Lethargie schon zu schaffen machte, waren wir entschlossen weiterzumachen. Der Ruf Gottes war zu deutlich gewesen, als daß an ein Aufgeben zu denken war.

Zu dieser Zeit hatte der Herr uns eine allerliebste kleine Tochter geschenkt. Um meine winzige Familie zu versorgen und die Wartezeit zu nützen, entschloß ich mich, Arbeit zu suchen. Das Verpacken von kleinen Bibelheften, wofür ich eine bescheidene Entschädigung erhielt, war nicht wirklich das, was ich mir unter missionarischem Dienst vorgestellt hatte, aber es bot auch seine Vorteile. Ich konnte bei der Scripture Gift Mission in einem positiven christlichen Umfeld arbeiten, und einige der leitenden Brüder zeigten sogar aufrichtiges Interesse für meine Pläne und waren bereit, mir weiterzuhelfen. Vor allem Ashley Baker war entschlossen, mich zu dem Platz zu bringen, wohin Gott mich berufen hatte. Herr Baker hatte vor vielen Jahren ganz klein angefangen und war jetzt Leiter der Mission. Er war ein liebenswürdiger Mensch, konnte aber auch rasch zur Sache kommen. Sein rundes, rosiges Gesicht, geziert von einer Brille mit Goldrand, strahlte Wärme aus. Wenn er sprach, war es, als ob von einem mit Gold überzogenen Schneidezahn ermutigende Botschaften ausgingen. Als Herr Baker von meinem Anliegen erfuhr, bot er mir an, einem Freund zu schreiben, der Generalsekretär einer Missionsgesellschaft in den Vereinigten Staaten war. Dankbar nahm ich dieses Angebot an, und nicht lange danach befand sich schon ein Brief auf dem Weg. Vertrauensvoll erwarteten wir eine baldige Antwort, doch nach mehreren Wochen war noch immer nichts gekommen. Herr Baker konnte dieses Schweigen nicht als Antwort hinnehmen und schrieb nochmals – doch wieder kam keine Reaktion. Über diese Entwicklungen war Herr Baker so beunruhigt, daß er mir vorschlug, ich solle mit Hinweis auf ihn ein paar Zeilen schreiben, mein Interesse an der Mission kundtun und ein kurzes Lebenszeugnis beilegen. Das erledigte ich so rasch wie möglich und wartete.

Einige Wochen später schrieb ich nochmals, um nachzufragen, warum ich nichts gehört hatte. Es war fast nicht zu glauben, aber schließlich erhielten wir doch einen Brief von der Regions Beyond Missionary Union (RBMU) in Philadelphia im Bundesstaat Pennsylvania. Der Generalsekretär der Missionsgesellschaft, Herr Vine, begann seinen Brief gleich mit Entschuldigungen und erklärte die Situation: Im ersten Briefumschlag hatte er nur meinen kurzen Lebensbericht vorgefunden, nicht aber meinen Brief, der auch die Adresse enthalten hätte. Natürlich wußte er nicht, was er mit einer solchen spärlichen und unvollständigen Information anfangen sollte. Nach meinem zweiten Brief konnte er die Puzzleteile dann zusammensetzen. Für den Augenblick erschien es, als ob nun doch endlich etwas in Bewegung kommen sollte. Ausnahmsweise einmal nahm man auch an meinem Alter keinen Anstoß – eine große Hürde schien überwunden. Nachdem wir die Bewerbungsbögen ausgefüllt hatten, erhielten wir ohne weitere Verzögerungen oder Mißverständnisse die unglaubliche und aufregende Nachricht, daß man uns als Missionare für Neuguinea angenommen hatte. Da tat sich ein weiteres Hindernis auf: Da das amerikanische Büro für die Arbeit in Neuguinea verantwortlich war, sollten wir in den Vereinigten Staaten an einem Vorbereitungskurs teilnehmen. Da man uns aber das Geld für die Überfahrt nicht vorstrecken konnte, kam die Angelegenheit wiederum ins Stocken. Wo sollten zwei gerade mit der Ausbildung fertig gewordene mittellose Studenten mit einem kleinen Baby die astronomische Summe, die für eine Transatlantikreise notwendig war, hernehmen? Zum Glück blieb uns aber kaum Zeit, an der Situation zu verzweifeln. Das Büro der RBMU in London bot großzügig an, für die Überfahrt aufzukommen, und ebenfalls der fröhliche »Großvater Young«[11].

Mit einem Male besaßen wir genügend Mittel, um die Ausgaben zu decken. Mit frohem Mut verließen wir England und konnten eine ganze Woche lang den Luxus an Bord des deutschen Passagierschiffes »Hanseatic« genießen, das Southhampton am 22. August 1960 verließ. Endlich befanden wir uns auf dem Weg!

Zu unserer Überraschung wurden wir nicht von Gangstern und Cowboys empfangen und verliebten uns sogleich in Amerika. Unsere Zuneigung zu diesem großartigen Land ist über die Jahre sogar noch größer geworden. Die ersten Eindrücke waren einfach überwältigend. Als wir vom New Yorker Hafen weiterfuhren, waren wir von dem ehrfurchtgebietenden Straßensystem sehr beeindruckt. Es war berauschend, eines der vor Sauberkeit glänzenden Restaurants am Straßenrand zu betreten und dort eine Auswahl unter 28 verschiedenen Eissorten zu treffen. Wir bestellten eine exotische Geschmacksrichtung in der Annahme, daß diese »derzeit ausverkauft« sein würde. Doch eine lächelnde und freundliche Kellnerin servierte uns das Bestellte ohne Verzögerung und brachte uns sogar noch ein Glas Wasser dazu. Aber nicht nur die Kellnerinnen waren freundlich, die spontane Herzlichkeit der Menschen insgesamt war für uns bemerkenswert. Schon bald nachdem wir in der Zentrale der Missionsgesellschaft unser Quartier bezogen hatten, fühlten wir uns wie die Israeliten, als sie in das verheißene Land gekommen waren. Wir waren in dem Land angekommen, in dem »Milch und Dollars fließen«.

Der Vorbereitungskurs für angehende Missionare, zu dem wir eingeladen worden waren, ging sofort los. Es war gut, zukünftige Kollegen kennenzulernen und mit Missionspraktiken Bekanntschaft zu machen. Am meisten faszinierten uns natürlich die Berichte über Neuguinea, wodurch wir Einsichten gewannen, Erzählungen aus erster Hand hörten und Dutzende von Dias jenes faszinierenden Landes sahen. Begierig sogen wir den Duft von Erde und Rauch in uns auf, der noch an ihnen haftete. Vielleicht würden wir schon sehr bald Teil dieses geheimnisvollen Lebens sein. Hoffnungsvoll verabschiedeten wir uns am Ende des Kurses von unseren zukünftigen Missionskollegen. »Bis auf bald in Neuguinea«, riefen wir einander nicht ohne Aufregung zu.

Eine Prüfung mußten wir aber noch bestehen, vielleicht sogar die schwerste von allen. Durch den Kurs hatten sich sowohl unsere Motivation als auch unsere Erwartungen noch gesteigert. Innerlich bereit zur Abreise, waren wir dazu nicht in der Lage, weil uns die Mittel fehlten. Es war vorgesehen, daß wir zunächst fünf Jahre in Neuguinea verbringen sollten, und wir mußten daher Ausrüstung und Kleidung für diesen ganzen Zeitraum beschaffen. Ein beträchtlicher Betrag war erforderlich, um die Reisekosten zu decken, dazu kam noch ein monatlicher Unterhalt. Die Missionsgesellschaft verfügte für diese Zwecke über keine Gelder. Man ging davon aus, daß wir unser Anliegen verschiedenen Gemeinden vortragen sollten, die bereit wären, für unsere finanziellen Bedürfnisse aufzukommen. Das wurde aber für uns zu einem Problem, denn wir waren fremd in diesem Land und den Gemeinden unbekannt, die dafür in Frage kommen könnten. Nur selten gab es Einladungen mit einer Gelegenheit, unser Anliegen vorzutragen. Obwohl wir überall freundlich aufgenommen wurden und etwas finanzielle Hilfe erhielten, war es bei weitem nicht genug. Wir befanden uns in einer Sackgasse. So verging ein Tag nach dem anderen, ohne daß sich die Situation grundlegend verbessert hätte. Als Ausländer konnte ich nicht mit einer Arbeitsbewilligung rechnen;

meine Möglichkeiten waren daher begrenzt. Monatelang bestand meine Hauptverantwortung in Geschirr waschen, Rasen mähen und gelegentlich anfallenden Arbeiten rund um das Missionsgebäude. An dieser Situation änderte sich bis Dezember 1960 nur wenig.

Vom 4. bis 11. Dezember 1960 fand in der Moody Church in Chicago, Bundesstaat Illinois, der Kongreß für Weltmission statt. Missionsleiter und Missionare aus allen Ländern der Erde kamen zusammen, um Missionsstrategien zu diskutieren und Berichte von verschiedenen Missionsfeldern zu hören. Herr Vine wollte ebenfalls teilnehmen und lud mich freundlicherweise ein, ihn zu begleiten. Dankbar sagte ich zu, obwohl ich nicht viel Sinn in meiner Teilnahme sah, denn der Kongreß war für Missionare, nicht für Anwärter. Aber es stellte auch eine gute Abwechslung zu den langweiligen Pflichten im Missionsheim dar. Ich dachte, was könnten Missionare und Missionsleiter, die selbst finanzielle Unterstützung brauchten, schon für mich tun? Bestenfalls hatte ich noch die Aussicht, weitere Informationen über den Missionsdienst im allgemeinen zu erfahren.

Beim Kongreß angekommen, fühlte ich mich unter den Frauen und Männern, die sich auf Missionsfeldern auf der ganzen Welt bewährt hatten, nicht am richtigen Platz. Alle waren sehr freundlich, aber immer wenn jemand mit mir eine Unterhaltung beginnen wollte, schreckte ich gleichsam zusammen. Jeder, der mein Namensschild erblickte, sprach mich auf die gleiche Weise an:

»Wie lange warst du in Neuguinea?«

Es klang so gar nicht geistlich, wenn ich darauf sagen mußte: »Ich war noch gar nicht dort.«

Dann begannen die Vorträge. Ohne Ausnahme berichteten die Missionare, daß es ihnen an Arbeitern für ihr Missionsfeld mangle. Ihre Aufrufe waren äußerst eindringlich: »Wo sind die jungen Leute, die bereit sind, in die Mission zu gehen?«

Zwischendurch wurden Missionslieder gesungen. »Wer ist auf Gottes Seite? Wer ist bereit, dem König zu dienen?« tönte es über die Versammlung. Ich aber saß in meiner Reihe und weinte.

»Hörst Du denn nicht, Gott? Willst Du nicht endlich etwas unternehmen?«

Nach einer besonders bewegenden Botschaft ging ich nach vorne und stieß direkt auf den Leiter einer bekannten Bibelschule, dem ich mein Leid klagte. Er aber war zu beschäftigt. Mit einer väterlichen Handbewegung legte er mir die Hand auf die Schulter und betete:

»Vater, laß ihn dranbleiben an der Sache.« Ohne Zweifel meinte der gute Mann, daß er sich der Situation adäquat verhalten hatte.

Der Kongreß ging inzwischen weiter, noch andere Aufrufe folgten. »Was ist mit eurem christlichen Engagement?« appellierten die Sprecher an die Zuhörerschaft. »Wir sind auf des Herren Seite, wir wollen dem König dienen«, kam prompt die Antwort.

Als der letzte Tag der Konferenz nahte, war ich niedergeschlagen und vor allem zornig. Zornig auf Gott, denn Er hatte Seinen Teil des Abkommens nicht eingehalten. Er hatte mich im Stich gelassen. In einem Anfall kindischer Wut sagte ich Ihm, wie mir zumute war.

»Siehe, Herr«, begann ich mit enormer Selbstgerechtigkeit, »ich habe meinen Beruf aufgegeben, mein Heimatland verlassen und eine Ausbildung von mehreren Jahren absolviert, und das alles, weil ich Dir dienen wollte. Wenn Du aber an meinem Dienst gar nicht interessiert bist, dann soll es mir auch recht sein. Dann werde ich eben nicht Missionar und fahre morgen wieder nach Holland. Wenn Du nicht heute noch etwas in Bewegung setzt, ist alles vorbei.«

Es war mir todernst, und ich war völlig überzeugt, daß ich am nächsten Tag schon Vorbereitungen zur Heimreise nach den Niederlanden treffen würde.

Als letzter Tagesordnungspunkt der Konferenz war an diesem Abend noch ein Gottesdienst vorgesehen. Ich ging hin in der Stimmung, Gott auch nicht die geringste Chance einräumen zu wollen. Absichtlich erschien ich viel zu früh und ging bis zur ersten Sitzreihe nach vorn. Diese blieb für gewöhnlich leer. Indem ich Platz nahm, gefiel mir der Gedanke, daß niemand neben mir sitzen würde. Hatte ich nicht dem Herrn versprochen, daß ich Ihm nicht im geringsten entgegenkommen würde?

An diesem Abend strömten die Menschen in Scharen zur Kirche. Sogar die vordersten Reihen, auch die Plätze neben mir, waren bald besetzt. Der Gottesdienst unterschied sich nicht wesentlich von den vorausgegangenen, außer daß die Bitten der Missionare um mehr Arbeiter dringlicher denn je schienen. Dann kam das Ende, der letzte Aufruf, die letzte Antwortstrophe der versammelten Gemeinde. Nein, der Sprecher hatte noch eine Ansage zu machen:

»Bevor Sie nach Hause gehen, wäre es schön, wenn Sie demjenigen, der neben Ihnen sitzt, die Hand reichen und sich kurz vorstellen«, schlug er vor. Dies war eine typisch amerikanische Gepflogenheit. Ich hatte wenig Lust dazu, denn was sollte ich sagen? Meine Laufbahn als Missionar war zu Ende, ehe sie richtig begonnen hatte. Schon am nächsten Tag wollte ich die Heimreise antreten. Ohne große Begeisterung drehte ich mich zu dem Mann rechts von mir um, der bereits aufgestanden war, um mich zu begrüßen.

»Teeuwen«, stellte ich mich vor. »Jacques Teeuwen.«

Freundlich erwiderte er: »Ich heiße David Marshall und bin Pastor der Grace Church in Ridgewood, New Jersey.«

Dann überkam ein Staunen sein Gesicht. »Teeuwen«, sagte er, »Jacques Teeuwen – wo habe ich nur diesen Namen schon einmal gehört?«

In diesem Augenblick wurde mir bewußt, daß Gott am Werk war und Satans Bollwerk zu zerbröckeln begann.

Nach der Konferenz packte ich wie benommen meine Koffer. Die Zeit zur Abreise war gekommen, jedoch nicht nach Holland! Es war mir unbegreiflich, aber der allmächtige Gott hatte mir gnädig Antwort gegeben, obwohl ich Ihn richtiggehend erpreßt hatte. Wieder einmal hatte Er Seine unergründliche Güte offenbart. Wie sich zeigte, hatte Grace Church durch RBMU von uns gehört. Irgendwie aber war die Verbindung zwischen beiden abgebrochen, vermutlich weil einige hin- und hergeschriebene Briefe verlorengegangen waren. Grace Church hatte niemals eine Antwort auf ihre Bitte um mehr Informationen über uns erhalten.

Nun aber standen Pastor Marshall und ich uns gegenüber, und zwar am Ende der letzten Missionskonferenz, die ich zu besuchen gedacht hatte. Wir sprachen noch kurz über theologische Fragen, dann über die Finanzen. Ich sagte ihm, daß wir allein 1200 Dollar für die Überfahrt nach Neuguinea bräuchten, dann noch weitere 170 Dollar im Monat für unsere persönlichen Bedürfnisse, sowie Geld für die Ausrüstung der nächsten fünf Jahre. Das war zu jener Zeit eine Menge Geld, außerdem wußten wir damals noch wenig über die überschwengliche Großzügigkeit Gottes. Zu meiner Überraschung sagte Pastor Marshall nicht sogleich »nein«, konnte aber auch noch keine Versprechungen machen, außer daß wir von ihm hören würden. Einige Wochen später wurden Ruth und ich zur jährlichen Missionskonferenz der Grace Church eingeladen. Wir hätten uns beinahe wieder verpaßt, da Pastor Marshall in Ridgewood an einer Busstation wartete, während wir an einer anderen ausgestiegen waren. Schließlich fanden wir uns aber doch noch rechtzeitig vor der Abendveranstaltung, die ein unvergeßliches Erlebnis für uns wurde. Einmal angekommen, begannen unsere Befürchtungen dahinzuschmelzen wie Schnee in der Sonne, denn wir wurden mit Wärme und großer Anteilnahme aufgenommen, so daß wir uns gleich wie zu Hause fühlten. Man versuchte uns weder eine Falle zu stellen, noch wurde kleinlich auf theologischen Streitfragen oder persönlichen Überzeugungen herumgeritten, sondern die Sache an sich stand im Mittelpunkt. Nach dem Wochenende fühlten wir uns geistlich gestärkt und ermutigt, daß wir eines Tages doch noch nach Neuguinea kommen würden.

Wenige Tage später klingelte das Telefon im Missionshaus. Pastor Marshall war am Apparat. Es war fast nicht zu glauben, was er uns mitzuteilen hatte:

»Grace Church hat einstimmig beschlossen, die gesamten Kosten zu übernehmen.«

Man kann sich keine größere Freude vorstellen. Genauso schnell sank aber mein Mut wieder, als Pastor Marshall verkündete: »Wir stellen nur eine einzige Bedingung.« Instinktiv wußte ich, daß dies etwas sein würde, das ich bestimmt nicht eingehen könnte, denn so war es bisher immer gewesen. Das Spiel war wohl zu Ende. Ich wartete richtiggehend darauf, daß die Axt niederfallen würde.

»Die Bedingung ist, daß ihr euch nicht mit weiteren Studien aufhaltet, sondern so bald wie möglich nach Neuguinea aufbrecht.«

Das war es ja, was wir wollten! Erleichtert rief ich meine Zustimmung in den Telefonhörer. Zusammen mit Ruth und der kleinen Priscilla tanzten wir durch das Haus. Das Unglaubliche war geschehen! Vor mehr als fünf Jahren hatte mich Gottes Ruf in Wiedenest erreicht, und nun gaben alle Signale grünes Licht. Mit neuer Energie widmete ich mich in der nächsten Zeit dem Abwaschen und Rasenmähen, denn das Ende war bereits in Sicht.

Es folgten einige aufregende Wochen. Seit wir in den USA angekommen waren, hatten wir immer etwas Zeit zu unserer eigenen Verfügung gehabt, das sollte sich nun ändern. Wir mußten uns um die notwendigen Impfungen kümmern und Kisten zum Einpacken beschaffen. Kleidung, Schuhe und Haushaltsgegenstände für die gesamte Familie für die nächsten Jahre mußten eingekauft werden. Wer konnte voraussagen, daß unsere Familie weiterhin nur aus drei Personen bestehen würde? Sollten wir nur Mädchenkleidung mitnehmen oder doch vielleicht auch Sachen für einen kleinen Jungen?

Die Größen der Kleidung waren ein Kapitel für sich. Eine Kirche überraschte uns, indem sie uns großzügig die gesamte Ausstattung für Priscilla für die nächsten fünf Jahre spendete. Treue Freunde transportierten die verpackten Güter schließlich zum New Yorker Hafen.

Am 21. Juli 1961 war der große Tag gekommen. Unsere kleine Familie bestieg das Passagierschiff »Medon« der Königlichen Niederländischen Dampfschiffahrtsgesellschaft. Der erste Aufenthalt war Curacao, wo wir am 26. Juli anlegten. Von dort sollten wir auf die »Roepat« umsteigen, die von Amsterdam kam und am 29. Juli nach Hollandia, der damaligen Hauptstadt von

Niederländisch Neuguinea, auslaufen sollte. In Curacao erfuhren wir, daß die »Roepat« Verspätung hatte. Der Abfahrttermin wurde mehrmals verschoben, schließlich konnten wir Curacao erst am 12. August verlassen. Da Hollandia noch so weit weg schien, machte uns diese Verzögerung wenig aus; ich hatte nur Sorge wegen der Mehrkosten, die durch diesen Aufenthalt entstehen würden. Eine Nacht verbrachten wir im San Marco Hotel in Willemstad. Am nächsten Tag kam ein Mitreisender, der uns von New York begleitet hatte und in Curacao lebte, um sich zu verabschieden. Als er von unserem Dilemma erfuhr, bot er uns sein Strandhäuschen zum Wohnen an; sogar ein Auto und ein Boot standen uns zur Verfügung, und das alles kostenlos! So verbrachten wir die nächsten Tage mit Schwimmen und Fischen und tankten in der tropischen Sonne neue Energien. Wir bedauerten fast, als die »Roepat« schließlich doch auftauchte. Wieder hatten wir viel Grund, Gott dankbar zu sein, der uns diesen großzügigen Freund und den unerwarteten Urlaub geschenkt hatte.

Die Reise auf der »Roepat« wurde ebenfalls zu einem unvergeßlichen Erlebnis. Wochenlang waren wir nur von blauem Himmel und Wasser umgeben. Die unermeßliche Weite des Ozeans hinterließ einen tiefen Eindruck in unseren Gemütern. Das wechselnde Spiel von leuchtenden Farben und Lichteffekten machte uns den Schöpfer und Erhalter des Ganzen neu bewußt. Zuweilen durchbrach ein Schwarm fliegender Fische die Wasseroberfläche, und silbrige, stromlinienförmige Körper schnellten empor, während die Wellen unermüdlich auf und ab rollten.

Nach elf Tagen sahen wir die blauen, mysteriösen Berge von Tahiti aus dem Wasser aufragen. Kaum hatte das Schiff angelegt, waren wir auch schon unterwegs, um die Schönheiten dieser herrlichen Insel auszukundschaften, die damals noch kaum von Touristen besucht wurde. Die ruhige Gangart des Lebens dort zog uns ebenso in ihren Bann wie die angenehmen Temperaturen und die üppige tropische Vegetation. Riesige Kokospalmen und Bananenstauden faszinierten uns ebenso wie die Hibiskusblüten und die roten und lila Bougainvilleas, die sich um weißgestrichene Häuser rankten. Von den Einheimischen lernten wir, daß eine Blume, die »Frangipani« genannt wurde, wenn man sie hinter dem Ohr trug, den ganzen Tag einen betörenden exotischen Duft verströmte. Wir entdeckten auf der Insel auch ein uraltes Standbild der Kontiki und bedachten die Folgen, die Kapitän Cooks Landung 1797 für die Insel gehabt hatte. Eine Gedenktafel mit einem Bibelvers[12] in drei Sprachen erinnerte an dieses Ereignis. Leichte Traurigkeit überfiel uns, als nach drei Tagen die Zeit zur Weiterreise gekommen war. Das scharfe Hupen der »Roepat« zeigte dies unmißverständlich an. Als wir uns vom Hafen entfernten, nahmen wir nach dem Rat von Freunden unsere Blumenkränze ab und warfen sie in das Kielwasser des Schiffes. Wenn die Kränze ans Ufer zurückgespült würden, bedeutete das, daß wir eines Tages nach Tahiti zurückkehren würden. Daher hofften wir inständig, daß sie nicht auf den Ozean hinaustreiben würden. Bis heute wissen wir nicht, was aus ihnen geworden ist. War es verwunderlich, daß wir so schnell dem Zauber dieser Insel erlegen sind?

Das bequeme Leben konnte aber nicht immer so weitergehen. Weitere Haltestellen waren die Salomon-Inseln und Neukaledonien, und schon kamen wir unserem Bestimmungsort immer näher. Damit begann sich auch unsere Haltung zu ändern. Am Anfang der Reise hatte uns die Weite und Zeitlosigkeit des Ozeans gefangengenommen, und wir wünschten uns, dieses sorglose Leben würde immer so weitergehen. Nun wurden wir langsam ungeduldig, wenn wir an das dachten, was uns in Neuguinea erwartete. Es war aber auch Furcht dabei. Der Frachter war in den letzten Wochen unser Zuhause gewesen, das rhythmische Stampfen der Maschinen war uns vertraut wie unser Herzschlag geworden. Wir fühlten uns frei von Verantwortung und wollten einerseits, daß dieser Zustand anhalten würde. Gleichzeitig war uns bewußt, daß es nicht so sein konnte und uns auf die Dauer auch nicht befriedigen würde.

Bald würde unser Leben völlig anders aussehen. An Bord des Schiffes war unsere kleine Familie gleichsam geborgen. Und ein bißchen Geborgenheit wäre doch beruhigend gewesen für eine Familie mit einer zweijährigen Tochter und einer Frau, die im sechsten Monat schwanger war.

Landung in der Steinzeit

Früh am Morgen verließ ich unsere behagliche Kabine an Bord der »Roepat« und ging an Deck, um mich ein wenig auszustrecken und die frische, salzige Meeresluft auf mich einwirken zu lassen. Es war mir bewußt, daß wir nun bald unser Reiseziel erreichen würden, als aber in der Ferne die gebirgigen Umrisse Neuguineas aus dem Wasser auftauchten, überfiel mich Panik. Die dunklen, zerklüfteten Bergspitzen, die sich im Vordergrund auftürmten, zerbrachen alle übersprudelnden Vorstellungen, die ich mir von unserem Bestimmungsort gemacht hatte, sie offenbarten mir die vor uns liegende Herausforderung in ihrer ganzen Bandbreite.

Warum war ich nur hierher gekommen? Was hatte mich dazu gebracht? »Herr, ich will überall hingehen und alles für dich tun«, hörte ich im Gedächtnis noch das Echo meiner eigenen Worte. Ich war diese Verpflichtung allein eingegangen und meinte es auch aufrichtig. Erst später begann ich, anderen von meinen Plänen zu erzählen, manchmal, weil es unvermeidlich, zu anderen Zeiten, obwohl es alles andere als notwendig erschien ... Bewundernde Blicke zu mir hin, anerkennende Worte und die Zusage, daß für mich gebetet werde, waren mir zu Kopf gestiegen. Voll der Dinge, die andere von mir erwarteten und die ich selbst zu erreichen dachte, sah ich mich bereits als vollendeten Helden auf dem Missionsfeld. – Es war ein bißchen, wie wenn ein Knabe eine Flugzeugbroschüre durchblättert und sich dabei schon als ausgebildeter Pilot eines Jumbo-Jets fühlt.

Träumen ist ein guter Beginn! Aber die Ausführung der edlen Vorsätze erfordert harte und aufopferungsvolle Arbeit. – Für mich war der Traum nun jedenfalls zu Ende. Die Bühne war frei für mich. Die mich bisher unterstützt hatten, waren nicht mehr da. Ich mußte mich der Realität stellen: Gefahren, Schmutz, Einsamkeit, ein primitives Leben, von dem ich noch nichts Näheres wußte.

»Herr, was soll ich jetzt nur beginnen?« flehte ich leise. »Ich kann doch nicht zurückgehen. Was würden die Leute sagen,

Die Nordküste Irian Jayas

wenn es sich als Fehlschlag herausstellt, bevor ich richtig begonnen habe? Aber ich kann mir einfach nicht vorstellen, wie ich das bewältigen soll, was vor mir liegt. Was, Herr, soll ich tun? Wo bist DU?«

Da war Er mir ganz nahe – ein zuverlässiger Helfer in der Not. Seine Gegenwart war beruhigender als das gleichmäßige, rhythmische Hämmern des Frachtschiffes, mehr als die gutgemeinten Worte jeder menschlichen Bekräftigung es gekonnt hätten. Da erinnerte ich mich an die Worte aus der Bibel:

»Der Herr ist mein Licht und mein Heil, vor wem sollte ich mich fürchten?« (Psalm 27,1)

Eine gute Frage: Wen wirklich? – Das war es, was ich gebraucht hatte.

Als wir in Hollandia[13] an Land gingen, erwartete uns bereits Mary Widbin, um Ruth, mich und Priscilla zu begrüßen. Da Mary bereits vier Jahre in der Missionsarbeit zugebracht hatte, erschien sie uns wie eine altgediente Missionarin. Sie wirkte fröhlich und zufrieden, daher nahm ich meinen Mut zusammen, sie sogleich mit einigen meiner vielen Fragen zu bombardieren.

»Ist unser Haus schon fertiggestellt?«

Man hatte uns gesagt, daß unsere Kollegen für uns ein Haus errichten würden. Wir würden dafür den nach uns Eintreffenden helfen.

Mary kicherte. »Sie haben noch gar nicht begonnen. Ihr werdet es schon selbst machen müssen.« Anscheinend hielt sie das Ganze für einen ungeheuren Spaß.

»Ich habe bisher nichts gebaut als ein einfaches Bücherregal«, konnte ich nur stammeln. »Wenn du dein Haus fertig hast, wirst du ein fähiger Zimmermann sein«, lachte Mary.

Sie startete den VW-Kombi, und mit einem Ruck fuhren wir los in Richtung unserer vorläufigen Unterbringung im Missionsverband an der Küste.

Der Aluminiumbau schien in der Hitze zu kochen. Als wir eintraten, huschte eine fette Ratte davon und verschwand in der offenen Kanalisation des nicht abschließbaren »Badezimmers«. – Ich hätte nicht gedacht, daß ich den ersten Vers des 27. Psalms so bald in Anspruch nehmen müßte!

Die Cessna 180 wird beladen

Die Einwanderungsformalitäten waren innerhalb von einigen Tagen erledigt. Der 6. Oktober 1961 war der große Tag: Wir bestiegen eine Cessna 180 der MAF[14], um nach Karubaga zu fliegen, einer kleinen Siedlung ungefähr 250 km entfernt im Landesinnern. Eine reizende Dame namens Betty Green flog uns zu unserem Reiseziel über Sümpfe, Dschungelgebiete, Hügel und hohe Berge.

Mit einem Mal befanden wir uns in der Steinzeit. Als unser Flugzeug im Swart-Tal zur Landung ansetzte, waren wir begierig, so viel wie möglich zu erspähen und in uns aufzunehmen. Wir hatten viele Dias und Fotografien von Neuguinea gesehen, daher war uns der Anblick der kleinen, runden, mit Gras gedeckten Hütten bereits vertraut. Blauer Rauch stieg von ihnen auf. Beim Landeanflug fiel mir ein dunkelbrauner, fast unbekleideter Mann auf, der zum Landeplatz rannte. Schließlich berührten wir den Boden und rollten über einen unebenen, grasbewachsenen Landestreifen zu unserem Parkplatz.

Die wenigen Gesichter der Missionare, die wir bereits kannten, verloren sich in einem Meer dunkler Gestalten. Mit neugierigen Blicken strömten die Einheimischen herbei, sobald der Propeller zum Stillstand kam. Die Tür des Flugzeugs wurde aufgerissen. Inmitten des Stimmengewirrs und des Getriebes ringsum konnte ich einzelne Wörter in unserer neuen Sprache verstehen. Ohne Scheu riefen uns Männer und Frauen ihre Begrüßung zu:

Ein Meer brauner Körper und neugieriger Gesichter

»Wa, nore. Wa!« – »Sei willkommen, mein Freund. Sei willkommen!«

Priscilla hatte an Bord der »Roepat« ihren zweiten Geburtstag gefeiert. Während des Fluges, der eine Stunde und fünfzig Minuten gedauert hatte, war sie auf meinem Schoß gesessen. Nun war sie die erste, die unsere neuen Freunde beurteilen sollte. »Papa«, rief sie entrüstet aus, »sie haben ja alle schmutzige Nasen!« Dabei kniff sie ihre eigene kleine Stupsnase zusammen. Ihre Wahrnehmung war allerdings richtig. Wo aber sollten Menschen, die nicht einmal Kleider trugen, auch Taschentücher hernehmen?

Ohne Zweifel gab es für uns noch vieles mehr herauszufinden. Wir waren ausgestiegen, um für uns selbst etwas zu entdecken.

Papa, sie haben alle schmutzige Nasen!

Das von Gott vergessene Land

Die ersten christlichen Missionare kamen bereits vor mehreren hundert Jahren nach Neuguinea. An der Küste bestehen schon längere Zeit Gemeinden.

Die christliche Heilsbotschaft konnte jedoch niemals in die dichten Dschungelgebiete des Hinterlandes vordringen. Teile des Evangeliums gelangten von der Küste aus landeinwärts, sie wurden aber immer mehr verformt – wie der folgende Bericht von der Schöpfung:

Gott war sehr beschäftigt. Schneller als gedacht war die Zeit vergangen. Auf einmal war schon Samstagabend. Bald würde der Sonntag anbrechen, und dann käme keine Arbeit mehr in Frage. Hatte nicht Er selbst den Sonntag zum Ruhetag bestimmt? Huldvoll blickte Gott um sich. Die vergangene Woche hatte Er wirklich genossen. Er hatte beschlossen, eine Welt zu erschaffen und einfach angefangen, Dinge zu entwerfen. Die Ergebnisse waren so faszinierend, daß Seine Begeisterung mit Ihm durchgegangen war. Was Gott geschaffen hatte, war viel mehr als das unbedingt Notwendige. Vieles von dem, das Er ins Leben gerufen hatte, befand sich bereits am rechten Platz. Eine Menge kunstvoller Schöpfungen aber blieb noch übrig. Unordentlich lagen die Werke Seiner Hände auf den himmlischen Gefilden verstreut. Angesichts dessen erschien ein Tag der Ruhe denkbar ungeeignet. Was aber sollte Er mit dem Übriggebliebenen anfangen?

Da hatte Gott einen Einfall, Sein Gesicht heiterte sich auf. Fest entschlossen, Seine Angelegenheiten vor dem Sonntag in Ordnung zu bringen, durchschritt Gott die Himmel und suchte die überschüssigen Dinge Seiner Schöpfung zusammen, wie Er sie gerade vorfand: Hier gab es einen gewaltigen Gebirgszug, bei dem die Gipfel kahl und schroff, die Täler tief eingeschnitten waren; dort einige mit Gras und Büschen bewachsene, gemächlich ansteigende Hügel; ein wilder, reißender Flußlauf mußte fortgeräumt werden, ebenso etliche

Hektar Dschungelwald, mit majestätisch aufragenden Bäumen, sumpfigen Niederungen, einer Unzahl herrlicher, in allen Farben leuchtender Vögel, schleimig-glitschiger Schlangen, listiger Krokodile sowie unzähliger kleinerer Tiere. Schließlich gab es da drüben noch ein melodisch vor sich hinmurmelndes Bächlein, für das ein Platz zu finden war.

Als Gott ziemlich sicher sein konnte, daß nichts mehr herumlag, packte Er die ganze farbenprächtige Auswahl an Landschaften und Lebewesen und schleuderte sie mit einem einzigen Schwung Seines gewaltigen Arms in das All. Auf diese Weise ist Neuguinea auf dem Erdball erschienen. Das Land, das Gott in der Samstagnacht erschuf. Erst jetzt konnte der siebente Tag wirklich ein Ruhetag sein.

Und selbst diese vagen Bruchstücke der biblischen Botschaft hatten sich aufgelöst, bevor sie über die gewaltigen Bergketten gelangen konnten. Dahinter gab es das Wort Gottes nicht, der

Das Land, das Gott in der Samstagnacht erschuf

Name Jesus war nie gehört worden. »Das von Gott vergessene Land«, erschien daher als zutreffender Name.

Genau in diesem Gebiet, hinter den hoch aufragenden Bergen des zentralen Neuguinea, waren wir mit der kleinen Cessna in jenem Augenblick gelandet.

Verwunderlich war es ja nicht, daß die christliche Botschaft hier noch nie verkündigt worden war. Bis 1945, also nicht einmal 20 Jahre vor unserer Ankunft, wußte man noch nicht einmal, daß diese entlegenen Bergregionen bewohnt waren.

In der Endphase des Zweiten Weltkrieges wurde ein Flugzeug der US-Luftwaffe über Neuguinea als vermißt gemeldet. In der darauffolgenden Suche stieß man auf ungeahnte Ergebnisse. Man entdeckte im zentralen Hochland, ungefähr dort, wo der schlammige, gemächlich fließende Baliem-Fluß sich seinen Weg zu den Niederungen des Nordens bahnt, beträchtliche Ansiedlungen eines Menschentyps ähnlich den Pygmäen. Es erschien ganz und gar unglaublich, daß diese Stämme hier lebten, ohne daß die übrige Welt etwas von ihrer Existenz wußte. Diese Welt zeigte nach den Umstürzen durch den Zweiten Weltkrieg auch nicht besonderes Interesse.

Es gab aber einige Menschen, für die diese Entdeckung ein Aufruf war. Christen wurden aufmerksam, denn man erkannte hier eine der größten Herausforderungen des zwanzigsten Jahrhunderts. Hier gab es Menschen, die noch nie etwas von Jesus Christus gehört hatten; Tausende von Menschen waren nie erreicht worden, lebten und starben in ihren Sünden und wußten nichts von dem Heilsweg, den Gott vorbereitet hatte. Für viele betende Menschen auf der ganzen Erde erhielten Missionslieder wie das folgende eine ganz neue Bedeutung:

> In Länder so fern muß ich geh'n, muß ich geh'n,
> denen niemand gepredigt je hat.
> Den Millionen, die nie Gottes Liebe geseh'n,
> muß ich sagen, was Er für sie tat.[15]

1954 schickte die »Christliche Missionsgemeinschaft« ihre ersten Arbeitskräfte ins Baliem-Tal. Andere Missionen folgten in angrenzende Gebiete. 1955 landete ein amphibisches Missionsflugzeug auf dem Archboldsee, der mehrere Tagereisen entfernt im Norden liegt. Von dort aus gelangten Pioniere der Missionsgesellschaft westwärts bis Bokondini, wo sie einen Landeplatz anlegten.

Im Mai 1956 verließen zwei Missionare der RBMU, Bill Widbin und Paul Gesswein, Bokondini und erreichten in südwestlicher Richtung das Swart-Tal, das sie bereits vom Flugzeug aus begutachtet hatten. Im April 1957 kehrten sie zurück ins Swart-Tal, um in Karubaga einen Landeplatz zu errichten. Am 7. Juni 1957 landete dort zum ersten Mal ein Flugzeug. Es folgten Kanggyme im August 1960 und Mamit im April 1961. Diese drei Stationen gehörten zum Swart-Tal, wo auch wir die nächsten 13 Jahre unseres Lebens verbringen sollten, zunächst in Kanggyme, ab 1962 in Mamit, von 1966 an dann in Karubaga.

Schmutzige Nasen
und schmutzige Nadeln

Einige Tage nach unserer Ankunft in Neuguinea wurden wir von Karubaga nach Kanggyme geflogen, wo John und Helen Dekker die Stellung hielten. Wir übersiedelten in eine kleine Hütte, die vorher als Vorratslager benutzt worden war. Noch war unser Hausrat nicht angekommen, daher mußten wir alles Nötige von Dekkers ausleihen. Zu einem kleinen Problem wurde das Schlafen. Zwar war es nicht kalt, doch Ruth, die unser zweites Kind erwartete, lag auf einem dünnen Schaumgummistück ziemlich unbequem. Es gab aber keine andere Möglichkeit, da unsere Matratzen erst eingeflogen werden mußten. Im Zimmer hatten wir keinerlei Bequemlichkeiten; gekocht wurde auf einem mit Holz gefeuerten Ofen, fließendes Wasser gab es nicht.

Die Missionsstation in Kanggyme

»Niyo torinak!« Erwartungsvoll sprach ich diese Worte zu einem stämmigen Burschen, der genau vor mir stand. Der aber blickte mich mit großen, braunen Augen fragend an. Ich ging zu der Vokabelliste hinüber, die ich an einer mit Baumrinde verkleideten Wand aufgespießt hatte und stellte fest, es war die richtige Redewendung, die ich verwendet hatte. Indem ich mir mit der Aussprache besondere Mühe gab, wiederholte ich ganz langsam: »Ni-yo to-ri-nak.«

Ein wenig verlegen zeigte mein Helfer wie zur Entschuldigung auf seine Ohren: »Naruk konenggeelik o, nore.« Ich hätte ihn auch ohne diese Geste verstanden. Es war die übliche Antwort auf meine Versuche, die Sprache der Dani, wie sie im Swart-Tal gesprochen wurde, zu benutzen: »Ich verstehe dich nicht, mein Freund.«

Nun holte ich einen Kübel und zeigte zum Brunnen.

»Ai, nore.« Man konnte dem jungen Mann ansehen, daß er jetzt verstanden hatte. »Ai, nore. Niyo torinakit, kagi o«, antwortete er, wobei er die einzelnen Silben so rasch aneinander reihte, daß sie wie ein einziges Wort klangen. Er packte den Eimer, stürzte damit hinaus und lief, vor Aufregung laute Schreie ausstoßend, zum Brunnen. Sein brauner, bloßer Körper spiegelte sich in der Morgensonne. Noch einmal murmelte ich die magischen Worte vor mich hin; es war mir noch immer nicht klar, warum meine Aussprache so gar nicht zu verstehen gewesen war.

Es war ein Glück, daß wir diese Vokabelliste hatten. Sie bestand zwar nur aus einem einzigen Blatt, aber jeder einzelne Ausdruck darauf war gut brauchbar:

komm	mok o
mache Feuer an	kany kunimok
hole Wasser	niyo torinak
ich verstehe nicht	naruk konenggeelik o
danke, mein Freund	wa, nore
geh	nak o

Besonders häufig verwendeten wir den zuletzt genannten Ausdruck. »Nak o« – »geh weg!« Es erschien uns als die einzige

Möglichkeit, uns davor zu schützen, die ganze Zeit über von neugierigen Eingeborenen beobachtet zu werden. Sie folgten uns gleich Schatten, wenn wir im Freien waren. Waren wir in unserem kleinen Heim, so pflegten sie durch Risse in unseren Wänden hereinzuspähen – und es gab zahlreiche Risse!

Unsere Bitten um ein wenig Privatleben nützten nicht viel. Noch bevor die Sonne aufging, hatten sich Dutzende lärmender und unsauberer Menschen vor unserem Haus versammelt. Auf Zehenspitzen, mit hochgereckten Hälsen warteten sie darauf, daß die Tür aufgehen würde, damit sie einen Einblick von den Vorgängen im Inneren erhaschen könnten. Die Ausdünstung der ungewaschenen Leiber verbreitete sich bis zu uns herein. Fliegen, die bislang mit eiternden, nicht weiter beachteten Wunden beschäftigt waren, wechselten rasch ihren Aufenthaltsort, um auf uns oder unseren Lebensmitteln Platz zu nehmen.

»Nanip, nanip«[16], schmeichelten wir oder baten wir inständig. Genauso gut aber hätten wir uns an die umliegenden Berge wenden können. Unsere Worte zeigten einfach keinen Erfolg. Aber man durfte nicht den Dani die Schuld geben. Denn noch niemals hatte man etwas derart Unglaubliches wie diese seltsamen Weißen gesehen, die jetzt in Kanggyme ihr Quartier aufgeschlagen hatten.

Nach draußen zu gehen kam einer Zerreißprobe gleich. Sobald wir einen Fuß vor die Türe setzten, kamen Menschen herbeigelaufen, um sich zu jenen zu gesellen, die bereits bei der Türschwelle warteten. Jeder einzelne versuchte, sich durch Schreien Aufmerksamkeit zu verschaffen. Entschlossen versperrte uns einmal ein Mann mit seinen Beinen den Weg. »Ich bringe euch Holz zum Feuermachen!« rief er, aber das Angebot hörte sich mehr wie ein Befehl an. Von uns wurde nichts anderes erwartet, als zustimmend zu nicken.

Um unsere Aufmerksamkeit auf sich zu lenken, konnte es geschehen, daß jemand mit seinen schmutzigen Fingernägeln so lange an unseren bloßen Armen kratzte, bis wir uns ihm zuwandten. Eine Mutter trug ihr krankes Baby auf dem Arm, zeigte auf das mit schmutzigen Krusten überzogene Hinterteil und schrie über den Lärm hinweg: »Nadel! Nadel!«

Ein junger Bursche war sich wohl völlig sicher, daß er – im Gegensatz zu den anderen – die Bedürfnisse der Neuankömmlinge erkennen konnte. Er wußte, daß ihnen schmutzige Nasen nicht angenehm waren. Daher wischte er seine Rotznase mit beiden Händen ab, anschließend rieb er die Handflächen zusammen. Dabei fragte er freundlich: »Soll ich Erdbeeren für euch pflücken?« – Es war für ihn ziemlich überraschend, daß wir sein liebenswürdiges Angebot ablehnten.

Die Versuchung lag nahe, den ganzen Tag im Haus zu bleiben. Aber wir mußten ja unter die Leute gehen! Sie waren schließlich der Beweggrund für alles, was wir in den vergangenen Jahren auf uns genommen hatten.

In gewisser Hinsicht erschienen uns diese Menschen so gänzlich verkommen, daß wir das Verlangen bekamen, ihr bemitleidenswertes Leben möge eine Änderung erfahren.

Die meisten litten an Frambösie, einer in den Tropen weit verbreiteten Infektionskrankheit, die mit Läsionen im Gesicht und an den Extremitäten beginnt und unbehandelt in chronische Geschwüre übergehen kann.[17] Jeden Tag marschierten wir zur Klinik, die in einem alten, grasgedeckten Schuppen untergebracht war. Tag für Tag drängten sich draußen die Patienten und warteten ungeduldig auf die Behandlung.

»Liiru! Liiru!« riefen sie, indem sie auf ihr Gesäß deuteten; dabei wußten wir ohnehin, daß sie wegen einer Injektionsnadel gekommen waren.

Nur ein Mann wollte sich nicht stechen lassen. Da er im Gesicht eine Entzündung hatte, sah er nicht ein, warum ich eine Nadel in seine Hinterseite stechen wollte.

Eine Frau erschien mit zwei Babys, von denen das eine mit Geschwüren übersät, das andere aber völlig gesund war. Die Mutter bestand aber darauf, daß beide Kinder ein »Liiru« erhalten sollten, denn sie waren Zwillinge.

Während das Durcheinander weiterging, wurde ein Topf mit Wasser über einem Gaskocher erhitzt, der sich auf dem recht einfachen hölzernen Behandlungstisch befand. Wenn eine der wenigen Nadeln, die wir besaßen, etwa ein dutzendmal verwendet worden war, gab man sie für eine Weile in das kochende Wasser. Dies stellte die einzige Art von Sterilisation dar, die für uns möglich war. Und nur auf diese Weise konnten wir den Forderungen einer ungeduldigen, aufrührerischen und verlangenden Menschenmenge vor der Tür nachkommen.

Wie durch ein Wunder zeigten sich Behandlungserfolge. Schon bald wurden die offenen Geschwüre weniger; Zähne wurden gezogen, Babys zur Welt gebracht, Pfeilverletzungen versorgt. Einige Menschen konnten durch rechtzeitige Behandlung vor dem sicheren Tod bewahrt werden. Obwohl nicht jeder das so begehrte »Liiru« erhielt, war unsere medizinische Hilfe für die Bevölkerung ein Volltreffer.

Ein Geschenk für Priscilla

Ich erinnere mich an einen Vorfall etwa eine Woche nach unserer Ankunft in Kanggyme. Vor unserer Hütte hatte sich eine Abordnung von Männern versammelt; alle schienen ruhig und fröhlich. Jipagan, ein starker, muskulöser Mann führte die Gruppe an. Indem er seine großen Zähne blitzen ließ, deutete er auf ein Ferkel, wobei er wiederholt den Namen »patilak« aussprach. Wir fragten uns, was man uns damit sagen wollte und machten ihm deutlich, daß wir kein Interesse am Kauf eines Schweines hätten. Die Männer ließen sich jedoch nicht abschrecken; geduldig blieben sie weiter sitzen und warteten. Verblüfft baten wir John Dekker um Rat. Als er sich die Absichten der Männer angehört hatte, konnte er nur mit Mühe ein Lachen verbergen, was uns verständlich war, als uns der Zweck der Mission erklärt wurde.

»Man will euch dieses Schwein geben«, kicherte John, »ganz umsonst, ohne Bezahlung.«

Wir fühlten uns geschmeichelt. War dies nicht wirklich ein Zeichen von freundschaftlicher Verbundenheit? Unser Selbstbewußtsein stieg enorm. Aber warum kicherte John noch immer?

»In Wirklichkeit will man das Schwein eurer Priscilla schenken«, setzte John fort. Jetzt erst begannen wir zu verstehen. »Patilak« war der Name der Dani für Priscilla. Warum aber gerade Priscilla dieses Privileg erhalten sollte, war uns noch nicht klar. Endlich rückte John mit der Erklärung heraus.

»Priscilla soll es als Mitgift erhalten«, sagte John, indem er vergeblich versuchte, ernst zu bleiben. »Darum verlangen sie nichts dafür.«

Priscilla war gerade zwei Jahre alt.

Es war bei den Dani nicht ungewöhnlich, daß ein Mädchen schon bei der Geburt von geldgierigen Verwandten an einen älteren Mann verkauft wurde. Eine Anzahlung im Gegenwert von ein paar Schweinen reichte aus, um den Handel rechtsgültig zu machen. Sobald das Mädchen Anzeichen körperlicher

Reife zeigte, forderte der Käufer seinen Besitz ein, und eine endgültige Vereinbarung wurde getroffen.

»Nimm das Geschenk doch einfach an!« schlug mir John vor. Nach einem kurzen Wortwechsel übergab man mir das Schwein. John machte sich auf den Heimweg, um seine Sprachstudien fortzusetzen.

Etwa eine Stunde später bemerkte ich zu meiner Überraschung, daß die Männer immer noch da waren. Als sie auch nach zwei Stunden immer noch am gleichen Platz saßen, entschloß ich mich erneut, John zu konsultieren.

»Du könntest ihnen vielleicht eine kleine Stahlaxt geben«, meinte er. »Das wird ihnen zeigen, daß du ihr Geschenk anerkennst.«

Von den Männern hat wohl niemand auch nur ein Wort von dem verstanden, was ich zu ihnen sagte. Die Stahlaxt sprach eine deutlichere Sprache. Überglücklich nahmen sie sie in Empfang und waren binnen Minuten verschwunden. Eine Stahlaxt stellte ungefähr den Gegenwert für ein Schwein dieser Größe dar.

Angst

Einmal drängte sich ein älterer Mann an der Warteschlange zur Klinik vorbei. Während er von der eigenen Bedeutung voll überzeugt schien, wirkte er nach außen hin abstoßend und ungepflegt. Er trug den Stoßzahn eines Schweines in der Nase, eine Straußenfeder ragte aus dem Netz heraus, womit sein Haar umschlungen war, sein Armschmuck bestand aus Kauriemuscheln. Als er darauf bestand hereinzukommen, anstatt wie alle anderen draußen zu warten, warf ich ihn gewaltsam hinaus. Es stellte sich aber heraus, daß dieser Mann ein Häuptling war. Ohne sich zu widersetzen, ging er einfach weg.

Ich war durch diese ungewöhnliche Reaktionsweise beunruhigt. Was würde der Mann weiter tun? Schließlich war er nicht der einzige, der sich mir gegenüber so benommen hatte; ohne Streit, ohne Kampf, nur mit einem Funkeln in den Augen war er

Manchmal hatte ich wirklich Angst vor ihnen

davongegangen. Warum nur? Ich konnte keine Übereinstimmung finden zu dem gewaltsamen und streitsüchtigen Verhalten, das die Dani untereinander an den Tag legten. War es nicht ihre Gewohnheit, jeden Fremden, der ihr Tal besuchte, umzubringen? Gehörte ich bereits zu den Todeskandidaten, und sie warteten vielleicht nur auf eine günstige Gelegenheit? Meine Angst wurde immer größer.

Eines Nachts lag ich auf meinem Bett und konnte wie so oft nicht schlafen. Der kleine Schlafraum war pechschwarz. Vergeblich versuchten meine Augen in der alles einhüllenden Dunkelheit etwas zu erkennen: Ich konnte nicht einmal genau wahrnehmen, wo die Rindenwand aufhörte und das kleine Kunststoffenster begann. Wenn draußen wenigstens Straßenbeleuchtung gewesen wäre! Aber in dieses tiefe, verborgene Tal, das von rauhen Bergen umgeben war, kam von nirgends auch nur der Widerschein eines Lichts. Eine schwere Wolkendecke verhüllte den Himmel, man sah weder Mond noch Sterne. Das Haus war voll unheimlicher Geräusche. Das Aluminiumdach, gekühlt durch die linde Abendluft, ächzte, während es die ursprüngliche Form zurückzugewinnen versuchte. Die Holzkonstruktion stöhnte und knarrte. Als der Hund unter dem Haus sich bewegte, fuhr ich zusammen, denn ich war sicher, daß er jeden Moment Alarm schlagen würde. Ich hörte mein Herz pochen, während ich total verängstigt dort lag. In der dunklen Nacht hätte man unmöglich die Umrisse eines menschlichen Körpers erkennen können. Würden sie heute kommen? Waren sie nun bereit, Rache zu nehmen, weil ich sie manchmal so schroff behandelt hatte? Durch unsere begrenzten Sprachkenntnisse waren überdies Spannungen aufgetaucht.

Ganz abgesehen von meiner Todesangst, nagte die Sorge an mir, daß ich bald unter den vielfältigen Belastungen zusammenbrechen würde. Ich wußte, daß meine Tage als Missionar gezählt waren, wenn es mir nicht gelang, diese Angst zu überwinden. Ich würde mich als Versager erweisen, den die Angst schon am Anfang des Kampfes völlig überwältigt hat.

Noch schwieriger wurde die Situation für mich, als John und Helen Kanggyme vorübergehend verlassen mußten. Im ganzen

Gebiet waren Ruth, Priscilla und ich als einzige weiße Menschen zurückgeblieben. Unsere nächsten Mitarbeiter lebten ungefähr 25 km entfernt in Karubaga. Die einzige Verbindung zwischen den beiden Missionsstationen war ein schmaler, halsbrecherischer Bergpfad. Karubaga konnte sonst nur – vorausgesetzt es war Tag und das Wetter entsprechend – mit dem Flugzeug erreicht werden. Wenig Trost vermochte mir auch der Name unseres Aufenthaltsortes zu spenden: Wörtlich übersetzt heißt Kanggyme »Stätte des Todes«.

Während der Nachtstunden sagte ich mir immer wieder selbst vor, daß die Dani einen Angriff erst kurz vor der Dämmerung planen würden, weil auch sie die Dunkelheit fürchteten.

Aus diesem Grund lag ich Nacht für Nacht wach und wartete angespannt auf den Überfall im Morgengrauen.

Sehnsüchtig wünschte ich den Morgen herbei. Im hellen Tageslicht sah alles gleich ganz anders aus. Wie sich der Frühnebel auflöste, von dem die Berge eingehüllt waren, so verschwanden auch meine Ängste. Tagsüber mußte das Leben wie immer weitergehen.

Wir hatten als Familie die Gewohnheit, nach jeder Mahlzeit aus der Bibel zu lesen und zu beten. Am Mittwochabend hatten wir ein besonderes Programm. Sobald wir Priscilla ins Bett gesteckt hatten, kamen Ruth und ich zu einem Gebetstreffen mit Bibelstudium zusammen – das war wieder eine der seltsamen Sitten, die wir von jenseits des Ozeans mitgebracht hatten. Da wir keinen Prediger da hatten, hörten wir öfters Kassetten an. An einem bestimmten Mittwochabend machte der Vortragende eine Bemerkung über den »Geist der Knechtschaft«.[18] Diese Aussage traf mich. Denn einerseits bezeichnete ich mich als wiedergeborenen Christen, der überzeugt war, daß ihn der Sohn Gottes freigemacht hatte; auf der anderen Seite wurde ich von einer entsetzlichen Angst geplagt. Die Bibel nennt diese Angst Knechtschaft.

Als ich in den folgenden Nächten wiederum nach verdächtigen Geräuschen lauschte und nicht schlafen konnte, mußte ich immer darüber nachdenken. Am Ende entschloß ich mich, die ganze Angelegenheit Gott anzuvertrauen. Ich sagte Ihm, daß ich voll Angst war. Dann bat ich Ihn, mich davon zu befreien. – Genau das tat Er auch, und zwar augenblicklich. Ohne große Szenen oder Emotionen war meine Angst völlig verschwunden. In dieser Nacht schlief ich endlich wieder! Gott hatte auf wunderbare Weise wieder ganze Arbeit geleistet. Wie hätte ich sonst den Kraftproben begegnen können, die noch auf mich warteten?

Nabelan Kabelan

Die medizinische Hilfe stellte nur eine Möglichkeit dar, wie wir das Vertrauen der Bevölkerung gewinnen konnten. Andere Wege waren unsere anscheinend übernatürlichen Kräfte und unsere angeblichen Verbindungen zur Welt der Geister. Hatte uns denn nicht ein großer, eiserner Vogel ohne einen einzigen Flügelschlag vom Himmel, wo die Geister wohnten, heruntergeholt? Bevor wir bei den Dani angekommen waren, hatte man bereits unsere Flugzeuge beobachtet, wenn sie sich auf Erkundungsflügen befanden. Bald sah man in den Luftfahrzeugen böse Geister, die man für die hohe Säuglingssterblichkeit verantwortlich machte. Da wir aus dem Bauch eines dieser Ungetüme hervorgekommen waren, glaubten die Dani, daß wir Gewalt über Leben und Tod besäßen. Durch unsere erstaunlichen Erfolge mit dem »Liiru« verfestigte sich dieser Glaube immer mehr.

Dann waren da noch unsere regelmäßigen Unterhaltungen mit unseren Vorfahren im Himmel. Viele Leute hatten mit eigenen Ohren gehört, wie wir jeden Morgen um sieben Uhr unseren Funkempfänger einschalteten und der Missionsstation an der Küste Berichte durchgaben.

Wir empfingen auch Nachrichten von anderen Stationen oder gaben Informationen weiter. Man meinte, daß es die Stimmen unserer verstorbenen Väter wären, die aus der kleinen Zauberkiste dröhnten. Sie sagten uns, ob an diesem Tag wieder ein Vogel aus Eisen ankommen würde, wie das Wetter sich entwickelte und was sich in den umliegenden Gebieten abspielte. In der Regel hatten unsere Vorfahren mit unheimlicher Treffsicherheit recht.

Viel später, als die Mehrzahl der Eingeborenen Christen geworden war und die Vorstellung aufgegeben hatte, daß unserem Funkgerät Geister innewohnten, bestanden manche immer noch darauf, daß das Radio über alles Bescheid wußte.

Als wir schon drei Jahre bei den Dani verbracht hatten, kam einmal ein Gläubiger zu mir. Er war eine ruhige, angenehme

Persönlichkeit, der im Gegensatz zu vielen seiner Stammesangehörigen niemals viel Aufmerksamkeit in Anspruch genommen hatte. Jetzt aber drückte ihn ein Problem. Nach den üblichen Begrüßungsformeln legte er es mir dar: »Vor einiger Zeit erhielt ich von dir ein Messer. Aber irgendwie habe ich es verlegt. Ich habe schon überall gesucht, kann es aber nicht finden ...« Höflich fragte er daher: »Könntest du vielleicht dein Radio fragen, wo es ist?«

Leider konnte ich ihm seine Bitte nicht erfüllen. Enttäuscht ging er von mir weg. Warum wollte ich ihm denn nicht helfen, wenn ich doch nur einzuschalten und seine Frage vorzubringen brauchte?

Es war uns sehr wohl bewußt, daß wir mehr tun mußten, als die Menschen mit Technik und medizinischer Hilfe zu beeindrucken, wenn wir die uns anvertraute göttliche Botschaft weitergeben wollten. Aber auf welchem Weg? Wir mühten uns immer noch ab, die grundlegende Grammatik und den Wortschatz der äußerst komplizierten Sprache der Dani in den Griff zu bekommen. Wie aber sollten Begriffe wie Vergebung, Friede, Versöhnung, um nur einige zu nennen, vermittelt werden? Einerseits mußten wir für diese Begriffe erst die entsprechenden Ausdrücke in der Danisprache herausfinden, auf der anderen Seite suchten wir auch einen Schlüssel, irgendeine Lösung, wie wir an das geistliche Verständnis dieser Menschen herankommen konnten.

Die Heilige Schrift bestärkte uns, weiter zu suchen und zu lernen. Jesus gab uns den Auftrag: »Gehet hin!« Gleichzeitig versprach er uns auch: »Ich bin bei euch.« Und wenn der Apostel Petrus uns ermahnt, Christi Fußstapfen nachzufolgen, so kann man annehmen, daß er selbst es auch getan hat.

Genau wie wir vermutet hatten, so kam es auch. Missionare, die vor uns in benachbarte Täler vorgedrungen waren, hatten herausgefunden, daß es unter den Dani eine tiefe Sehnsucht nach etwas gab, das sie »Nabelan Kabelan« nannten. Bald erkannte man, daß hier der von Gott gegebene Schlüssel war, wie man die Herzen der Menschen ansprechen konnte. Sobald den Missionaren dies bewußt wurde, hörte sich die zu verkündende Botschaft ganz einfach an: »Jesus Christus kann euch das Geheimnis von Nabelan Kabelan offenbaren.« Aus den benachbarten Tälern, wo schon früher mit der Missionierung begonnen worden war als bei uns im Swart-Tal, kam die Reaktion unverzüglich: »Wer ist dieser Jesus Christus? Was möchte Er von uns?«

Bald kamen Missionare angrenzender Gebiete in unser Tal, um die gleiche Botschaft weiterzusagen. Einige bereits bekehrte Einheimische kamen mit und bestätigten eifrig: »Jesus Christus offenbart euch das Geheimnis von Nabelan Kabelan.« Vorher bestand zwischen den Dani des Swart-Tals und ihren Stammesgenossen in den umliegenden Tälern nur wenig bis gar kein Kontakt. Nun aber antworteten beide mit der gleichen, überwältigenden Begeisterung: »Wer ist Jesus? Was möchte Er von uns?«

Auf diese Weise breitete sich die Nachricht von Nabelan Kabelan rasch durch die Täler aus.

Was aber bedeutet »Nabelan Kabelan«? Es gibt mehrere Versionen; hier gebe ich wieder, wie die Geschichte mir einige Jahre später erzählt wurde.

Ich saß mit ungefähr einem Dutzend Männern auf dem Fußboden einer Danihütte. Einige lehnten sich bequem an die rohen, von Hand gefertigten Holzwände. Andere versammelten sich um die kleine Feuerstelle, die sich in der Mitte befand. Während die Flammen flackerten und knisterten, war die Luft erfüllt vom beißenden Geruch des Rauchs und der Ausdünstung menschlicher Körper. Einzelne unterhielten sich mit gedämpften Stimmen. Draußen goß es in Strömen. Durch die offene Tür konnte man andere Hütten sehen, von deren spitzen Grasdächern gemächlich Ringe blauen Rauchs aufstiegen.

Ich hatte mich an diese Art von Zusammenkünften schon gewöhnt. Irgend jemand war immer so freundlich, mir einen Stein oder ein Stück Holz als Sitzplatz anzubieten. An einem Abend forderte ich den neben mir sitzenden Mann auf: »Erzähle mir doch noch einmal von Nabelan Kabelan!« – Ich erkannte, wie die Gesichter der versammelten Männer gleichsam aufleuchteten, während die Gespräche verstummten. Die Dani besaßen eine Vorliebe dafür, Geschichten und Erinnerungen zum besten zu geben.

Einer räusperte sich.

»An yikit-e?« fragte ein junger Mann. »Soll ich davon erzählen?«

»Yooru«, stimmten die anderen zu. »Du erzählst es.«

Obwohl noch ein Jüngling, war sein Gesicht bereits vom Kampf gezeichnet. Ein Auge war durch einen Pfeil zerstört worden. Aber das gesunde Auge sprühte vor Freude. Noch einmal räusperte er sich, dann begann er.

»Men …« So fing immer jede Erzählung, jeder Bericht an. Auf diese Weise konnte der Redner sich noch einmal kurz auf seine Gedanken besinnen, während er wartete, daß die Zuhörer ganz ruhig wurden.

»Men … Nabelan Kabelan wone ji aret.« – »Dies ist die Erzählung von Nabelan Kabelan. Wir waren immer hervorragende Krieger …« – Diese Einleitung fand unter einigen älteren Männern gemurmelte Zustimmung. Ein Jüngerer kicherte, er dachte wohl an die Kämpfe der letzten Zeit.

»Men … durch die Kämpfe wurden viele verwundet und getötet. Es starben so viele Männer, daß fast keine mehr übrig waren, um neue Gärten anzulegen oder Feuerholz zu sammeln.«

Ich mußte zu den glücklicheren Kriegern blicken, die um mich herum saßen. Auch ihre Körper waren zum Teil mit schlimmen Narben über-

Meiner erster Gärtner Jimbagan

sät. Wie oft schon hatte ich mitgeholfen, eine abgebrochene Pfeilspitze aus einem Körperteil zu entfernen.

»Men ... aber nicht nur Männer starben. Viele Frauen starben an Geburten.« Ich wußte, wovon er sprach. Einmal war ich ganz entsetzt, als eine Frau, die nahe an der Geburt war, von einigen kräftigen Burschen hochgehoben und anschließend durchgerüttelt wurde, um die Geburt zu beschleunigen. Gelegentlich hatte ich auch – unter nicht gerade hygienischen Umständen – bei Entbindungen mitgeholfen. Anfangs brachte man mich etwas in Verlegenheit, wenn glückliche junge Mütter auf mich zeigten und jedem, der es wissen wollte, stolz erzählten: »Es ist sein Baby!«

»Men ... sehr viele Babys starben bei der Geburt. Von den Überlebenden starben viele, als sie noch sehr klein waren.«

Wieder hatte er recht. Das Einäschern eines totgeborenen Babys zusammen mit der Plazenta im Freien vor der Hütte war nicht viel mehr als eine Routineangelegenheit. Man gab Kindern aufgrund der hohen Sterblichkeit erst einen Namen, wenn sie einige Monate alt waren.

»Men ... es gab so viele Krankheiten.«

Wie zur Bekräftigung dieser Aussage antwortete einer der älteren Männer mit einem Husten, der nach einer Lungenentzündung klang.

»Wir suchten daher nach einem Ausweg. Wir hatten Angst vor dem Tod und hätten ihn gerne abgeschafft. Nicht sterben, sondern für immer leben, das wollten wir.«

Nun war das Stichwort gefallen: Nabelan Kabelan – ewiges Leben – das wollte man erlangen.

»Men ... wir wußten nicht, wie wir Nabelan Kabelan bekommen konnten. Unsere Väter hatten uns erzählt, daß die Schlange das Geheimnis des ewigen Lebens kannte. Denn fanden sie nicht von Zeit zu Zeit abgestreifte Schlangenhäute? Waren diese nicht Beweis genug, daß die Schlange starb und in einer anderen Gestalt weiterlebte? – Aber es gab noch ein weiteres Problem.«

Nigitwariyak, der Erzähler, machte eine kurze Pause. Man hatte den Eindruck, daß er nur mit Widerwillen weitersprach. Aber die älteren Männer drängten ihn.

»Men ... das Problem bestand darin, wie man der Schlange ihr Geheimnis entlocken könnte. Wir warteten und warteten. Aber die Schlange kam nicht.«

Die Zuhörer waren von der Erzählung, die sie zwar gut kannten, die aber immer wieder aufs neue ihre Faszination ausübte, völlig gefangengenommen. Ihre Gesichter spiegelten auf einmal etwas von der Qual wider, die sie durchlebt hatten, während sie warteten und darauf hofften, daß die Schlange kommen würde. Die Schlange aber war niemals gekommen.

Nigitwariyak setzte fort: »Unsere Väter, die immer wieder dem Tod ins Auge sehen mußten, versuchten Gründe herauszufinden, warum die Schlange das Geheimnis von Nabelan Kabelan nicht mitteilen wollte. Sie erkannten, daß Schlangen sehr scheu waren und nur selten in die Nähe der Hütten kamen. Auch im Dschungel glitten sie sofort davon, wenn sie Schritte wahrnahmen. Die große Scheu der Schlangen stellte jedoch nicht das einzige Problem dar. Aus irgendeinem Grund nahmen unsere Väter an, daß sich die Schlangen vor dem ›pirigobit‹ fürchteten.«

Für die in der Hütte versammelten Männer bedurfte es keiner weiteren Erklärung. Pirigobit war ein kleiner, schwarzweißer Vogel, ungefähr so groß wie ein Spatz und ebenso häufig.

»Mit seinem ständigen Gezwitscher verschreckte Pirigobit die Schlange und verhinderte damit, daß sie das Geheimnis von Nabelan Kabelan weitergab. Wir versuchten daher, so viele Pirigobit zu töten wie möglich, aber immer waren noch etliche übrig.«

»E-o«, unterbrach einer, »ich hatte die Gewohnheit, viele von ihnen umzubringen, indem ich sie fing, mit Gewalt ihren Schnabel aufriß und einen Stecken in ihren Hals stieß, damit ihr Zirpen für immer zu Ende wäre.« – Fast entschuldigend ergänzte er: »Wir taten diese Dinge einfach aus Unwissenheit.«

Nigitwariyak wartete geduldig, bis der ältere Mann mit seiner Rede fertig war, bevor er den Faden der Erzählung wieder aufnahm.

»Men ... die Schlange hat uns nie das Geheimnis von Nabelan Kabelan mitgeteilt. Aber – hier wandte sich der Erzähler an

Die Schlange hat uns nie das Geheimnis von Nabelan Kabelan mitgeteilt

mich – ihr weißen Leute seid gekommen, habt unsere Sprache gelernt und uns gesagt, daß Jesus Christus das Geheimnis von Nabelan Kabelan kennt. Ihr habt gesagt, daß Er es auch uns geben möchte. Was wäre nur aus uns geworden, wenn ihr nicht gekommen wäret?«

Die Bewohner des Swart-Tals waren einstmals von Aberglauben und Ängsten beherrscht worden. Die Überzeugung, daß Jesus Christus in Wahrheit das Geheimnis von Nabelan Kabelan innehat, öffnete nun bald die nötigen Türen zur Verkündigung des Evangeliums. Nachdem wir selbst ebenso wie die Dani erkannt hatten, daß die von uns verkündete gute Nachricht mit ihrer Suche nach Nabelan Kabelan aufs innigste zusammenhing, verbreitete sich der Name Jesus Christus wie ein Lauffeuer.

Diese Situation fanden wir bei unserer Ankunft vor. Die Bevölkerung im Swart-Tal betrug damals etwa 25.000 Menschen. Die ersten sechs Monate verbrachten wir in Kanggyme. Die Missionskonferenz wies uns dann Mamit zu, wohin wir am 26. April 1962 übersiedelten. Als einziges Missionarsehepaar arbeiteten dort Frank und Betty Clarke, die aus Australien stammten. Tapfer hielten sie über zwei Jahre lang allen Härten und der Einsamkeit einer alleinstehenden Missionsstation stand.

Wir waren sehr bewegt, mitzuverfolgen, wie die Dani allmählich aus der Dunkelheit in das herrliche Licht von Nabelan Kabelan hervortraten und durften Augenzeugen sein, wie in vielerlei Hinsicht eine Wiederholung dessen stattfand, was uns in der Apostelgeschichte vom Leben und von den Erfahrungen der Urkirche berichtet wird.[19]

Feuer der Liebe

Die Gottesdienste unterschieden sich deutlich von jenen, welche die »Grace Church« in Ridgewood, New Jersey, abzuhalten pflegte. Wie gerne war ich dort dabei gewesen! Die im Kolonialstil erbaute Kirche mit dem spitzen, schwarzen Turm, der abends beleuchtet wurde, wirkte immer einladend. Wenn man durch die weit geöffneten, weißen Türen hereinkam, fühlte man sich gleichfalls willkommen, so etwas wie Vorfreude kam auf. Beim Eingang standen freundlich lächelnde Platzanweiser, die gefällig gestaltete Gemeindenachrichten verteilten. Schwere, rote Teppiche wiesen den Weg zu makellos sauberen, in beige gehaltenen Sitzreihen, wo Gesangbücher mit Goldprägung aufgelegt waren. Leise Orgelmusik vor dem Gottesdienst lud zu stiller Andacht ein. Wenn dann Reverend Marshall auf der Kanzel

Die Gottesdienste waren völlig anders als in Europa oder Amerika

stand, konnte man mit einer würdevollen, herzbewegenden Predigt rechnen.

Ein heftiger Stich in meinem rechten Arm riß mich aus meinen Träumereien heraus. Instinktiv schlug ich auf meinen Arm und tötete damit das Insekt, das den Schmerz verursacht hatte. – Ich befand mich wieder in einem Gottesdienst bei den Dani. Um mich herum auf dem Boden saßen mehrere hundert Personen, deren verschwitzte Gesichter in der Sonne glänzten. Babys schrien, kleine Kinder waren ganz vertieft, sich gegenseitig die Läuse herauszuklauben.

Diese Gottesdienste dauerten meistens stundenlang und waren oft genug eine Nervenprobe. Über der ganzen Menschenmenge hing wie eine schwere, erstickende Hülle der Geruch von ungewaschenen, schweißgebadeten Körpern. Zu meiner Erleichterung war es mir gelungen, einen Felsbrocken ausfindig zu machen, auf dem ich sitzen konnte. So befand ich mich etwas über den anderen erhöht und konnte gelegentlich etwas von der frischen Luft, die weiter oben wehte, einatmen.

Einer der Einheimischen hatte die Botschaft des Evangeliums in groben Zügen wiedergegeben. Nun sollte ich etwas von den Grundsätzen darlegen. Es kam mir ein bißchen wie ein Scherz vor, denn ich kannte die Sprache noch so wenig! Zum Glück hatte ein Vorgänger ein paar Konzepte grundlegender Glaubenslehren hinterlassen.

»Wir werden uns mit der Schöpfungsgeschichte befassen«, kündigte ich an, indem ich mich erhob. »Alle wiederholen: Unser Schöpfer im Himmel ist gut.«

Gehorsam kam es hundertfach von den Lippen: »At wakkagak mbogut paga obeelom wonage – o.«

»Er hat uns erschaffen.«

»Nit wakkagagerak.«

In fünfzehn kurzen Sätzen erarbeiteten wir einige der grundlegenden biblischen Lehren. Nachdem wir die Lektion auf diese Weise mehrere Male durchgegangen waren, fragte ich: »Wer kann das Ganze noch einmal wiederholen?«

Ein junger Bursche mit Namen Nggurimban stand auf. Sein Gesicht drückte eine Mischung von Stolz und Selbstvertrauen aus. »At wakkagak mbogut paga obeelom wonage – o«, begann er. »An yikit – o« – »Ich werde es sagen.«

Er erhob seine rechte Hand und streckte die Finger aus, mit der linken bog er den kleinen Finger um und zeigte damit an, daß er den ersten Satz erfolgreich zu Ende geführt hatte. Nach Beendigung des zweiten Satzes wurde der Ringfinger umgebogen. Als alle zehn Finger nach unten zeigten, aber noch einige Sätze übrig waren, lieh sich Nggurimban die Hand eines anderen Zuhörers aus. Ohne zu stocken konnte er die gesamte Lektion wiedergeben. Nicht jeder besaß eine so rasche Auffassungsgabe.

Wir beendeten den Gottesdienst, indem wir die Sätze noch einige Male wiederholten. Langsam ging die Menge auseinander. Am Abend drängten sich noch kleine Gruppen um die Feuerstellen in den Hütten. Nach einer langen Zeit eintönigen Gesangs schlug jemand vor, das Gelernte noch einmal durchzubesprechen, und wer dazu fähig war, sollte etwas beitragen.

»Ich habe mir gemerkt, daß Jesus an unserer Stelle gestorben ist«, meldete sich beispielsweise eine Frau, wobei ihr Gesicht einen zufriedenen Ausdruck annahm. »Recht gesprochen, meine Schwester«, antwortete dann ein älterer Mann. »Recht gesprochen. Aber dieser Teil kommt später.«

So waren alle eifrig mit der Rekonstruktion beschäftigt. Geduldig versuchten sie, die Teile des Puzzles wieder zusammenzusetzen, deren Ganzes eine biblische Erzählung ergeben sollte. Meistens war es schon spät am Abend, bis die gesamte Geschichte richtig zusammengestellt war. Am Ende sagte einer das Ganze noch einmal auf, wobei er nach jedem fertigen Satz einen Finger nach unten bog. Beim nächsten Gottesdienst gelang es dann schon einigen mehr, die Schöpfungsgeschichte wiederzugeben.

Mitunter erschien uns alles vergeblich. Unsere Sprachkenntnisse waren nach wie vor völlig unzureichend, die Einheimischen begriffen nur wenig. Ihre Wißbegierde aber machte vieles wett. Sie waren auf dem richtigen Weg. »Denn das Wort Gottes ist lebendig und wirksam und schärfer als jedes zweischneidige Schwert und durchdringend bis zur Scheidung von Seele und Geist, sowohl der Gelenke als auch des Markes, und ein Richter der Gedanken und Gesinnungen des Herzens«, heißt es in der Bibel.[20] Dieses Gotteswort tat seine Wirkung in den menschlichen Herzen.

»Wir waren uns nicht bewußt, daß Gott uns erschaffen hat«, bekannte Tupuwarijak, als wir einmal auf dem Boden beisammen saßen. Andere Stämme besaßen ganz phantastische Glaubensvorstellungen darüber; die Dani aber hatten einfach angenommen, ihr Volk habe schon immer existiert. Falls es einen Anfang gab, dann lag dieser zu weit zurück, als daß man sich darüber Gedanken gemacht hätte.

Die Freude war groß, als sie erfuhren, daß es möglich war, zu dem allmächtigen Gott eine persönliche Beziehung aufzubauen. »Denn Gott liebt uns!« Der Mann, der diese Worte sprach, strahlte übers ganze Gesicht, man konnte daran erkennen, daß er bereits etwas vom Wunder dieser göttlichen Liebe begriffen hatte.

»So ist es – Gott sandte Jesus, der an unserer Stelle gestorben ist«, warf Nigitandok ein. Er war ein Knabe von ungefähr vierzehn Jahren – wie alt jemand war, konnte man bei den Dani nie genau sagen. Sonst war er etwas schwer von Begriff, doch diese Wahrheit hatte sich tief in ihm eingewurzelt. Auch später blieb Nigitandok ein treuer Christ und wurde entgegen allen Erwartungen ein hingegebener, wagemutiger und erfolgreicher Missionar im östlichen Hochland. Sogar als er sich einer ernsthaften Todesdrohung gegenübersah, ließ er sich in seinem Glauben nicht irremachen.

»Liebt Gott wirklich alle von uns?« fragte ein anderer zögernd.

Ein Nachbar bestätigte dies.

»Aber unsere Feinde kann Er nicht lieben! Sie sind schlechte Menschen!«

Es bedurfte einiger Überzeugungskraft von mir, deutlich zu machen, daß Gott die Feinde ebenso liebt und nicht nur sie böse sind. Nach einiger Zeit aber drang diese Wahrheit langsam durch. Die Folgen waren ganz außergewöhnlich:

»Wenn Gott die Feinde erschaffen hat und sie liebt, dann sind wir schlechte Menschen«, sagte jemand. »Gott liebte unsere Feinde, aber wir haßten sie. Gott hat sie erschaffen, aber wir haben sie umgebracht.«

Für viele Dani war diese Erkenntnis ungeheuer und löste Bestürzung aus. Kämpfe zwischen einzelnen Stammesgruppen zählten bisher zu den Hauptbeschäftigungen. Sie versprachen Aufregung, vergleichbar mit sportlichen Aktivitäten im westlichen Lebensstil. Die Anzahl der von jeder Partei getöteten Personen wurde wie nach einem Punktestand gezählt. Wenn eine Gruppe mit 0:1 im Rückstand lag, so war dies Grund genug, einen neuen Kampf anzusagen. Gleichfalls war ein Punktestand von 1:1 für beide Parteien ganz und gar unerträglich. Aus diesem Grund wurden Kämpfe häufig und mit Vehemenz ausgetragen. Die Zahl der Opfer blieb niemals über längere Zeit gleich. »Wir sind immer schon ein Volk von Kämpfern gewesen«, erklärte einer von ihnen.

Unerwartet stand Lemengga auf, womit er anzeigte, daß er etwas Wichtiges zu sagen hatte. Lemengga war mir eine Zeit lang bei Arbeiten rund ums Haus behilflich gewesen. Er war bereitwillig und fleißig, jedoch nicht von rascher Auffassungsgabe. Seine Gesichtszüge zeigten die Schwerfälligkeit seines Denkens.

»Ich habe viele Menschen umgebracht«, bekannte er freiwillig, erhob seine knotige Hand und bog jeweils einen Finger um für jeden Feind, den er ermordet hatte. Als er das mit sieben Fingern getan hatte, verfiel Lemengga in Schweigen. Verwirrt blickte er auf die zu seinen Füßen sitzenden Männer. Es war nichts Außergewöhnliches, sieben Menschen getötet zu haben; man hatte Lemengga verehrt, weil er stets kaltblütig und ohne die geringste Angst in den Kampf gezogen war. Das einzige, worauf er bisher stolz sein konnte, war die Zahl seiner getöteten Feinde. Auf einmal aber begannen die anderen zu sagen, daß Töten etwas Verwerfliches sei. Lemengga war völlig durcheinander.

Schließlich aber konnte Lemengga begreifen, worum es ging. Bei einer späteren Gelegenheit stand er noch einmal in der Öffentlichkeit auf – was gar nicht seiner zurückhaltenden Persönlichkeit entsprach – und zeigte wieder mit sieben Fingern zum Boden.

»Ich habe alle diese Menschen getötet«, sagte er traurig. »Ich habe Menschen umgebracht, die Gott erschaffen hat und die Er liebte.« Lemenggas Stimme bebte, eine Träne rollte über seine gerötete Wange.

Zwar zogen sich die genannten Entwicklungen über einen längeren Zeitraum hin, die Dani waren aber sehr schnell und auch radikal in der Weise, Konsequenzen aus der neuen geistigen Haltung zu ziehen. Ihre Geradlinigkeit und ihr Mut stellten oftmals den Glauben der Missionare auf die Probe. Sie argumentierten ungefähr so:

»Wenn Gott unsere Feinde ebenso liebt wie Er uns liebt, dann wollen wir sie nicht mehr töten. Wenn wir nicht mehr töten, brauchen wir unsere Pfeile und Bögen nicht mehr, und weil wir sie nicht mehr brauchen, wollen wir sie verbrennen.«

Ich war nicht bei der ersten, sondern erst bei einer späteren Verbrennung dabei, diese aber ist mir noch immer in lebhafter Erinnerung.

Die entsetzliche Monotonie des Stammeslebens war durchbrochen worden, als Bezeichnungen für Tage und Monate eingeführt wurden. Die Verbrennung der Waffen sollte an einem Sonntag stattfinden. Man konnte beobachten, wie sich aus allen Richtungen Menschengruppen über schmale Bergpfade herab auf die Missionsstation zu bewegten. Jeder Mann trug seine eigene Kampfausrüstung: Bogen, Pfeile, bis drei Meter lange Speere, Oberkörperschutz aus gewebtem Bambus, verzierte Schilder, aus Knochen gefertigte Dolche. Knaben halfen mit Begeisterung, die Ausrüstung herbeizuschleppen.

Schließlich bildeten die Waffen alle zusammen einen riesigen Berg, so hoch wie ein sehr großes Zelt. Die Leute nahmen im Kreis darum Platz. Stille trat ein, als den Dani bewußt wurde, welch einmalige Begebenheit die Verbrennung der Waffen in der Geschichte ihres Stammes darstellen würde. Man war niemals fähig gewesen, einem Menschen zu vertrauen, weil man stets Angst haben mußte, daß man sie im Hinterhalt töten könnte. Jetzt bewiesen sie, daß sie ihr Vertrauen ganz auf Jesus Christus setzten, indem sie ihre Waffen Ihm auslieferten. Weil Er über das Geheimnis von Nabelan Kabelan verfügte, hatten sie nichts mehr zu befürchten.

Ein einheimischer Häuptling stand auf und hielt eine kurze Ansprache. Ein leises Wogen ging durch die Menge, als ein Mann aus einer nahegelegenen Hütte mit einem brennenden Ast in der Hand herauskam und den riesigen Scheiterhaufen in Brand setzte. Binnen Minuten begannen die ausgetrockneten Materialien zu knistern und entzweizubrechen. Ein leichter Wind fachte die Flammen zusätzlich an. Als dem prasselnden Feuer dicke Rauchschwaden entstiegen, begannen einige zu singen, erst zögernd, wie eingeschüchtert vom heulenden Feuer, dann aber brach der Bann, und der Gesang schwoll auf volle Lautstärke an – ein Lied zum Ruhm dessen, der diesen beeindruckenden Wendepunkt im Leben der Stammesangehörigen herbeigeführt hatte:

»Wa Yetut, ninabuwa-nen ...« – «Danke, Jesus, daß du uns liebst. Danke, Jesus, daß du für uns gestorben bist. Danke, Jesus, daß du auferstanden bist. Danke, Jesus, daß du wiederkommst ...«

Nach jedem Vers, den einer vorsang, antwortete die ganze Versammlung mit einem immer kräftiger werdenden »Wa, Yetut«. Danke, Jesus!

Die letzte Glut war ausgegangen. Da kehrte ein neues Denken in die Herzen der »Ala apuri«, der »Söhne Gottes« (so hatten sie sich selbst genannt) in diesem lange vergessenen Tal ein. Es war großartig und erschreckend zugleich, zudem von so simpler Logik, daß es nur von oben gekommen sein konnte. Die Entwicklung der Dani-Gemeinden wurde auf Jahre hinaus davon beeinflußt.

Alte Leidenschaften

Daß die Dani den Glauben ernst nahmen, zeigte sich in vielen Bereichen. Die Waffen waren verschwunden, das Verhalten der Menschen hatte sich verändert. Aber man konnte auch nicht zuviel auf einmal verlangen. Vieles mußte durch Unterweisung und durch Beispiel noch klargelegt werden. Manchmal flackerte eben das alte Temperament auf.

Nicht lange nach einer (Waffen)-Verbrennung in Kanggyme lag Ärger in der Luft. Ein als Haustier gehaltenes Schwein war in den Garten eines anderen Mannes eingedrungen und hatte Verwüstungen verursacht. Zur Vergeltung hatte dieser Mann das Schwein getötet. Dadurch war ein ziemlicher Aufruhr entstanden, denn zum einen hätte er gar keinen Bogen und Pfeile besitzen dürfen, obwohl für die Jagd auf die Schweine andere Bögen verwendet wurden als zur Kriegsführung.

Das nicht gerade sehr christliche Verhalten, das Schwein zu töten, hatte ebenso wenig christliche Rachegelüste zur Folge.

John Dekker und ich eilten herbei, um uns ein Bild von der Lage zu machen, die bereits äußerst gespannt war. Überall hatten sich kleine Gruppen von Männern zusammengetan. Man vermißte die übliche, fröhliche Stimmung. Mit verhaltenen Stimmen wurde das weitere Vorgehen diskutiert.

Auf einmal stieß ein Mann eine Drohung oder Beleidigung aus, die anderen in der Gruppe johlten zustimmend. Damit war das Ende aller Zurückhaltung gekommen, die Stimmen wurden lauter und wütender. Die Beschimpfung wurde in gleicher Weise retourniert. Da keine Pfeile und Bögen vorhanden waren, begannen die Männer Steine aufzuheben, um den Streitfall zu klären. Die Lage wurde immer bedrohlicher. Wie in früheren Tagen forderten sich die Männer gegenseitig heraus, indem sie hin- und herliefen. Das war bei ihnen stets das Vorspiel zum Kampf.

Wir brauchten nicht viel Überlegung, um zu wissen, was wir zu tun hatten. John stellte sich zu der einen Partei, ich zu der anderen.

»Legt die Steine nieder!« befahl ich streng, doch niemand rührte sich. Ich trat direkt auf einen jungen Mann zu, sah ihm ins Gesicht und sagte noch einmal: »Leg die Steine nieder!«

Da plumpsten die Steine zu meinen Füßen nieder, ich ging zum nächsten weiter: »Leg die Steine nieder!« Da der Mann zögerte, wiederholte ich meine Aufforderung. Zögernd ließ er einen Stein nach dem anderen los.

Häuptling Joly aus Kanggyme mit Schweinestoßzahn in der Nase

In diesem Augenblick entfernte sich ein Mann namens Joly von meiner Gruppe und lief auf die anderen Männer zu, die John soeben entwaffnen wollte. Joly war ein freundlicher Mensch und hatte es übernommen, auf unsere Familie aufzupassen. Wenn sich zu viele Leute um uns drängten, gelang es ihm zumindest zeitweise, sie zu zerstreuen. Als Belohnung für diese Dienste hatte er durchscheinen lassen, daß er mit uns ins Haus einziehen wollte.

Aber im Augenblick schien ihm sein eigenes Anliegen wichtiger. Ich lief ihm nach und versuchte ihn einzuholen, indem ich meinen Arm um seinen Nacken schlang, teils um ihn zu stoppen, teils um seine Aufmerksamkeit zu gewinnen. »Joly, warte! Das ist nicht, was Jesus von dir möchte!« Etwas anderes fiel mir im Moment nicht ein. Joly blieb nicht stehen.

»Joly, das ist nicht, was Jesus von dir möchte! Leg sofort die Steine weg!«

Endlich hatte er mich verstanden. Joly bremste ab und ließ die Steine fallen. Es war keine Minute zu früh.

Einer von Jolys Leuten war ebenfalls losgelaufen und zeigte keinerlei Absicht einzulenken. Es blieb auch ohne Erfolg, als ich ihn mit meinem Arm zu fassen bekam. Mit unverminderter Geschwindigkeit raste er auf die Männer der anderen Gruppe zu. Ganz spontan ergriff ich seinen langen, gelben Flaschenkürbis – da zerbrach die spröde Schale in meiner Hand. Eine Stimme vom Himmel hätte nicht gewaltiger sein können. Als der Mann bemerkte, was geschehen war, versuchte er sogleich, mit beiden Händen seine Blöße zu bedecken, wobei er seine Munition fallen ließ.

Nun erst beruhigten sich die erregten Gemüter, und dem Kampf ging die Luft aus. Noch mehrere Schlichtungsversuche waren nötig, dann wurde eine Einigung erzielt. Das Unheil war noch einmal abgewendet worden.

Gefährliche Ankündigung

»Men ... wir wollen mit euch reden.«

Einige einheimische Häuptlinge hatten sich beim Wohnhaus der Clarkes in Mamit versammelt. Wie zumeist, wurden sie von unzähligen neugierigen Stammesangehörigen begleitet. Frank hieß die Delegation in seinem Hinterhof willkommen, wo sich alle auf den Boden setzten.

Der Sprecher hielt sich so kurz wie möglich. »Wir wollen zu unseren Feinden gehen«, kündigte er an.

Frank Clarke war entsetzt. Oft genug hatte er Kampfverletzungen versorgt; er hatte miterlebt, wie Pfeilspitzen tief in menschliche Körper eingedrungen waren und qualvolle Schmerzen sowie gefährliche Infektionen verursachten. Trotz alledem versuchte er jetzt, die Ruhe zu bewahren.

»Weshalb, meine Freunde?« fragte er freundlich. Es machte ihn traurig, daran zu denken, daß ein solcher Schritt das neue geistliche Leben des Tales in Gefahr bringen könnte. »Warum wollt ihr zu euren Feinden? Sie sind ja nun keine Feinde mehr, denn Gott hat sie erschaffen und liebt sie, wie er auch euch erschaffen hat und liebt.«

Es schien, als ob alle Häuptlinge zugleich antworten wollten, indem sie Franks Appell übertönten.

»A lek-o nore!« – »Nicht so, mein Freund!« unterbrach wieder der Sprecher, wobei sein dunkles Gesicht vor Freude strahlte. »Men ... wir möchten zu unseren Feinden gehen, aber nicht, um sie zu töten. Wir wollen ihnen erzählen, daß Gott sie erschaffen hat und sie liebt. Sie müssen es einfach erfahren, daß Jesus Christus ihnen das Geheimnis von Nabelan Kabelan zeigen möchte.«

Frank wußte sehr wohl, daß die Sprache der Dani äußerst verzwickt und kompliziert war, er mußte sich also wohl verhört haben.

»Meine Ohren haben nicht richtig gehört, mein Freund«, antwortete er daher. Geduldig wiederholte man ihm die Botschaft. Man konnte Frank nicht so leicht aus der Ruhe bringen, aber die soeben überbrachte Botschaft nahm ihm fast den Atem. »Zu euren Feinden?« fragte er ungläubig. »Zuerst habt ihr eure Waffen verbrannt, und jetzt wollt ihr zu euren Feinden ziehen? Sie werden euch alle umbringen, sobald ihr in Reichweite seid!« Ohne es zu bemerken, war seine Stimme lauter geworden. Die Häuptlinge waren nun auch ein wenig verwirrt.

»Aber ... unsere Feinde sind schlechte Menschen«, sagte einer von ihnen. »Weil sie böse sind, müssen sie das ewige Feuer erleiden. Doch Jesus liebt sie. Und das ist der Grund, warum ... wir sie auch lieben.«

»Nggenanibaga«, setzte ein anderer fort, indem er Frank mit seinem Dani-Namen anredete, »du hast uns gesagt, wenn wir sterben, werden wir sogleich in Gottes Garten kommen.« Es gibt in der Sprache der Dani nämlich keinen Ausdruck für »Himmel« oder »Hölle«. »Vielleicht werden uns unsere Feinde umbringen. Vielleicht werden wir alle sterben. Aber was soll es? Wir werden ja dann in Gottes Garten sein!«

Alle lächelten zustimmend; man malte sich herrliche Zukunftsvorstellungen aus, die schon bald zur Wirklichkeit werden könnten.

Frank erkannte, daß eine Diskussion zwecklos war. Das Gespräch war zu Ende, er konnte sie nicht zurückhalten. Einer der Männer erhob sich.

»Nawi o«, sagte er. »Wir gehen.« Aber seine Worte kündigten etwas von weitaus größerer Tragweite an, als daß sie nur bedeutet hätten, Nggenanibagas Hinterhof zu verlassen.

Kurze Zeit später brachen sie auf – möglicherweise die ungewöhnlichste Evangelistenschar, die je in die Mission gezogen war. Ich war noch nicht dabei, als diese erste Missionsreise stattfand, später aber durchquerte ich oft den Pfad, den sie gegangen waren. Die Geschichte wurde mir so oft erzählt, daß ich mir lebhaft vorstellen kann, wie alles vor sich ging.

Die friedliche Gruppe wanderte mit leisem Gesang von der Missionssiedlung fort. Vom Äußeren her sahen sie nicht viel anders aus als noch Jahre zuvor. Die Männer hielten ihr Kopfhaar mit Netzen zusammengebunden, viele trugen Stoßzähne von Schweinen, die man durch die Nasenscheidewand gebohrt

Dani in traditioneller Aufmachung

hatte. Ruß und Schweineschmalz waren Bestandteile des üblichen »Make-up«. Die Männer waren nackt bis auf einen langen, gelben Flaschenkürbis, um ihre Geschlechtsteile zu bedecken. Kinder waren bei den Dani völlig unbekleidet, die Frauen trugen Reifröcke, die man aus Baumrinde fertigte.

Der Pfad führte steil zum Fluß Toli hinunter. Der mühsame Abstieg und die Aufregung des Augenblicks ließen den Gesang bald verstummen. Nichts war mehr zu hören als der gedämpfte Rhythmus einiger Dutzend bloßer Füße, die leichthin den steilen Weg hinuntertrippelten.

Ungefähr nach der halben Wegstrecke bergab kam die Gruppe bei einer kleinen, jedoch strategisch wichtigen Kuppe zum Stillstand. Sie befand sich ungefähr auf der gleichen Höhe wie die feindliche Siedlung jenseits des Flusses. Wenn Krieg geführt wurde, dann war dieser Hügel der Platz, von dem aus der Feind herausgefordert und wüst beschimpft wurde. Man lenkte zunächst mit einem durchdringenden Schrei die Aufmerksamkeit auf sich und rief dann mit dröhnender Stimme über das stille Tal:

»Heute werden wir euch erwischen. Wir sind gekommen, euch zu töten. Wir werden eure Häuser anzünden und eure Frauen rauben. Eure Schweine werden wir schlachten.«

Zur Antwort bewiesen alle Anwesenden ihre Zustimmung, indem sie rasend auf und ab sprangen, johlten und brüllten. Dann lief man den Hügel hinunter, setzte über den Fluß und stürzte auf der anderen Seite hinauf, um eine Konfrontation mit dem Feind herbeizuführen.

Als die selbsternannten Evangelisten und ihre Gefolgschaft den kleinen Hügel erreichten, wurde ihnen klar, daß sie, wie sonst auch, ihr Kommen ankündigen sollten.

»Kum yikit a?« schlug Aganggen vor, ein stämmiger kleiner Bursche mit einem runden Gesicht, braunen Augen und einer sehr kräftigen Stimme. »Soll ich ihnen sagen, daß wir auf dem Weg zu ihnen sind?«

Die anderen nickten zustimmend. Der nun folgende Schrei wäre nichts Ungewöhnliches gewesen, die darauf folgende Botschaft aber war es. Mit höchster Stimme rief Aganggen:

»Wir sind heute nicht gekommen, euch umzubringen. Wir wollen euch eine gute Nachricht bringen, denn wir haben das Geheimnis von Nabelan Kabelan gefunden. Wir möchten euch davon erzählen und werden euch nicht töten.«

Das Ende der Botschaft wurde wie üblich mit Schreien und Johlen angezeigt – es glich ein wenig einer donnernden Explosion.

»Nawi o« – »Wir gehen!« rief einer; die aufgeregte Menge lief in wildem Ansturm den Hügel hinunter, auf den Fluß zu, über die Böschung, immer vorwärts auf den Feind zu.

Zu diesem Zeitpunkt hätte niemand wissen können, ob sie jemals lebendig die feindliche Siedlung erreichen oder Hals über Kopf in »Gottes Garten« landen würden.

In der Zwischenzeit waren die Bewohner von Panaga in Schrecken versetzt worden. Bewaffnet bis an die Zähne standen sie dicht aneinandergedrängt. Einige zitterten vor Angst. Fast alle Frauen und Kinder hatten im Wald hinter der Siedlung Zuflucht gesucht. Handelte es sich um eine List? Wo hatten sie die Waffen? Warum riefen die Angreifer keine Beleidigungen?

Vorsichtig trat einer der »Zeugen«, wie sie später genannt wurden, aus der Gruppe der ungewöhnlichen Besucher hervor. In einfacher, freundlicher Weise erklärte er den Zweck der Mission. Da geschah das Wunder: Die Sehnsucht nach dem Geheimnis von Nabelan Kabelan war bei den Menschen in Panaga ebenso groß wie für die Männer in Mamit. Aufmerksam hörten die Menschen von Panaga zu. Ohne Blutvergießen, ohne Kampf nahmen sie die Botschaft an. Im Namen Jesu war erreicht worden, was jahrhundertelang als unvorstellbar galt.

»Jetzt sind wir eins in Jesus«, riefen frühere Feinde aus, als sie die Botschafter würdevoll umarmten.

Nur kurze Zeit später verbrannten die Männer aus Panaga ihre Waffen. »Wir müssen jetzt zu unseren Feinden auf der anderen Seite des Berges gehen und ihnen davon berichten«, beschlossen sie.

Diese »Primitiven« legten einen solchen missionarischen Eifer an den Tag, daß sich das Evangelium rasch im ganzen Swart-Tal verbreitete. Gegen Ende unserer vierjährigen Dienstzeit waren ungefähr 90% der Bevölkerung Christen geworden.

Schokolade und Mbawy

Als eine »Tugend« unter den Dani galt früher das Stehlen. Am Anfang war nichts vor ihnen sicher, denn die Dani waren es gewöhnt zu stehlen, und diese Gewohnheit konnten sie nicht von einem Tag auf den anderen ablegen.

Seit ich angekommen war, hatte mir ein Mann aus Mamit geholfen. Er war nicht übermäßig groß, jedoch muskulös; das übliche Netz, das die Haare zusammenhielt, hing weit über die Stirn hinab, glänzende, braune Augen blickten darunter hervor. Da er meistens lächelte, wobei große, gelbliche Zähne zum Vorschein kamen, wirkte sein Gesicht fröhlich und vertrauenswürdig. Er trug einen ausgefallenen Namen, den ich ständig vergaß. Daher nannte ich ihn nach seiner hellbraunen Hautfarbe einfach »Chocolate« – »Schokolade«. Im Gegensatz zu vielen seiner Stammesgenossen war Chocolate verläßlich und treu.

Chocolate war dabeigewesen, als wir mit dem Bau unseres Hauses begonnen hatten. Er grub Löcher für die Baumstämme, die das Fundament trugen. Als die Löcher so tief waren, daß er mit einer Schaufel nicht mehr gut arbeiten konnte, holte er seinen kleinen Sohn herbei. Er packte den Knaben bei den Knöcheln, hielt ihn mit dem Kopf voran über das Loch, ließ ihn dann hinunter, wartete, bis der Knabe mit den

Chocolate und sein Sohn beim Graben

Händen eine Ladung Sand herausgeschaufelt hatte, und zog ihn dann wieder heraus. Es war eine äußerst raffinierte Arbeitsmethode!

Als das Haus fertiggestellt war, ersuchte ich Chocolate, in den Wald zu gehen und Holz zu besorgen, um einen Zaun um den Hühnerhof zu bauen. Tag für Tag erschien er um die Mittagszeit mit einer Ladung Holz. Ich nahm zunächst nicht weiter Notiz davon, als er eines Tages nicht auftauchte. Als er aber mehrere Tage nicht mehr gekommen war, begann ich mir Gedanken zu machen.

»Was ist mit Chocolate los?« fragte ich die Leute, die sich ohnehin immer in meinem Garten befanden. »Ist er krank?«

»Vielleicht ist er krank, vielleicht auch nicht«, antwortete jemand mit der bei den Dani üblichen Gleichgültigkeit.

»Hat jemand ihn gesehen?« ließ ich nicht locker.

»Ich habe ihn gesehen, aber nicht in der letzten Zeit«, kam eine nicht viel zweckmäßigere Antwort.

»Er ist so seltsam geworden. Zuerst ist er nur in der Hütte gesessen, hat nichts gesagt und kein Essen angerührt. Jetzt aber will er auch nicht mehr in der Hütte bleiben. Er läuft einfach im Dschungel herum.«

Niemand wußte eine Erklärung für dieses sonderbare Benehmen.

»Könnte jemand hingehen und ihn zu mir bringen? Ich würde gerne mit ihm sprechen.«

Mehrere Männer griffen meine Anfrage auf, schließlich aber mußte ein junger Knabe den Botengang tun.

Bald darauf kam Chocolate zurück. Seine Augen verrieten Angst. Außerdem hatte er an Gewicht verloren. An einem ruhigen Platz konnten wir miteinander sprechen.

»Ich bin ein Dieb und werde ins große Feuer kommen«, sagte er düster und ohne Einleitung. Es gab noch immer kein anderes Wort für »Hölle«.

»Niemand braucht in das große Feuer zu gehen«, erinnerte ich ihn.

»Ich werde dorthin kommen, weil ich ein Dieb bin.« Es schüttelte ihn, dann fuhr er fort: »Du hast mir den Auftrag gegeben,

Holz zu besorgen und hast mich dafür bezahlt. Das Holz gehörte dir, aber ich habe etwas davon für mich selbst genommen. Als ich am nächsten Tag im Wald war, vernahm ich in meinem Herzen die Stimme des wahrhaftigen Geistes Gottes: ›Du bist ein Dieb. Du wirst ins große Feuer kommen.‹ Deshalb ging ich nicht mehr in den Wald, sondern blieb zu Hause.«

Chocolate machte einen jämmerlichen und verzweifelten Eindruck.

»Was geschah dann?« drängte ich ihn vorsichtig.

»Der wahrhaftige Geist war auch in meiner Hütte, und Er sagte das gleiche: ›Du bist ein Dieb. Du wirst ins große Feuer geworfen.‹ Daher ging ich von zu Hause weg.«

Er saß da und starrte auf den Boden, seine Stimme war nun nicht mehr als ein leises Flüstern.

»Der wahrhaftige Geist ist auch im Dschungel«, schloß er. Er war sich völlig der Ernsthaftigkeit seiner Lage bewußt, daß er ewige Verdammnis verdient hatte.

»Du hast es mir jetzt gesagt«, ermunterte ich ihn. »Du kannst mir das Holz zurückbringen und Gott um Vergebung bitten. Jesus weiß, daß wir alle böse sind. Das ist der Grund, warum er gekommen ist. Er liebt dich trotzdem.«

Chocolate wagte nun, die Augen ein wenig zu erheben, zögernd und scheu kam ein Lächeln.

Wir beteten noch zusammen – mit neuem Schwung in seinen Schritten ging Chocolate von mir fort. Er hatte Vergebung seiner Schuld erfahren.

Der wahrhaftige Geist Gottes war im Swart-Tal am Werk. Ein weiterer Beweis dafür war Mbawy, eine Frau von kleiner und gedrungener Statur, einem runden Gesicht und dicken Lippen. Ihr Ehemann trug den erlesenen Namen Jiendagembanonuwa. Das Außergewöhnliche an Mbawy war, daß sie sich auf eigenen Antrieb entschlossen hatte, auf die Liebe Jesu zu antworten, und das in einer Gesellschaft, die allein von Männern bestimmt wurde.

Die Dani-Männer hatten erst nach etlichen Argumentationen begonnen einzusehen, daß Gott die Frauen mit gleicher Würde erschaffen hat wie die Männer. Es erschreckte sie, als sie hörten, daß Gott die Frauen ebenso liebte und daß sie zusammen »Miterben der Gnade« seien. Bis dahin hatte man den Frauen gar keinen Status zugeschrieben. Sie stellten ein notwendiges Übel dar, aber man mußte sie in einigem Abstand halten, da man annahm, daß sie Hexenkünste besaßen.

Zum Glück hatten die Väter eine narrensichere Methode hinterlassen, wie man herausfinden konnte, ob eine Frau, die im Verdacht stand, derlei Verbrechen gegen die Allgemeinheit begangen zu haben, wirklich schuldig war oder nicht. Die Beschuldigte, die meist vor Furcht zitterte, wurde vor ein Gericht von Männern gezerrt. Das Urteil wurde rasch gesprochen, man machte nicht viel Aufhebens. Entweder kam die Frau frei, oder sie wurde von Pfeilen durchbohrt. Es war ein einfaches rechtliches Vorgehen: Der Verdächtigten wurde mit einem scharfen Bambusmesser ein kleines Stück vom Ohr abgeschnitten. Wenn das Ohr nicht blutete, betrachtete man die Frau als unschuldig. Die geringste Spur von Blut aber bedeutete Schuld und rasche Hinrichtung. – Eine Schnittwunde am Ohr blutete fast immer.

Ich versuchte einmal, das Leben einer solchen Frau zu retten. Nicht die Hexenkünste der Frau, sondern die Torheit des Vorgehens stellte ich in Abrede. Die versammelten Männer beschlossen daraufhin, der Frau eine

Für jeden verstorbenen Angehörigen wurde ein Finger abgehackt.

bisher unbekannte »Gnade« zu gewähren: Anstatt sie zu töten, schlug man sie derart heftig, daß sie tagelang nicht einmal gehen konnte.

Nur langsam trat ein Wandel ein. Lange Zeit noch wurden Frauen schlecht behandelt. Frauen und Kinder lebten in eigenen Hütten, getrennt von den Männern, aber zusammen mit den als Haustiere gehaltenen Schweinen, wie die Frauen ein Teil der männlichen Besitztümer.

Die meisten Frauen brauchten lange, bis sie diese benachteiligte Position überwinden konnten. Durch die schlechten Erfahrungen waren viele so abgestumpft, daß es ihnen anscheinend wenig darauf ankam, was aus ihrem Leben wurde. In einer Weise war es auch einfacher, die Schultern zu schütteln und zu sagen: »Wir sind ja nur Frauen«, als die neue Stellung geltend zu machen, die Christus ihnen anbot.

Bei Mbawy war das ganz anders. Gott tat ihr Herz auf, und sie antwortete auf die Gute Nachricht mit erstaunlicher Begeisterung. Sie war die erste Frau, die ich bei einer Versammlung aufstehen sah, um ihren Glauben an Jesus Christus und ihre Zuversicht der Erlösung zu bezeugen. Es fiel ihr nicht leicht. Für eine Frau war es immer klüger gewesen, sich zurückzuhalten. Bei ihrem ersten Auftritt war das Blut aus ihrem Gesicht gewichen, ihre Lippen bebten, ihre Knie zitterten so heftig, daß die hinter ihr sitzenden Männer sie festhalten mußten, damit sie nicht umfiel. Dennoch sprach sie und bezeugte, was Jesus in ihrem Leben bewirkt hatte.

Nicht lange danach kam Mbawy mit Kauriemuscheln zu Frank Clarke. Wir hatten als Bezahlung oftmals Geld und Handelswaren angeboten, die Dani aber hatten darauf bestanden, für ihre Arbeit in Kauriemuscheln bezahlt zu werden.

»Die hier gehören nicht mir, sie gehören dir«, sagte Mbawy zu Frank. »Als ihr angekommen seid und wir euch geholfen haben, den Landeplatz anzulegen, waren wir noch Heiden. Für gewöhnlich meldete ich mich am Morgen zur Arbeit, dann aber ging ich in meinen eigenen Garten. Am Nachmittag kam ich zurück, schmierte meine Schultern und Beine mit Lehm ein, damit du glauben solltest, ich hätte gearbeitet, dann kassierte ich meinen Lohn. Jetzt weiß ich, daß das Diebstahl ist, und aus diesem Grund bringe ich die Kauriemuscheln zurück.«

Mbawy und ihr Ehemann wuchsen beständig in der Gnade und in der Erkenntnis des Herrn Jesus Christus. Als die ersten 58 Gläubigen aus Mamit getauft wurden, waren auch sie dabei. Nachdem sie ihre Ausbildung beendet hatten, dienten sie viele Jahre als Missionare bei einem Stamm im östlichen Hochland Irian Jayas.

Fast ein Jahr hatten wir nun schon bei den Dani zugebracht. Die ersten Hürden waren überwunden. Wir hatten überlebt – physisch und geistlich. Beides konnten wir nur einem wunderbaren Handeln Gottes zuschreiben. An unserem ersten Jahrestag auf dem Missionsfeld war ich überglücklich, daß wir eine so lange Zeit überstanden hatten.

»Wenn wir ein Jahr durchgehalten haben, gelingt es vielleicht auch mit zwei Jahren«, machte ich mir selbst Mut. In der Tat – obwohl das Leben in der Mission nie ohne Härten abging, sah es so aus, als ob wir in vielen Dingen das Schlimmste überstanden hätten. Wir hatten nicht aufgegeben.

Neue Namen, neue Frisuren

Der Heilige Geist setzte inzwischen Sein Werk fort. Er beschränkte Sein Wirken nicht auf einzelne Männer und Frauen. Wiederholt konnten wir erkennen, daß bei der gesamten Bevölkerung etwas in Gang kam.

Ein Beispiel dafür stellte die Verbrennung der Waffen dar. Die Verbrennungen waren auf eigene Initiative der Stammesangehörigen vor sich gegangen. Wenn einige meinen, die Dani hätten diese Dinge nur getan, um den Missionaren zu gefallen, so stimmt das einfach nicht. Im Gegenteil, die Menschen hörten auf ihre innere Stimme, und die konnte ihnen kein Missionar eingepflanzt haben. Die folgenden Entwicklungen zeigten das immer wieder, denn die Veränderungen betrafen Bereiche des Lebens, von denen die Missionare nicht einmal wußten. Um es milde zu sagen, waren diese Veränderungen beeindruckend.

Ein Beispiel war das öffentliche Bekennen der geheimen Namen, der »anggen kunik«. Es gab einen Einführungsritus, bei dem der heranwachsende Knabe einen geheimen Namen erhielt. Die Namen erinnerten zum Teil an Vorfahren – diese spielten in ihrer Religion eine große Rolle –, hatten manchmal aber auch keine direkte Bedeutung. Jedenfalls schrieb man den »anggen kunik« magische Kräfte zu. Ein Mann hätte bei einem Kampf lieber seine Waffen zu Hause gelassen, als auf den Schutz durch seinen geheimen Namen zu verzichten. Wenn er mitten im Kampf seinen geheimen Namen flüsterte, so konnte ihm der zu Hilfe und Sieg verhelfen. Eine Schwierigkeit bestand aber darin, daß der Name seine Zauberkraft verlor, wenn ein anderer von ihm erfuhr. Völlige Geheimhaltung war daher notwendig.

Wir wußten nichts von diesem Bollwerk Satans, bis die Dani selbst es uns enthüllten. Wie üblich gingen sie geradlinig und mutig daran, es niederzureißen.

»Wir werden nicht mehr kämpfen, wozu also brauchen wir diese Namen?« argumentierten sie. »Außerdem haben wir jetzt den Namen Jesus Christus, und der ist besser als jeder andere.«

Oftmals standen nach dem Sonntagsgottesdienst Männer auf und verkündeten öffentlich ihren geheimen Namen. Einige flüsterten ihn mit kaum hörbarer Stimme, andere riefen ihn laut und triumphierend aus und bewiesen damit ihr Vertrauen zu Jesus Christus. Die versammelte Gemeinde saß regungslos da und hörte zu, während die Mächte der Finsternis weichen mußten.

Unmittelbar nach der Aufdeckung der »anggen kunik« trat noch ein erfreuliches Ereignis ein; wir erkannten daran, daß sich die Dani unter dem Schutz ihres getreuen Freundes Jesus immer sicherer fühlten.

An einem ruhigen Nachmittag erschien eine Abordnung von vier Männern bei mir. Sie waren die Häuptlinge nahegelegener Dörfer, die ich gut kannte. Einer von ihnen trug immer die Scherbe einer Porzellanuntertasse an einer Schnur um seinen Hals. Er hatte sie irgendwo gefunden und mit großer Geduld ein Loch hineingebohrt, so daß er einen Faden hindurchziehen konnte. Der Abfall des weißen Mannes war somit in ein vielbewundertes und begehrtes Schmuckstück umgeformt worden! Der Mann hatte ein freundliches Gesicht, sein Sprechen und seine Bewegungen waren langsam. Aufgrund dieser Eigenschaften hatten wir ihm den Spitznamen »Fliegende Untertasse« gegeben.

»Fliegende Untertasse« räusperte sich.

»Kanggipaga« – er nannte mich bei dem Namen, der mir von der Bevölkerung gegeben worden war – »wir möchten, daß du uns Vieren die Haare schneidest. Morgen werden viele unserer Freunde kommen, denen sollst du auch die Haare schneiden!«

Auf seinem Gesicht erschien ein vergnügtes Lächeln. Offensichtlich erwies er mir mit dieser Bitte eine große Ehre. Ich kannte mich nicht aus und ersuchte um eine Erklärung.

Zufrieden grinsend erfüllte »Fliegende Untertasse« diesen Wunsch:

»Men ... wir benötigen unser Haar nicht mehr.«

Die Angelegenheit erschien mir noch nicht viel klarer, aber es war ein Anfang.

»Du mußt verstehen, Kanggipaga«, setzte der alte Häuptling fort, »Kanggipaga, unser Haar ... wie soll ich sagen?« Es machte ihm nicht im geringsten etwas aus, daß er nicht fähig war, sich richtig auszudrücken.

»Sieh, Kanggipaga, wir meinen, du solltest unser Haar schneiden.« Plötzlich kam seine Rede in Schwung: »Kanggipaga, wir benutzten unser Haar, um die bösen Geister anzubeten. So haben wir es getan«:

»Fliegende Untertasse« ließ seinen Kopf auf der rechten Schulter ruhen, schwang ihn dann hinüber zur linken Schulter und zurück in schneller werdender Bewegung. Hätte nicht ein Netz sein dickes, langes Haar gebändigt, es wäre wie wild umhergewirbelt. »Wir hatten die Gewohnheit, unsere Netze abzunehmen«, erzählte er weiter, »das gefiel den Geistern.«

»Ja, das haben wir immer getan«, bekräftigten die drei Begleiter.

»Jetzt aber kennen wir Jesus«, strahlte »Fliegende Untertasse« glücklich. »Es ist aus mit den bösen Geistern. Wir wollen Jesus nachfolgen. Deshalb brauchen wir auch unser Haar nicht mehr. Du hast uns von Jesus erzählt, darum werden morgen alle Männer zu dir kommen. Wir vier aber wollen unser Haar heute schon geschnitten haben.«

Vier erwartungsvolle Augenpaare blickten mich an. Wie konnte ich da widerstehen?

»Liebe Freunde, es wird mir eine Freude sein, eure Bitte zu erfüllen.« Sofort umfaßten mich acht dunkle Arme.

»Freund Kanggipaga, du bist gut!«

Während ich hineinging, um eine Schere zu holen, entfernten die Männer die Haarnetze. Niemals zuvor hatte ich sie so gesehen. Ihr langes, verfilztes Haar war völlig verschmutzt, bedeckt mit Fett, Ruß und Staub. – Als ich mit meiner Arbeit fertig war, war meine Schere stumpf. Fast hätte ich die Männer nicht erkannt, als sie gegenseitig ihren »avantgardistischen Haarschnitt« bewunderten.

Bevor sie in ihre Dörfer zurückkehrten, erinnerten sie mich noch einmal: »Du hast uns von Jesus erzählt. Morgen werden alle Männer zu dir zum Haareschneiden kommen.«

*Wir wollen Jesus nachfolgen …
deshalb brauchen wir unsere Haare nicht mehr*

Früh am nächsten Morgen wimmelte das Gelände von Männern. Hunderte waren gekommen. Die meisten hatten bereits ihre Haarnetze abgenommen in Erwartung des ernsten Augenblicks. Bei manchen Männern reichte das Haar bis zu den Knien. Ich erinnerte mich an Erzählungen, daß Ratten versucht hatten, im Haar der Männer Nester zu bauen, während diese schliefen.

Der alte Mburumburu war etwas verlegen. Nachdem er sein Netz abgenommen hatte, mußte er feststellen, daß fast kein Haar mehr vorhanden war.

Als ich aus meinem Haus ins Freie trat, fiel Schweigen über die Menge.

»Ich danke euch, liebe Freunde, daß ihr gekommen seid«, redete ich sie an. »Es freut mich, daß ihr Jesus in jeder Weise nachfolgen wollt. Es gibt noch vieles, das ich euch von Jesus erzählen möchte. Aber erst muß ich lernen, mich in eurer Sprache richtig auszudrücken. Dann erst kann ich euch mehr erzählen. Wenn ich nun einige Tage euer Haar zu schneiden habe, kann ich nicht lehren. Einigen von euch habe ich die Haare bereits geschnitten. Jetzt aber müßt ihr euch gegenseitig die Haare schneiden.«

Zu meiner Erleichterung gingen die Männer – nach einigem Hin und Her in der Menge – auf meinen Vorschlag ein. Nicht viel später hatten sich kleine Gruppen von Männern zusammengeschlossen, die auf ihren Hinterteilen saßen und sich gegenseitig das Haar mit scharfen Bambusstücken weghackten.

Als alle an die Reihe gekommen waren, bildete man aus dem Haar einen großen Haufen, um es anschließend zu verbrennen. Die anfängliche Ausgelassenheit verschwand bald, ein Geist der Dankbarkeit und der Anbetung war spürbar, als die Männer um das aufgeschichtete Haar Platz nahmen. Einer hatte die ehrenvolle Aufgabe, das Feuer zu entfachen. Während die Flammen loderten, stimmten die Männer gedankenvoll eines ihrer Lieblingslieder an:

»Danke, Jesus, daß du uns liebst. Danke Jesus, daß du die Fesseln löst …«

Die prasselnden Flammen entfalteten dicke Schwaden grünen, grauen und schwarzen Rauchs, die sanft zum Himmel aufstiegen. Der fast unerträgliche Gestank des versengten, brennenden Haares muß im Himmel wie ein süßer Wohlgeruch für Jesus angekommen sein. »Wa Jetut!« Danke, Jesus!

Der große Vorstoß

Die Antwort der Dani auf die christliche Botschaft war so spontan und uneingeschränkt, daß man keine Erklärung dafür finden konnte – außer daß es das Werk des Heiligen Geistes war. Wir hatten ganz einfach das wiederholt, was bereits Petrus an Pfingsten gepredigt hatte: »Kehret um!« Die Dani hatten natürlich von den geschichtlichen Ereignissen des Neuen Testaments keine Ahnung, dennoch reagierten sie ziemlich genau so, wie es in der Apostelgeschichte geschildert ist.

Trotz dieser Tatsache gab es immer wieder Zweifel an der Echtheit der Erweckungsbewegung im Swart-Tal. Wenn das Ganze nun nicht ernst gemeint war? Verstanden die Menschen wirklich, worum es im Evangelium ging?

Einmal holte man mich morgens um fünf Uhr aus dem Bett. Ein Mann saß an meiner Türschwelle; man sah ihm an, daß er Probleme hatte. Da er aus einer anderen Gegend kam, hatte ich ihn noch nie zuvor gesehen. Kaum nahm er sich Zeit für die üblichen Begrüßungsformeln.

»Kanggipaga«, begann er. »Ich bin gläubig und weiß, daß Jesus mir Nabelan Kabelan gegeben hat. Aber gestern ist mein Ferkel gestorben. Warum hatte es nicht ewiges Leben?«

Die Frage verblüffte mich. Ich bin mir sicher, daß dies eine Ausnahme war. Wie sollten wir aber wissen, daß alle jene, die solche Fragen nicht vor uns brachten, das Geschenk Gottes auch richtig begriffen hatten?

Eine Zeitlang ging das Gerücht um, daß einst die Haut eines jeden einheimischen Gläubigen weiß werden würde. Die Schlußfolgerung war offensichtlich: Weiß sein wurde gleichgesetzt mit Wohlstand. Die Weißen trugen Kleider; scheinbar hatten sie auch Zugang zu unvorstellbaren Reichtümern. Wenn sie irgend etwas benötigten, sagten sie dies einfach dem Funkgerät, und ein eiserner Vogel warf dann innerhalb einiger Wochen das Verlangte vom Himmel. Ohne daß Geld von Hand zu Hand gegangen war, verschwand das Flugzeug wieder. Nicht einmal ein Schwein mußte man dem Flugzeug als Gegenleistung geben.

Was hatten die Dani wirklich vor, als sie das Evangelium annahmen? Verstanden sie darunter eine Art von Geschäftsabschluß? Meinten sie, daß sie materielle Güter dafür bekommen würden, weil sie ihre Waffen verbrannt, ihre »anggen kunik« bekanntgegeben und ihr Haar abgeschnitten hatten?

Wir sprachen sie oftmals darauf an. Sie beharrten aber stets darauf, daß Nabelan Kabelan ihr einziges Begehren war.

Wir kamen nun aber in ein Dilemma. Petrus hatte nicht nur zur Buße aufgerufen, er hatte seine Zuhörer auch aufgefordert, sich taufen zu lassen. Die Lehre von der Taufe hatten wir verkündigt, offen blieb aber ihre Anwendung. Zwischen den Menschen, zu denen Petrus gesprochen hatte, und den Dani gab es kaum Vergleichsmöglichkeiten.

Sozusagen zur Probe beschlossen wir, eine kleine Anzahl von Gläubigen, die wir besonders gut kannten, zu taufen. Die erste Taufe in Mamit fand am 23. Februar 1964 statt. Wir hatten einige Prüfungsfragen zusammengestellt, die 58 Gläubige positiv beantworteten. Die Teilnahme an der Tauffeier war überwältigend; schätzungsweise 5000 Menschen kamen. Bevor es richtig losging, kam es zu einem lustigen Zwischenfall, wodurch sich die Atmosphäre etwas entspannte.

Man hatte einen Teich ausgehoben, an dessen Rand ich nun mit den Täuflingen Platz nahm. Plötzlich lief ein stattlicher Hahn herbei. Mit ernster Aufgeblasenheit stolzierte er zwischen den versammelten Gemeindemitgliedern umher. Man hatte Hühner im Swart-Tal nicht gekannt, bevor wir sie eingeführt hatten, daher behandelte man sie mit dem nötigen Respekt. Auf einmal aber flog der Hahn auf und landete auf dem Kopf eines der »Kandidaten«. Der Mann wurde etwas nervös und wußte nicht, wie er sich verhalten sollte. Zum Glück hatte einer der älteren Männer einen weisen Rat auf Lager:

»Laß ihn nur!« rief er. »Als Jesus getauft wurde, kam auch ein Vogel auf sein Haupt herunter.«

Ich erinnere mich nicht mehr, wie lange der Vogel auf dem Kopf des »Geheiligten« sitzen blieb, aber ich muß gestehen, daß ich ziemlich erleichtert war, als der Hahn beschloß, wegzufliegen und einen anderen Nistplatz zu suchen.

Da es auf die Taufe hin zu keinen nachteiligen Entwicklungen kam, tauften wir vier Monate später noch einmal 63 Personen.

In der Folge entschieden wir, daß die örtlichen Gemeinden einheimische Führer haben sollten. Frank und ich stimmten überein, daß sich zumindest drei Männer diese Verantwortung teilen sollten. Es war uns wichtig, daß sich alle getauften Gläubigen an der Wahl ihrer Ältesten beteiligten. Dies warf aber ein kleines Problem auf. Wir wollten, daß jeder die Wahl im Geheimen treffen konnte, aber damals konnte noch fast niemand schreiben; geheimes Abstimmen kam daher nicht in Frage. Folgende Vorgangsweise erschien uns sinnvoll: Zuerst erklärten wir den Menschen, daß die drei fähigsten Männer zu Gemeindeleitern ernannt werden sollten, dann empfahlen wir allen, für die Angelegenheit zu beten. An einem festgesetzten Tag sollte dann jeder einzeln zu mir kommen und mir sagen, wer der Geeignetste sei.

Schließlich war der Tag der Abstimmung gekommen. Ich saß ungefähr 15 Meter von der Versammlung entfernt und lud jedes Gemeindemitglied ein, nach vorne zu kommen und mir zu sagen, wen sie oder er ausgewählt hatte. Die Dani bewiesen wirklich Talent für Zeremonien! Einer nach dem anderen stand langsam auf und ging würdevoll zu mir hinüber. Zuerst dachte ich, daß sie sich einen Spaß mit mir machten; ihre Gesichter aber zeigten an, wie ernst sie es meinten, als eine ganze Reihe von ihnen mir ernsthaft ins Ohr flüsterte: »Ich bin der beste in der Versammlung.«

Nun, wir sahen das ganze einfach als Generalprobe an und organisierten eine neue Wahl. Diesmal funktionierte es. Tuwanonuwa, Andugumanggen und Kabutna wurden gewählt.

Sie waren ein erstaunliches Trio. Jeder von ihnen hatte im früheren Leben Grausamkeiten und Morde verübt. Bevor sie Christen geworden waren, hatten sie, alle zusammengerechnet, rund 25 Menschen getötet. – Aber Gottes Gnade vollbrachte ein außergewöhnliches Werk. In bewundernswerter Weise erfüllten diese drei Männer ihre neue Funktion. Lange Jahre waren sie treue und beliebte Leiter der Gemeinde.

Die drei Ältesten (von links): Tuwanonuwa, Andugumanggen und Kabutna

Erst im Juli 1965 wagten wir den großen Vorstoß. Beinahe ein Jahr lang waren Frank und Betty Clarke nun schon auf Urlaub, und wir planten unseren ersten Urlaub, sobald die beiden wieder zurück wären. In dieser Zeit mußte ich mich einer Herausforderung stellen, die eine Gruppe von Gläubigen, denen ich in den letzten Jahren Unterricht erteilt hatte, an mich herantrug.

»Warum taufst du uns nicht?« war ihr Verlangen.

Ich wußte nicht, was ich antworten sollte.

»Gibt es etwas in unserem Leben, das dich daran hindert, es zu tun?«

Es gab nichts dergleichen; fast vier Jahre schon waren sie ihrem Herrn treu und aufrichtig nachgefolgt, so gut sie es eben wußten.

»Du hast uns von der Taufe erzählt«, bekräftigten sie, als ob ich eine Erinnerung gebraucht hätte. »Warum aber taufst du uns nicht?«

Es war eine gute Frage und schlau dazu. Man hatte die Verantwortung geradewegs auf meine Schultern gelegt. Ich wußte keine angemessene Antwort. Unsere Befürchtungen hatten sich stets als unbegründet herausgestellt. Mit ganzem Herzen folgten die Menschen dem Herrn nach, es ging ihnen nicht um Vorteile als Gegenleistung ihres Dienstes für Jesus Christus. Oftmals war ich erstaunt über ihre tiefe Einsicht und ihr Verständnis der Heiligen Schrift.

»Warum taufst du uns nicht?«

Eigentlich war ich froh, daß wir uns nun mit der Sache auseinandersetzen mußten, daher sagte ich schließlich zu. Abgesehen von meinem eigenen Unglauben, gab es keinen stichhaltigen Grund, die Taufe hinauszuschieben.

Eine betriebsame Zeit begann, als ich ankündigte, daß jeder der etwa 8000 Bewohner, die im Gebiet von Mamit lebten, die Gelegenheit erhalten würde, getauft zu werden. Wir ersuchten einheimische Brüder, an verschiedenen »Predigtorten« vorläufige Prüfungen abzuhalten. Jeder Kandidat wurde auf drei Dinge hin überprüft:

- Bezeugen des persönlichen Glaubens vor der christlichen Gemeinschaft
- Gewißheit der Errettung
- Grundlegende Kenntnisse in der Heiligen Schrift

Wer diese Prüfung bestand, wurde noch einmal von mir zusammen mit einer Gruppe bereits getaufter Gläubiger aus Mamit befragt. Tuwanonuwa, Andugumanggen und Kabutna waren ebenfalls dabei.

Es war aufregend, die verschiedenen Orte der Reihe nach zu besuchen, während uns der übliche Menschenschwarm folgte. Mit Schwatzen, Lachen und Singen machte man sich auf den Weg. In den frühen Morgenstunden zeigte sich die tropische Sonne noch gnädig. Hänge und Täler waren von Tau überzogen und glitzerten wie von Perlen übersät. Es sah nach einem schönen Tag aus.

»Hier bin ich noch nie gewesen«, teilte einer dem anderen mit. »Hier war Feindesland. Jetzt ist das Vergangenheit, wir sind eins geworden in Jesus.« Diese Aussage kam voll Freude manchmal von mehreren Lippen gleichzeitig. Die neue Einheit war eine tägliche Realität in der von Kämpfen und Kriegen zerrissenen Kultur der Dani, daher mußte man auch immer wieder davon sprechen.

Wenn ich von der Missionsstation zur nächsten Siedlung in Richtung Norden ging, brauchte ich ungefähr eineinhalb Stunden. Nach einem steilen Aufstieg legten wir für gewöhnlich eine kurze Pause ein und aßen eine Kleinigkeit.

»Das ist Kanggipagas Berg«, scherzten die Dani.

»Dann sollten wir ihn auch nach ihm benennen«, schlug einer vor. Von da an war der Ort bekannt als »Kanggiput«, das heißt: der »Gipfel des Kanggipaga«.

Die Gesellschaft kam wieder in Bewegung. Nun ging es abwärts, wir hüpften über Schlamm, Schmutz und Felsbrocken, bis wir in der Niederung den Fluß erreichten. Nachdem wir uns kurz im Wasser abgekühlt hatten, begannen wir den Aufstieg auf der anderen Seite.

Als uns keine weiteren Bergspitzen die Sicht versperrten, erkannten wir in der Ferne bereits sichere Zeichen, daß wir er-

Kanggiput – Kanggipagas Berg

wartet wurden. »Sie haben das Feuer schon angezündet.« Kaum wahrnehmbar beschleunigte sich unser Schritt, neuer Mut kam auf, da unsere Ankunft im nächsten Ort nun schon greifbar schien.

Unser Besuch hatte einen bestimmten Anlaß und mußte daher gefeiert werden. Schon Tage vor unserer Ankunft hatten Männer der Siedlung Feuerholz und Steine herbeigeschafft. Das Holz wurde zusammen mit Blättern und Gras zu einem ordentlichen Haufen aufgeschichtet, ungefähr 15 Meter lang und 2 Meter breit. Steine bildeten den Abschluß.

Am Tag des Festes wurden große Löcher gegraben, die etwa 2 Meter im Durchmesser maßen und 1 Meter tief waren. Die Männer übernahmen das Graben, während die Frauen im Wald und in ihren Gärten Kräuter, Blätter und Eßbares sammelten. Die Blätter dienten einem zweifachen Zweck: Sie sollten die Gruben auskleiden, damit das Essen nicht schmutzig wurde, und sie bildeten eine Schutzschicht zwischen den Steinen und dem Essen, damit nichts versengt wurde.

Das prasselnde Feuer war als sicheres Zeichen anzusehen, daß die Vorbereitungen schon in vollem Gang waren. Bald würden die Frauen zurück sein, um die Gruben auszulegen. Auf die Blätter kamen folgende Köstlichkeiten: knorrig aussehende Süßkartoffeln, glänzende gelb-grüne Gurken, unreife Bananen und natürlich die fleischigen, grünen Blätter der Süßkartoffel. Auf das Gemüse und die Früchte legte man Schweinefleisch, Hühnerteile, manchmal auch Fisch. Alles wurde sorgfältig in Bananenblättern verpackt und mit Reben zusammengehalten, damit nichts auseinanderfiel. Am Ende wurde das Loch mit Blättern und heißen Steinen verschlossen.

Zu dieser Zeit waren die Besucher für gewöhnlich angekommen; während das Essen dünstete und verlockende Gerüche über den Versammlungsort wehten, setzte man sich zu einem Gottesdienst zusammen.

Als Anfänger, der sich an die schwierigen Bergpfade noch nicht gewöhnt hatte, war ich einmal ziemlich spät und ausgepumpt zu einem Fest erschienen. Das Essen war schon lange Zeit gekocht worden, zudem sah es nach Regen aus. Die Menschen saßen um mich herum und warteten darauf, daß ich ihnen ein Bibelwort auslegen würde. Aber ich war einfach nur müde. Nach der Begrüßung sagte ich den Versammelten, sie mögen ruhig mit dem Fest fortfahren, da ich ein wenig ausruhen wollte.

»Bist du den weiten Weg hierher gekommen, um zu schlafen?« fragte ein älterer Häuptling mit ernsthaftem Zweifel.

»Wir warten schon darauf, etwas von Jesus zu erfahren«, ließ sich ein anderer etwas ungeduldig vernehmen.

Argumentieren hatte keinen Sinn. Ich gab eine kurze und einfache Botschaft weiter. Die Menschen waren begeistert. Als ich mich nach zwanzig Minuten setzte, meldeten sich mehrere Personen.

»Erzähle uns mehr!« riefen sie.

»Ich weiß jetzt nichts mehr. Ich bin einfach zu müde«, antwortete ich.

Sie ließen nicht locker. »Dann erzähle uns dieselbe Geschichte noch einmal«, schlug jemand vor. »Sie war so schön!«

Wie hätte ich so wißbegierigen Menschen widerstehen können? Ihr großes Interesse ermutigte mich, so daß ich noch eine weitere Geschichte aus der Bibel erzählte. Schließlich gelang es mir, die Leute zu überzeugen, daß das Essen in den Gruben verderben und wir in den Regen kommen würden, wenn wir uns nicht beeilten.

Mein Nachsinnen kam zu einem Ende, als unsere Wandergruppe an jenem Morgen das Dorf erreichte. Nach dem Gottesdienst öffneten die Frauen die Gruben, die Männer liefen hin und her und holten das dampfende Essen heraus. Einer der Männer sprach mit lauter Stimme einen Segen über unser Mahl:

»Danke, Vater. Du hast uns die Süßkartoffeln gegeben, die Bananen, die Gurken, das Schweinefleisch, das Salz.« Plötzlich kam er ins Stocken und verstummte. Noch mit geschlossenen Augen murmelte er vor sich hin: »Was haben wir denn noch?«

»Bohnen«, half ihm einer weiter.

»Und danke, Vater, für die Bohnen. In Jesu Namen. Amen.«

»Amen«, antwortete die ganze Gemeinde im Chor.

Dann aßen wir. Durch die geniale Art des Kochen blieben Aroma und die Säfte der Speisen ganz phantastisch erhalten. Eine Zeitlang konnte man nur »Schlucken« und »Schmatzen« hören. Freunde tauschten Leckerbissen aus. Meistens gab man mir so viel, daß es für ein Waisenhaus genug gewesen wäre. Wenn ich das austeilte, was ich nicht essen konnte, pries man mich für meine Großzügigkeit.

Die Sonne hatte längst ihren Höhepunkt erreicht; schließlich war die Zeit gekommen, die Täuflinge zu befragen. Zusammen mit den Ältesten von Mamit und einigen einheimischen Gemeindeleitern zogen wir uns in eine abgelegene Hütte zurück. Die Bewerber erschienen einer nach dem anderen. Einige waren aufgeregt, andere strahlten Zuversicht aus. Ein alter Mann kam herein, begrüßte jeden von uns einzeln, setzte sich dann mit verschränkten Beinen auf den Boden und blickte uns erwartungsvoll an.

»Mein Vater«, sprach ich ihn an, um Respekt gegenüber seinem Alter zu zeigen, »kannst du uns sagen, warum Jesus in die Welt gekommen ist?«

Es handelte sich um eine oft gestellte Frage, und einfach war auch die Antwort.

»Was bedeutet es für dich persönlich, daß Jesus in die Welt gekommen ist?« fuhr ich fort.

Das Gesicht des Mannes begann zu leuchten. »Nggenanibaga erzählte uns einmal die Geschichte von Lazarus«, begann er. »Er sagte, daß Lazarus gestorben war und man ihn in Grabtücher eingewickelt hatte. Er sagte auch, daß wir tot waren wie Lazarus und unsere Sünden gleich jenen Tüchern um uns gebunden waren. Jesus ist gekommen und hat Lazarus wieder auferweckt. Nggenanibaga sagte, daß Jesus auch uns wieder zum Leben erwecken kann.«

Für einen Moment entstand eine Pause, als ob er noch einmal überdenken wollte, was er eben gesagt hatte. Als er wieder zu sprechen ansetzte, wiederholte er nicht mehr nur die Worte irgendeines Missionars, sondern er sprach aus eigener Erfahrung:

»Nach dem Gottesdienst ging ich in meine Hütte. Ich sprach: ›Jesus, ich bin von der Sünde gebunden wie Lazarus. Bitte befreie mich!'« Freude strahlte noch einmal in seinen gütigen Augen auf in der Erinnerung an diesen Augenblick. Ein breites Lächeln erschien auf seinem alternden Gesicht. Triumphierend beendete er sein Zeugnis: »Jesus hat es getan!«

Weitere Fragen waren nun wirklich nicht mehr nötig. Uns alle ergriff dieses einfache Zeugnis zutiefst. Meine Mitarbeiter strahlten: »Unsere Herzen sagen uns, daß unser Vater Jesus kennt«, sagten sie. Wir stimmten überein, daß er getauft werden sollte.

Nun kam eine Frau an die Reihe. Trotz ihrer Nervosität ließ sich der Glanz des neuen Lebens in ihr nicht verbergen. Nachdem sie sich durch die Fragen durchgekämpft hatte, fragte ich meine einheimischen Mitarbeiter um ihre Meinung. Sie waren sich wiederum einig: »Ihre Worte sind schwach, aber im Herzen kennt sie Jesus.«

»Soll ich sie taufen?« Nach einer kurzen Zeit der Stille stimmten alle zu. – »Ich bin auch derselben Meinung.« Ich nickte der Frau zu. Sogleich sprang sie auf, eilte zu meinem Sitzplatz, ergriff meinen Arm und bedeckte ihn mit kleinen Bissen, während sie Gott pries.

»Sie will dir zeigen, daß sie dich liebt«, erklärten mir die anderen Männer bereitwillig.

Das Mädchen im Teenageralter, das als nächstes hereinkam, ließ es an Selbstvertrauen nicht fehlen. Wie sie ihre Hüften bewegte und ihr Grasröckchen schwang, zeigte eines an: Sie war sich sicher, daß sie die Prüfung bestehen würde. »Wir sollten es ihr nicht zu leicht machen«, sagte ich zu mir. Die Männer verstanden sofort. Gewandt und ohne Anstrengung beantwortete das Mädchen ziemlich schwierige Fragen. Es gab keine Frage, die sie nicht wußte, sie sprach mit Selbstbewußtsein und unverhohlenem Stolz. In allen Teilen des Examens schnitt sie glänzend ab.

»Sollen wir sie taufen?« fragte ich die Männer, indem ich darauf bedacht war, meine eigene Überzeugung zu verbergen. Alle schüttelten die Köpfe zur Mißbilligung.

»Warum nicht?« fragte ich mit vorgetäuschtem Erstaunen. »Sie weiß doch alle Antworten!«

Andugumanggen sah beunruhigt drein. »Sie weiß zwar alle Antworten«, stimmte er zu, »aber sie hat eine große Leber.« Damit bediente er sich eines einheimischen Ausdrucks, den wir alle verstanden. Er bedeutete, das Mädchen war stolz.

Als wir ihr mitteilten, daß wir sie für die Taufe noch nicht genug vorbereitet hielten, war sie höchst gekränkt und marschierte mit schwingenden Hüften davon. Ich aber wunderte mich über die Weisheit der Männer.

Es kam nun ein weißhaariger, buckliger Mann, der zudem taub und stumm war. Er hatte Schwierigkeiten, sich niederzusetzen. Andugumanggen bedeutete ihm, sich an mich zu wenden. Die Laute, die er hervorbrachte, waren unverständlich, aber der Ausdruck seines Gesichtes und seine Gesten sprachen Bände. Wir fühlten uns im Heiligen Geist mit ihm verbunden und ließen ihn einstimmig passieren – obwohl er nicht einmal in der Lage war, den Namen Jesus richtig auszusprechen.

Der Tag war schon weit vorangeschritten, als der letzte Täufling unsere Hütte verließ. Ein Geist der Freude und der Dankbarkeit war zu spüren, als wir die Namen derer verlasen, die beim nächsten Gottesdienst getauft werden sollten.

Beladen mit Gaben von den übriggebliebenen Speisen, brachen wir zur Heimreise auf. Wir hatten beinahe schon die Missionsstation erreicht, als sich einer der Männer ohne jede Erklärung von der Gruppe entfernte. Er sprang über einen Zaun, den man aufgerichtet hatte, um die Schweine von den Gärten fernzuhalten, und lief geradewegs auf eine Frau zu, die dort arbeitete. Er begrüßte sie respektvoll und warmherzig. Nach einer kurzen Unterredung händigte er ihr das große Stück Schweinefleisch aus, das er für sich selbst am Festtag erhalten hatte. Es stellte dies ein großes Geschenk dar, denn bei den Dani gab es nur selten Fleisch, das aus diesem Grund sehr begehrt war.

»Warum hast du das ganze Fleisch hergeschenkt?« wollte ich von ihm wissen, als der Mann sich wieder uns angeschlossen hatte.

»Als wir noch Feinde waren, habe ich ihren Mann getötet«, sagte er. »Nun aber lieben wir uns in Jesus.«

Aus dem ganzen Tal langten nun Anfragen nach der Taufe ein, so daß uns die Zeit beinahe zu kurz wurde. Wir gingen in jede der Siedlungen, um die Täuflinge vorzubereiten, aber es erschien unmöglich, bei jeder einzelnen Tauffeier dabeizusein. Daher entschlossen wir uns, einen großen Taufgottesdienst in Mamit abzuhalten.

Es wurde ein sehr ausgedehnter Gottesdienst. Einen Tag vor der Tauffeier gab es ein großes Fest, an dem 5000 Menschen teilnahmen. Mehr als 200 Schweine wurden geschlachtet. Am folgenden Morgen, es war der 11. Juli 1965, sollten wir die fünfte und bislang größte Tauffeier durchführen. 663 Menschen begruben symbolisch ihren »alten Menschen« im Wassergrab, um als »neue Menschen« daraus hervorzugehen.[21]

Es gab nun – nach etwas mehr als vier Jahren – im Gebiet um Mamit bereits 871 getaufte Christen. Tausende andere hatten die Gewißheit der Errettung öffentlich bezeugt. Ein klares Zeichen der erstaunlichen Veränderungen, die in vielen Herzen vor sich gegangen waren, war die disziplinierte Lebensführung.

Auch nach der Taufe im großen Stil blieb eine kleine Angst in meinem Herzen zurück. Ohne Zweifel bedeutete für viele Dani die Taufe so etwas wie ein Statussymbol. Da nun viele diesen

Menschen begruben symbolisch ihren »alten Menschen« im Wassergrab

Status angenommen hatten, würde ihre Hingabe an Christus und Sein Wort abflauen?

Doch wiederum stellte sich meine Befürchtung als grundlos heraus, und wir durften mit eigenen Augen eine lebensechte Wiederholung der Entwicklungen in der frühen Kirche miterleben. Freilich waren sich die Christen unter den Dani dieser bemerkenswerten Ähnlichkeit in keiner Weise bewußt. Es ist Tatsache, daß auch ich erst einige Jahre später so richtig erkannte, was vor sich gegangen war.

Unmittelbar nach der Taufe in Mamit waren in der Umgebung örtliche Gemeinden gegründet worden. Wo es zumindest

Gottesdienst vor der ersten Kirche in Mamit

30 getaufte Gläubige gab und drei Männer gefunden werden konnten, die fähig waren, die Gemeinde zu leiten, wurde eine Gemeinde ins Leben gerufen. Für je 30 dazukommende Gläubige wurde ein Ältester zusätzlich bestellt. Die Ältesten kamen zur regelmäßigen Schulung zum Missionsverband nach Mamit. An den Wochenenden verbrachten sie die Zeit mit ihrer eigenen Gemeinde. Wie die frühe Kirche »verharrten sie in der Lehre der Apostel«.[22]

Gottesdienste mit bis zu 5000 Zuhörern kamen nun nicht mehr so häufig vor; bei speziellen Gelegenheiten kamen die Menschen aber gerne in großer Zahl zusammen.

Zunächst hatte nicht jedermann Verständnis für die Aufteilung in kleinere Gruppen. Ich erinnere mich noch genau an einen Vorfall, der dies ans Tageslicht brachte.

An einem Sonntag stand ich vor einer Menge von hunderten Gläubigen. Schon seit einiger Zeit hatte ich den Eindruck, daß wir beginnen sollten, kleinere Gottesdienste anzubieten, um den Bedürfnissen der verschiedenen Menschen gerecht zu werden. Am Ende unseres Sonntagsgottesdienstes gab ich daher meinen Plan kund:

»Ich will euch verraten, was meine Gedanken sind«, begann ich, indem ich die einheimische Sprechweise übernahm. Dann ging ich daran, das Gedankenbild der Aufteilung zu entfalten.

Mein Vorschlag stieß auf eisiges Schweigen, denn meine »Enthüllung« gefiel den Leuten nicht. Wollte ich ihre neugefundene Einheit in Christus untergraben, indem Männer, Frauen und junge Leute getrennt werden sollten? Scheinbar verstanden sie es so. »Macht nichts«, dachte ich, »sie werden es schon annehmen, wenn sie sehen, daß es funktioniert.«

Ich setzte fort, die Vorgangsweise zu erklären: »Morgen ist Tomban eeppunuk.« Tomban eeppunuk heißt Montag. Wörtlich bedeutet der Ausdruck »nach dem Gebet«, weil er der Tag nach dem Sonntag – dem »Tag des Gebets« – ist.

»Am Montag, kurz bevor es Zeit zum Essen der Kartoffelblätter ist, werden wir eine Versammlung nur für die jungen Leute abhalten. Nur sie sollen kommen, die übrigen werden zu einer anderen Zeit ihr Treffen haben. Habt ihr mich alle verstanden?«

»E o.« Die Antwort erschien nicht sehr überzeugend. Noch einmal wiederholte ich das gleiche. »Versteht ihr, was ich meine?«

»E o.«

Ich entließ die Gemeinde.

Am Montag, kurz vor der Zeit, wenn man Kartoffelblätter zu essen pflegt, tat ich einen Blick aus meinem Fenster. Draußen herrschte ein Betrieb wie an einem Sonntag. Ich beobachtete die Menschen, wie sie in die neuerbaute, grasgedeckte Kirche hineinmarschierten. Wenige Minuten später stieß ich zu ihnen. Die Kirche war gerammelt voll mit Personen aller Altersstufen.

»Habt ihr nicht verstanden, daß heute ein Gottesdienst nur für junge Leute stattfinden soll?« fragte ich freundlich.

Sogleich sprang Mburumburu auf die Füße. Er war derjenige, der am Tag des Haarschneidens entdeckt hatte, daß er kahl war. Jetzt trug er den grünen Tropenhut, den ich ihm zum Schutz seiner Glatze vor der stechenden Sonne gegeben hatte. Er trug den Hut fast Tag und Nacht. Als er unter der breiten, herunterhängenden Krempe zu mir herüberschielte, bemerkte ich Besorgnis in seinen Augen. Sein dünner, grauer Bart zitterte, als er bereits den Mund öffnete, aber noch nach den richtigen Worten suchte. »Jesus ist nicht nur für die jungen Leute gestorben«, sagte Mburumburu entschlossen und ermahnend. »Er ist für uns alle gestorben. Wir alle wollen noch mehr von ihm erfahren.« Ein Murmeln der Zustimmung ging durch die Versammlung. Der alte Mann nahm wieder Platz und war zuversichtlich, daß seiner Ermahnung entsprochen werde. – Ich hatte keine andere Wahl. Dankbar für ihre Begeisterung erzählte ich ihnen von unserem wunderbaren Herrn Jesus, bis die Zeit zum Essen der Kartoffelblätter schon lange vorbei war.

Dem Bösen entrissen

»Kanggipaga wa e!« Draußen vor meinem kleinen Arbeitszimmer in Mamit lenkte eine eindringliche Stimme meine Aufmerksamkeit auf sich.

»Komm schnell, Kanggipaga! Ein großer Raubvogel ist in deinem Hühnerhof!«

Als ich das hörte, legte ich sogleich meine Papiere beiseite, schnappte meine Büchse sowie eine Handvoll Patronen und machte mich auf den Weg. Das bedeutete mehr Spaß, als die Grammatik der Danisprache zu studieren.

Vorsichtig näherten wir uns dem Hühnerhof. Die Hühner waren meine Freude und mein Stolz. Ich hatte mir hundert frisch geschlüpfte Küken per Luftpost aus Australien kommen lassen. Nach der Aufzucht hatte ich den Plan, an zwanzig verschiedene Ortschaften jeweils fünf Hühner abzugeben. Ich hatte nicht die Absicht, mein Lieblingsprojekt von einem hungrigen Raubvogel zerstören zu lassen.

Rasch kamen wir beim Gehege an. Aber es war kein Vogel zu sehen.

»Nun ist er weg«, sagte der Mann enttäuscht und sah zu den Baumspitzen auf.

»Du hast mich angelogen!« sagte ich mit gespieltem Ernst und hielt den Lauf meines Gewehres in seine Richtung. Ich hätte allerdings nichts Schlimmeres tun können. Unaufrichtigkeit war eine empfindliche Angelegenheit. Wenn jemand beschuldigt wurde, daß er einen Missionar angelogen habe, so bedeutete das eine grobe Beleidigung. Der Mann war tief gekränkt und erklärte, daß die Dani, als sie noch Heiden waren, niemals ihre Waffen gegen einen Freund gerichtet hätten – auch nicht zum Spaß. Nun aber war er ein Christ geworden, und was mich betraf, so war ich nicht nur Christ, sondern sogar Missionar und Lehrer. Wie konnte ich dann so handeln? Er wollte sich darüber nicht beruhigen. Schweigend hörte ich zu und entlud einstweilen das Magazin. Der Mann hatte recht! Der Vorfall tat mir aufrichtig leid.

»Warte«, unterbrach ich ihn, als er noch immer kein Anzeichen zeigte, mit seiner Rede zu einem Ende zu kommen, »du brauchst nicht länger aufgebracht zu sein. Es war nur ein Scherz von mir. Wir sind eben verschieden in dieser Hinsicht. Bei uns ist es nichts Schlimmes, die Waffe auf jemanden zu richten, wenn es nicht ernst gemeint ist.«

Mit großem Interesse hatte unser ältester Sohn John Mark die Vorgänge mitverfolgt. Zehn Monate zuvor hatte er unter denkbar primitiven Verhältnissen das Licht der Welt erblickt. Der holprige, unhygienische Start ins Leben hatte ihm jedoch keineswegs geschadet. John Mark war ein rundlicher, gesunder kleiner Kerl mit großen, braunen Augen, die fröhlich funkelten. Eine verschwenderische Fülle schneeweißer Locken umrahmte sein sonnengebräuntes Gesicht.

»Schau«, sprach ich weiter zu dem Mann, der nun etwas streitlustig geworden war. »Es macht auch nichts aus, wenn ich das Gewehr auf meinen eigenen Sohn richte.«
Um mein Argument zu beweisen und den Mann zu besänftigen, wollte ich schon den Abzug drücken. Da geschah es.

»Tu es nicht!« Eine Stimme in deutlichem, klarem Englisch sprach diese Worte zu mir. John Mark war es nicht gewesen; stolz starrte er auf den Gewehrlauf, der auf seinen runden Bauch gerichtet war. Meine Frau Ruth befand sich nicht in der Nähe. Es gab absolut niemanden in der Nachbarschaft, der diese Worte gesprochen haben konnte.

Erschüttert zog ich meine Waffe zurück und öffnete den Verschluß. Eine Patrone hatte sich darin befunden!

Es war eine ernüchternde Erfahrung. Wenn diese unbekannte Stimme mich nicht gewarnt hätte, hätte ich auf mein eigenes Kind geschossen. Eindringlich wurde ich daran erinnert, daß der Urheber der Apostelgeschichte noch immer in der Lage und gewillt war, Zeichen und Wunder zu vollbringen. Ich versprach, daß ich nie mehr auf irgend jemanden mit einer Waffe zielen würde – auch nicht zum Spaß.

Der Vorfall brachte mich dem Herrn näher. Auf eine neue und andere Weise war ich Ihm zutiefst zu Dank verpflichtet.

» Auch viele andere Zeichen hat nun zwar Jesus vor den Jüngern getan ...«[23] Die kraftvolle Befreiung von Angginonukwe war ein weiteres der vielen Zeichen, die wir während unserer Zeit in Irian Jaya als Zeugen miterlebten.

Kurze Zeit, bevor die Frau getauft werden sollte, erschienen die drei Ältesten Tuwanonuwa, Andugumanggen und Kabutna um ihretwillen bei mir.

»Angginonukwe ist verrückt geworden«, kamen sie gleich zur Sache. »Wir glauben, daß sie einen bösen Geist hat.«

In mir schlug etwas Alarm. Konnte ein Christ von einem bösen Geist besessen sein?

»Erzählt mir, was mit ihr los ist!« Ich war höchst neugierig.

»Es begann, nachdem du bestimmt hast, daß sie zur Taufe zugelassen wird«, begann Tuwanonuwa. Ein bißchen meinte ich einen Anklang von Sarkasmus in seiner Stimme zu hören. »Sie hat ihr Grasröckchen ausgezogen und läuft im Wald herum«, fügte Kabutna hinzu. Andugumanggen, ein Hirte vom Grunde seines Herzens, war um das körperliche Wohlergehen seines Schützlings besorgt: »Tagelang hat sie weder gegessen noch geschlafen.«

»Versucht sie einzufangen und bringt sie her, damit ich mit ihr sprechen kann«, entschied ich unvermittelt. Die Männer machten sich auf, als ob es um eine aufregende Jagd ginge.

Bald, nach meinem Gefühl viel zu bald, kam eine Prozession von Leuten in meinem vorderen Garten zum Stillstand. Die Ältesten trugen Angginonukwe. Recht wenig sanft lud man sie auf dem Boden ab. Eine große Menschenmenge versammelte sich um sie. Ihr ungewaschenes Gesicht hatte einen heimtückischen Ausdruck. Es erinnerte mich an den Zustand vieler Dani-Frauen vor ihrer Bekehrung. Ihre wild rollenden Augen glänzten in einer seltsamen Mischung von Haß und panischer Angst. Als ich in die Nähe kam, begann sie heftig zu kratzen; aus ihrem Mund kamen unflätige Worte und Schaum.

Obwohl ich auf diesem Gebiet noch keine Erfahrungen besaß, war ich sicher, daß es sich um einen Fall von Besessenheit durch Dämonen handelte. »Sie hat einen bösen Geist«, verkündete ich, mehr zu mir selbst gerichtet als zu den Zuschauern. Die Menge schwieg. Plötzlich überkam mich ein Gefühl von

Einsamkeit, als mir die Auswirkung dessen, was ich soeben gesagt hatte, bewußt wurde. Ich wußte, daß die meisten einen Zusammenhang zwischen Angginonukwes Verlangen nach der Taufe und ihrem derzeitigen Zustand sahen. Es war eine furchterregende Herausforderung, die uns die Mächte der Finsternis boten. Wenn es mir nicht möglich wäre, mich dieser Herausforderung zu stellen und mit der Kraft Christi zu überwinden, so wäre es besser, gleich die Koffer zu packen und nach Hause zu fahren.

Wer würde sich noch taufen lassen, wenn es bedeutete, damit dem Zorn der bösen Geister ausgesetzt zu sein? Wenn unsere Arbeit unter den Dani fortgesetzt werden sollte, dann mußte die Herrschaft Christi mit großem Nachdruck gefestigt werden. Ich konnte die Tragweite des Ereignisses kristallklar sehen und wußte, daß ich rasch zu handeln hatte.

»Angginonukwe hat einen bösen Geist«, wiederholte ich noch einmal. Für die Versammelten war dies ein alter Hut. Sie waren sich dessen schon sicher gewesen, bevor ich es war. Worauf es ihnen ankam, war, wie ich damit umgehen würde. Keiner bewegte sich; die Spannung stieg.

»Jesus Christus ist stärker als die bösen Geister«, sagte ich laut und deutlich, um die Spannung zu brechen. Es geschah nichts, niemand bewegte sich. Die Leute brauchten mehr als nur Worte. Ich merkte, daß ich Bestärkung nötig hatte. Indem ich mich an die Ältesten wandte, fragte ich sie: »Glaubt ihr, daß Jesus stärker ist als die bösen Geister?«

Noch niemals zuvor war es geschehen, nun aber trat es ein. Die Ältesten ließen mich mit der Angelegenheit allein. Auch waren sie nicht darauf vorbereitet, sich zu engagieren, wenn so viel auf dem Spiel stand wie in diesem Augenblick. Tuwanonuwa antwortete für alle: »Du hast uns gesagt, daß Er es ist.«

Ich wollte einen Rückzieher machen, aber ich konnte nicht. »Glaubt ihr, daß Jesus Christus diesen Geist austreiben kann?« fragte ich noch einmal. Die drei Ältesten antworteten gleichzeitig, sprachen damit aber nur den Zweifel aus, den ich ohnehin in ihren Augen lesen konnte: »Du hast uns gesagt, daß Er es kann.«

»Glaubt ihr, daß Jesus es in diesem Augenblick tun kann?«
Mir wurde immer banger zumute.
»Du hast uns gesagt, daß Er es kann.«
»Wir wollen beten«, bestimmte ich kurzerhand.
Alle Anwesenden beugten pflichtbewußt ihre Häupter und schlossen die Augen. Im Namen Jesu befahl ich dem bösen Geist, Angginonukwe in Ruhe zu lassen und unsere Gegend zu verlassen.
Als ich die Augen wieder öffnete, bemerkte ich, daß etwas mit ihr anders geworden war. Ihre Gesichtszüge hatten sich entspannt, ihre Augen hatten den wilden Glanz verloren. Wenn ich sie ansprach, reagierte sie.
»Sage ›Danke, Jesus‹«, ordnete ich an.
»Wa Jetut«, antwortete sie in ihrer Muttersprache.
Ich hätte vor Freude springen können und erwartete, daß Angginonukwe dasselbe tun würde. Doch gab es wieder eine Überraschung für mich. Sobald sie gesagt hatte »Wa, Jetut«, schloß sie die Augen. Einen schrecklichen Augenblick lang dachte ich, daß sie gestorben war. Aber sie war nur eingeschlafen, richtiggehend vom Schlaf übermannt worden. Tagelang hatte der böse Geist sie gequält und erschöpft. Ohne einen einzigen Moment der Ruhe war sie schreiend umhergelaufen und hatte weder gegessen noch geschlafen. Jetzt war sie frei. Frei, um in Ruhe zu schlafen. Wie es schien, war es das, was sie am dringendsten brauchte.
Die Ältesten hoben sie auf und trugen sie zu ihrer Hütte, wo sie mehr als 24 Stunden lang schlief. Als sie aufwachte, hatte sie Heißhunger. Sie aß so viel, daß es ihrem Magen nicht bekam und sie nicht an der Tauffeier teilnehmen konnte. Angginonukwe wurde dann bei der nächsten Gelegenheit getauft. Als wir 1974 das Missionsgebiet verließen, gehörte sie immer noch zur Gemeinschaft der Gläubigen.
Die Erfahrung mit Angginonukwe bestärkte die zum Glauben gekommenen Dani in ihrer Nachfolge. Ihr Vertrauen in den Herrn Jesus wurde immer größer; mit wachsendem Eifer versuchten sie, die Heilige Schrift auf ihr eigenes Leben anzuwenden. Oftmals kamen sie zu mir und fragten, sich auf eine be-

stimmte Schriftstelle berufend: »Ist das auch für uns gemeint?« Wenn ich mit »ja« antwortete, so gingen sie wie Kinder mit einem neuen Spielzeug davon. Sie benutzten ihr Spielzeug auch wirklich! Viele Kranke wurden geheilt. Böse Geister, manchmal in sichtbarer Gestalt, wurden ausgetrieben.

An einem Sonntag fühlte ich mich krank. Ich ließ die Ältesten wissen, daß ich nicht predigen konnte, weil ich heftige Halsschmerzen hatte. Binnen weniger Minuten erschienen die Ältesten bei mir zu Hause. Voll Begeisterung riefen sie aus: »Wir werden beten, und dann wird es dir möglich sein zu kommen!« Ich war nicht in der Stimmung, ihre Begeisterung zu teilen. Als aber die Zeit für den Gottesdienst herankam, war alles mit mir und meiner Stimme in Ordnung. Ich konnte wie immer sprechen und fühlte mich außergewöhnlich frisch. Wegen Krankheit zu Hause zu bleiben, wäre daher, ehrlich gesagt, ein falscher Vorwand gewesen. Ich ging zur Kirche und predigte. Andugumanggen, Tuwanonuwa und Kabutna saßen in der ersten Reihe und grinsten über das ganze Gesicht. Mit den Augen zwinkerten sie mir zu, als wollten sie sagen: »Wir haben es dir doch gesagt, Kanggipaga!«

Manchmal fragte ich mich, wer der Lehrer war.

»Ich bin der tote Mann«

Einer der Ältesten in Karubaga trug den Namen Leenggwa. Er war bereits ein älterer Mann. Da die Lebenserwartung in dieser Gesellschaft nur bei etwa 37 Jahren lag, galt ein Mann über fünfzig bereits als uralt.

Leenggwa war ein ruhiger und bescheidener Mensch. Regelmäßig brachte er uns Gemüse, das er für uns in seinem kleinen Garten zog. Er war ein Mann von geistiger Größe, den die anderen bewunderten. »Wie ist es möglich, daß unser Vater Leenggwa, der weder lesen noch schreiben kann, so viel von Gott weiß?« fragten sie sich.

An einem Tag, als er mir soeben ein großes Netz voll Tomaten gebracht hatte, bat mich Leenggwa um eine Unterredung. Anstatt wie üblich mit »Men ...« zu beginnen, hatte er seine eigene Art gefunden, wie er eine Pause einfügte, bevor er zu sprechen begann, oder wie er eine Lücke zwischen zwei

Leenggwa, ein ruhiger und bescheidener Ältester aus Karubaga

Sätzen ausfüllte. Er pflegte stets »Yoke« zu sagen, das bedeutet »Ja«.

»Yoke, Kanggipaga an amby mbuuluk yokkirit o«, begann er. »Ja, Kanggipaga, ich möchte mir dir reden ... hat man dir von Lenwarit erzählt?«

Lenwarit war ein einheimischer Ältester. Ich hatte nichts Bestimmtes über ihn gehört.

»Lenwarit ist gestorben und wurde wieder zum Leben erweckt.« Leenggwa strahlte liebenswürdig. Ich liebte diesen Ausdruck ernster Freude, der stets auf seinem runzeligen Gesicht lag.

»Ich wußte gar nicht, daß Lenwarit krank war«, antwortete ich, »aber es freut mich, daß es ihm jetzt besser geht.« Wenn jemand ernsthaft krank war, sagten die Dani, er sei »wie tot«.

»Du verstehst mich nicht!« fuhr Leenggwa geduldig fort. »Er war wirklich tot, aber jetzt lebt er wieder.« Leenggwa imitierte einen Toten, indem er die Arme emporriß und den Kopf mit heraushängender Zunge nach vorne fallen ließ.

Mehr als zehn Jahre hatte ich bereits bei den Dani verbracht. Bei anderen Stämmen hatte ich miterlebt, daß Menschen für tot erklärt wurden, die nur bewußtlos waren oder sich im Koma befanden. Da man sich vor dem Tod als dem Unbekannten fürchtete, versuchte man, diese Menschen so schnell wie möglich loszuwerden. Die Dani aber hatten sich noch nie geirrt: Wenn sie sagten, daß eine Person tot war, dann traf es auch zu.

»Lenwarit ist von den Toten auferstanden«, erklärte Leenggwa. Noch immer verwirrt, ersuchte ich ihn, mir Näheres mitzuteilen.

»Yoke ...« Er lächelte zufrieden. »Lenwarit wurde durch die Kraft Jesu auferweckt. Er war sehr krank und starb. Alle weinten viel um ihn. Obwohl wir wußten, daß wir unseren Bruder in Gottes Garten wiedersehen würden, mußten wir weinen, denn wir liebten unseren Bruder. Außerdem brauchten wir ihn noch, weil er ein guter Ältester war.«

Leenggwa hielt inne, um seine Worte nochmals zu überdenken. Als er weiter sprach, floß seine Stimme über von einer neuen Wärme und Erregung.

»Einer machte den Vorschlag: ›Da wir unseren Bruder noch brauchen, bitten wir doch unseren himmlischen Vater, daß Er ihn wieder lebendig macht!‹ Ein anderer sagte: ›Jesus war tot und kam wieder zum Leben. Er erweckte auch Lazarus und den jungen Sohn der Witwe!‹ Daraufhin stimmten alle zu, Jesus zu bitten, Er möge Lenwarit auferwecken. Viele Männer befanden sich in der Hütte, Lenwarits Leichnam lag auf dem Boden. Lange Zeit hindurch baten wir um neues Leben für unseren Bruder. Alle beteten inbrünstig, aber es geschah nichts.« Gedankenvoll schüttelte Leenggwa seinen Kopf und erlebte im Geist den Kampf noch einmal mit, den sie ausgestanden hatten.

»Yoke«, wiederholte er, »es geschah nichts, obwohl wir die ganze Nacht durchgebetet haben. In der Morgendämmerung erhoben sich einige der jüngeren Männer. ›Unser himmlischer Vater erhört uns diesmal nicht‹, sagten sie, ›wir wollen Feuerholz sammeln und unseren Bruder einäschern ...‹ Ich sagte, laßt uns noch einmal beten. Da begann Lenwarit sich zu bewegen. Er setzte sich auf! Dann sah er um sich und sagte: ›Ich bin sehr hungrig. Sind noch Süßkartoffeln da?‹ – Er war wieder lebendig geworden! Er war nicht einmal mehr krank!« Leenggwas Stimme triumphierte. Nachträglich fügte er hinzu: »Heute Abend will ich mit ihm zu dir kommen, damit du ihn sehen kannst. Unsere Leute waren alle sehr erstaunt. Viele haben ihre Sünden bekannt und ihre Angelegenheiten mit Gott bereinigt.«

Leenggwa verstummte. »Nun habe ich alles zu Ende erzählt und will nach Hause gehen.«

Er hängte sein leeres Netz über eine Schulter und schlenderte weiter.

Am Abend kam er mit Lenwarit zurück.

»Ich bin der tote Mann«, stellte sich Lenwarit fröhlich und ein bißchen stolz vor. In Wirklichkeit konnte er nicht viel sagen, weil er nichts von dem mitbekommen hatte, was vor sich gegangen war.

»Hast du irgend etwas gesehen, während du tot warst?« wollte ich von ihm wissen.

Er hatte nichts wahrgenommen.

»Hast du etwas gehört?«

»Nichts, mein Vater. Es war, als ob ich schlief.«

Weiter gab es nichts zu sagen. Die beiden Ältesten machten sich wieder auf den Heimweg.

Zur gleichen Zeit erreichten uns Berichte von drei oder vier ähnlichen Vorkommnissen. Ich befragte noch einen weiteren Mann, der nach seinem eigenen Zeugnis und dem der anderen tot gewesen war. Jener Mann war mir bekannt, und ich traf ihn regelmäßig. Auch er war ein wiedergeborener Christ. Doch ich hörte zu spät von den Vorgängen, als daß ich hätte hingehen können, um meine eigenen Nachforschungen anzustellen. Die Dani wären wegen der Auferweckungen gar nicht zu mir gekommen. Warum sollten sie auch? Einige Zeit vorher waren einige von ihnen erschienen und hatten mich gefragt: »Kann Jesus auch Menschen aus dem Dani-Stamm auferwecken, wie Er Lazarus auferweckt hat?« Mit Furcht und Zittern hatte ich ihnen erklärt, daß Er es konnte. Mehr brauchten sie nicht. Sie wußten, daß ich sie niemals anlog, und – was noch wichtiger war – daß man sich auf Gottes Wort voll und ganz verlassen konnte. Warum sollten sie mir immer Meldung machen, wenn ihre Gebete erhört wurden? Es war einfach ein Teil der Erfahrung eines Christen, nicht mehr und nicht weniger.

Sie hatten alles gemeinsam

In der Apostelgeschichte lesen wir: »Alle Gläubiggewordenen aber waren beisammen und hatten alles gemeinsam«.[24] Im nächsten Abschnitt erfahren wir, wie es dazu kam: »Sie verkauften ihren Besitz, ihre Habe und verteilten sie an alle, je nachdem einer bedürftig war.« Ich bin überzeugt, daß diese ersten Gläubigen so großzügig gaben, weil sie mit den Herzen dabei waren. Sie hatten erfahren, wie gnädig Gott ihnen gegenüber war und wollten auf ähnliche Weise antworten. Ungefähr 50 Jahre später schon mußte der Apostel Paulus die Christen in Korinth ermahnen: »Jeder gebe ... nicht in Verdrossenheit oder aus Zwang; denn einen fröhlichen Geber liebt Gott«.[25]

Wer fröhlich gibt, richtet seinen Sinn vor allem darauf, was er geben kann, und nicht darauf, was ihm selbst noch bleibt. Sein Geheimnis besteht darin, daß er sich zuerst dem Herrn hingegeben hat. Das war auch die Haltung der Gemeinden in Mazedonien: »... daß bei großer Bewährung in Bedrängnis sich der Überschwang ihrer Freude und ihre tiefe Armut als überreich erwiesen haben in dem Reichtum ihrer Freigebigkeit.«[26]

Vor meiner Abreise nach Irian Jaya hatte ich in den Vereinigten Staaten einmal bei einer Missionskonferenz in Baltimore alle Etikette für Missionare und Gastsprecher mißachtet und war, getrieben von Ungeduld und Frust, einfach vorgetreten und hatte öffentlich bekannt, daß ich nur deshalb nicht auf das Missionsfeld hinauskonnte, weil keine Mittel da waren. Für dieses ungeziemende Betragen wurde ich vom Sekretär unserer Missionsgesellschaft scharf zurechtgewiesen. Niemals werde ich die Worte vergessen, mit denen er seine Schimpfrede beendete: »Je mehr du gesagt hast, desto peinlicher war es mir.« Das war schon eine Ermutigung für einen Kandidaten, denn ich hatte ihm ja noch nicht einmal alles erzählt.

Unmittelbar nach der Veranstaltung kam eine offensichtlich gut situierte Dame auf mich zu.

»Wenn ich eine Million Dollar besäße, würde ich sie Ihnen zur Verfügung stellen«, sagte sie freundlich.

»Liebe Dame«, antwortete ich, »wenn Sie warten wollen, bis Sie eine Million Dollar besitzen, könnte es sein, daß Sie nie etwas für die Mission geben können.«

Binnen einer Woche schickte die Dame einen Scheck über fünfhundert Dollar. Ich wußte damals noch nicht, daß sie schon lange zu den großzügigen Spendern gehörte, die schon viel für die Mission gegeben hatten. Sie hatte gelernt zu geben, und dieses Privileg des Gebens übte sie mit großer Treue aus.

Wir sprachen mit den Dani nicht viel über diese Dinge. Sie waren so furchtbar arm; dennoch gaben sie das wenige, das sie besaßen, mit freudigen Herzen; manchmal war es beschämend und belustigend zugleich.

In Witiny, einem Ort etwas außerhalb von Mamit, war soeben ein Gottesdienst zu seinem Ende gekommen. Einige Leute waren bereits aufgestanden, um zu gehen, während ich noch sitzen blieb, um auf die Männer zu warten, die mich zurückbegleiten würden, und die noch mit Verabschieden beschäftigt waren. Auf der Seite sah ich einen Mann mit den Ältesten diskutieren; seine Haltung wirkte freundlich, jedoch bestimmt. Dann gab er einem kleinen Jungen ein Zeichen, ein Schwein herbeizubringen, das an einem Baum in der Nähe angebunden war. Der Mann nahm es in seine Arme und kam damit auf mich zu.

»Men …; Kanggipaga …« Offensichtlich suchte er nach den rechten Worten. Indem er sich umblickte, bat er einen der Ältesten: »Sage du es ihm!« Gerne kam der Älteste dieser Aufforderung nach: »Der Mann möchte, daß du dieses Schwein behältst.« Ich wollte gerade sagen, daß ich kein Interesse am Kauf eines Schweines hätte, da fuhr er fort: »Er möchte es dir schenken. Weil du ihm zum ewigen Leben verholfen hast, möchte er dir aus Dankbarkeit auch etwas geben.«

»Schließlich habe nicht ich ihm das ewige Leben gegeben«, beeilte ich mich schnell zu versichern.

»Aber wenn du nicht gekommen wärst, hätte ich in meinen Sünden sterben müssen«, sagte der Mann jetzt. »Bitte, nimm es doch an!«

Da ich ihn nicht verletzen wollte, nahm ich nun doch sein großzügiges Geschenk an. In früheren Zeiten hatten sich die

Männer oftmals gegenseitig umgebracht, wenn um ein Schwein gestritten wurde. Nun wurde ein Schwein einfach verschenkt!

»Wenn er in den Garten unseres himmlischen Vaters kommt, kann er es ohnehin nicht mitnehmen«, erklärte der Älteste.

»Ja, was denkt ihr denn? Meint ihr nicht, daß ich auch dorthin gehen möchte?« gab ich zurück.

Allgemeines Gelächter folgte. Ich bedankte mich vielmals bei dem Mann und machte mich auf den Heimweg. In unserer Gesellschaft befand sich auch ein zufrieden grunzendes Schweinchen.

Aber schon bald entglitt uns die ganze Sache. Ich konnte nirgends mehr hingehen, ohne daß Menschen mir nach dem Gottesdienst ihre Geschenke anboten: vor allem Schweine, später auch Hühner. Die einen gaben aus Dankbarkeit, andere, um von Menschen gesehen zu werden. Wieder andere erhofften sich einen nützlichen Lohn.

Daher beschloß ich, keine weiteren Zeichen von Liebesgaben anzunehmen. Um niemanden zu verletzen, zeigte ich zwar Anerkennung für ihre Geschenke, bat sie aber zugleich, die Tiere für mich bei ihnen zu Hause in Pflege zu halten. »Ich werde es mir holen, wenn ich es brauche«, sagte ich, erwähnte aber nicht, daß ich es wohl nicht so bald brauchen würde. Aber sogar mit dieser Aussage mußte ich vorsichtig sein. Eines Tages kam ein Mann ganz aufgeregt zu mir gelaufen, völlig außer Atem von der Anstrengung. »Kanggipaga, kannst du dich an das Schwein erinnern, das ich dir geschenkt habe? Stell dir vor, es hat zehn Junge bekommen!«

»Fliegende Untertasse« war so arm, daß er nicht einmal ein Schwein besaß. Ich wußte um seine Aufrichtigkeit, als er eines Tages mit einem ganzen Netz voll frischer Gurken in meinem Hof erschien.

»Kanggipaga«, sagte er so bedächtig wie immer, »mein Freund Kanggipaga, du hast mir ewiges Leben geschenkt.«

An diese Ausdrucksweise hatte ich mich so gewöhnt, daß ich sie nicht mehr berichtigte.

»Kanggipaga, weil du mir so viel geschenkt hast, möchte ich dir auch etwas geben.«

Sorgfältig legte er Stück für Stück auf das Gras; es kam fast einem Ritual gleich. Die Dankbarkeit, die aus seinen Augen strahlte, übertraf bei weitem den Wert der Gurken. Diese überlegte Großzügigkeit bewegte mich tief.

»Aber ich möchte dir auch etwas geben«, sagte ich.

Der Mann sah entsetzt drein: »Nein, nein, das hier ist ein Geschenk. Du hast mir bereits so viel gegeben. Du bist mein Freund.«

»Eben weil wir Freunde sind, möchte ich dir auch etwas geben«, beharrte ich. Ich lief in die Küche, wo ich eine große Packung Salz holte. Die Leute hier waren ganz wild nach diesem Salz. Früher hatten sie nur eine schmutzige Substanz gekannt, die einen leicht salzigen Geschmack besaß. Und nicht einmal das war leicht zu bekommen.

Fliegende Untertasse wollte sich nicht auf eine Diskussion einlassen. Höflich bedankte er sich für mein Geschenk und ging, aber die rechte Freude war aus seinen Augen verschwunden.

Am nächsten Tag kam er noch einmal. Von meinem Arbeitszimmer aus sah ich, wie er verstohlen auf das Haus zuging, und ich fragte mich, was er wohl vorhaben mochte. Als er zur Küchentür kam, blickte er sich um, ob ihn jemand sehen könne, dann öffnete er behende sein Netz und schüttete eine neuerliche Ladung Gurken auf den Boden. Dann lief er so schnell wie möglich weg. In seinem Gesicht stand tiefe Zufriedenheit geschrieben. Endlich war es ihm gelungen, seinen Freund auszutricksen und ein wirkliches Geschenk zu überbringen!

Vom Wilden zum Büchermenschen

1957 war in Karubaga die erste Missionsstation des Swart-Tals eröffnet worden. Die ersten Tage unseres Aufenthalts in Irian Jaya hatten wir dort verbracht, bevor wir weiter ins Landesinnere, nach Mamit, kamen. Später, in den Jahren 1966 bis 1974, waren wir wieder in Karubaga stationiert.

Es war im Juni 1966, als wir von unserem ersten Heimaturlaub zurückkehrten. Es war zunächst eine Enttäuschung für uns, daß die Missionskonferenz uns wieder Karubaga zugewiesen hatte. Viele Erinnerungen und Lebensgeschichten von Freunden verbanden uns mit Mamit. In Karubaga war alles anders. Es war mit seinem besser ausgebauten Landestreifen, dem kleinen Missionsspital und der Bibelschule nicht nur größer, sondern auch unpersönlicher.

Einer der ersten Absolventen der »Maranatha Bibelschule«

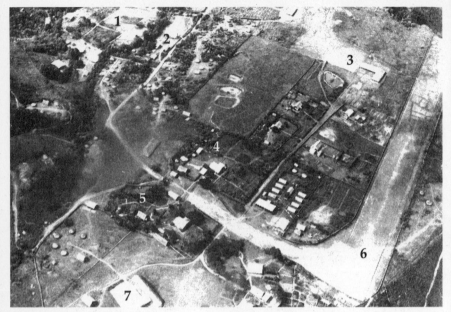

1. Gebäude der Bibelschule
2. Haus/Garten der Familie Teeuwen
3. Schule
4. Haus/Garten der Masters
5. Häuser verschiedener Missionare
6. ehemaliger Landestreifen
7. Krankenhaus

Das Muster, wie es im zweiten Kapitel der Apostelgeschichte niedergelegt ist, traf jedoch auch hier zu. Gottes Geist hatte nicht nur durch Mamit und Kanggyme geweht, sondern auch durch Karubaga.

Lukas, der geliebte Arzt, hatte berichtet: »Der Herr aber tat täglich hinzu, die gerettet werden sollten.«[27] Dies war die Situation im gesamten Swart-Tal. Nun sahen wir uns dem nächsten Schritt in der Entwicklung der Gemeinden gegenüber, nämlich für einheimische Führungskräfte der örtlichen Gemeinden zu sorgen.

Im Juni des vorangegangenen Jahres hatte die »Sekolah Alkitab Maranatha«, die Maranatha-Bibelschule, in Karubaga ihre Tore geöffnet. Bald kannte man sie unter dem Namen »SAM«. Jede der drei Missionsstationen im Swart-Tal konnte acht bis neun Studenten dorthin entsenden. Schließlich stieg die Teilnehmerzahl auf 90 männliche und 65 weibliche Schüler. Die Einschreibebedingungen wurden so einfach wie möglich gehalten:

- Wiedergeburt[28]
- Ein gutes Zeugnis in der Gemeinde
- Bewährte Führungsqualitäten
- Die Fähigkeit, zu lesen und zu schreiben.

Von den drei ersten Ältesten aus Mamit konnte nur Tuwanonuwa die Bedingungen erfüllen, Andugumanggen und Kabutna scheiterten am letzten Punkt.

Das Schulgebäude und seine Einrichtungen unterstrichen die Einheit der Christen, da frühere Feinde nun Seite an Seite arbeiteten, um Unterkünfte und Klassenzimmer für ihre zukünftigen religiösen Leiter zu errichten.

Nachdem wir – ähnlich wie in Mamit – ein Jahr lang auf der Station verschiedene Aufgaben wahrgenommen hatten, fragte man Ruth und mich, ob wir uns dem Lehrkörper der SAM anschließen wollten. Nun arbeiteten wir wieder mit John und Helen Dekker zusammen wie früher in Kanggyme. Durch die Studenten konnten wir auch den Kontakt zu unseren früheren Stationen aufrechterhalten.

Es bleibt abzuwarten, wer am meisten gelernt hat – Studenten oder Lehrer!

Zu meinen ersten Schülern gehörte Wengguninik, ein temperamentvoller kleiner Mann, der bei früheren Kämpfen ein Auge verloren hatte. Unsere erste Bekanntschaft geht auf die frühen Tage in Kanggyme zurück.

Schuld an allem trug meine unzureichende Kenntnis der Dani-Sprache. Ich hatte zehn Männern den Auftrag gegeben, für Bauzwecke Baumstämme aus den Wäldern herbeizuschaffen und war der Meinung, daß wir übereingekommen waren, daß sie für je vierzig Stämme eine Stahlaxt erhalten sollten – unter Menschen im Steinzeitalter ein hochgeschätzter Besitz. Am Abend erschienen etwa hundert Männer, die jeweils einen Baumstamm trugen und eine Stahlaxt als Bezahlung forderten.

Ich fand es unerhört, denn ich hatte gar nicht so viele Beile vorrätig. Es kam mir vor, als wollten sie mich provozieren. Ihr Anführer war ein temperamentvoller kleiner Mann, der nur ein Auge besaß.

Zunächst versuchte er es mit freundlicher Überredung. Dann begann er Druck auszuüben, indem er die sofortige Auslieferung der Äxte verlangte. Als ich mich nicht erweichen ließ, wurde er zornig und widerlich. Langsam schien er die Kontrolle über sich zu verlieren. Solche Szenen hatte ich bereits miterlebt, jedoch nur als Zuschauer. Die Lage begann kritisch zu werden. Der kleine Bursche lief nun hin und her, sprang auf und nieder. Das Gemurmel seiner Landsmänner wurde immer lauter und steigerte noch seine Raserei. Drohend schwang er seine Steinaxt vor meinen Augen. Sein Verhalten war eine offene Einladung an die bösen Geister. Bevor sie in den Kampf zogen, führten die Dani für gewöhnlich wilde Tänze auf, wobei böse Geister von den Männern Besitz nahmen. Ich wußte, wenn das jetzt eintraf, befanden wir uns in ernsthaften Schwierigkeiten.

Die Erlösung kam auf ganz unerwartete Weise. Ruth befand sich mit Priscilla und dem erst wenige Wochen alten John Mark in unserer Hütte. Durch den Lärm draußen beunruhigt, erschien sie in der Tür, um nachzusehen, was vor sich ging. Ruth hatte sich immer vor Spinnen und anderen kleinen Insekten gefürchtet, nun aber fand sie den Mut, hundert tobenden Dani-Männern gegenüberzutreten. Bebend und weiß wie ein Leintuch verließ sie das kleine Haus, kam zu mir herüber und legte ihren Arm um mich.

Ein Durcheinander war die sofortige Folge. – Was war das? Wenn sie mit einer brennenden Fackel aus dem Haus gelaufen wäre oder Steine geschleudert hätte, um meine Widersacher zu vertreiben, so würden sie es verstanden haben und hätten die Herausforderung angenommen. Was aber steckte hinter diesem absonderlichen Verhalten?

Die verdutzten Männer, die schon öfter seltsame oder unverständliche Dinge mit diesen Missionaren erlebt hatten, wurden von Furcht ergriffen. Was weiter geschah, war für mich genauso unerklärlich wie die Handlungsweise meiner Frau für die wütenden Dani. Der Anführer verlor immer mehr an Unterstützung und beruhigte sich von selbst. Meine Angreifer zogen sich zurück, einer nach dem anderen. Es war wunderbar! Wenige Minuten später waren alle verschwunden.

Der kleine, temperamentvolle, einäugige Krieger war natürlich Wengguninik. Mehrere Jahre nach dem geschilderten Ereignis schloß er die Bibelschule ab. Derzeit ist er für die Jugendarbeit im Gebiet von Kanggyme verantwortlich.

Keine Bibeln, bitte!

Ich saß an meinem äußerst einfach gestalteten Schreibtisch in einem der SAM-Klassenzimmer und ließ meinen Blick über meine Schüler schweifen. Ich unterrichtete wirklich gerne hier. Was den Schülern an grundlegenden Kenntnissen fehlte, machten sie mit Eifer und Hingabe wett. Eben warteten wir auf die Ankunft der letzten Studenten.

»Was kann mit ihnen passiert sein?« fragte ich scherzhaft. »Sind sie auf dem Weg von der Kapelle herüber verloren gegangen?« Die »Kapelle«, wo sich alle Studenten am Morgen vor dem Unterricht zu versammeln pflegten, lag knapp 100 Meter entfernt. »Vielleicht sind sie nach Hause gegangen, um noch ein wenig zu schlafen«, deutete jemand an. Die Männer liebten es zu scherzen. »Schlafen?« fragte ich mit gespielter Entrüstung. »Wie kann ein SAM-Schüler seine Zeit verschlafen? Meint ihr denn, daß Gott jemals schläft?« – Ein Student griff die Frage auf. Mit einem Ausdruck stiller Freude sagte er sacht: »Warum sollte Gott schlafen? In seiner Gegenwart ist es doch immer hell!«

Als alle angekommen waren, kündigte ich an, daß wir einen Test abhalten würden. Sofort glich das Klassenzimmer an Aktivität einem Bienenhaus. Einige begannen, ihre Bleistifte zu spitzen, als ob es um ihr Leben ginge. Andere verließen sogleich ihre Schreibtische und setzten sich mit nach einheimischer Art verschränkten Beinen auf den Boden. Es war eine Sache, während des Unterrichts wie der Lehrer der Missionsgesellschaft bei einem Tisch sitzen zu bleiben; doch so zu sitzen, wenn man sich aber auf schwierige Testfragen zu konzentrieren hatte, war eine andere.

Die Tests waren nicht einfach und flößten den Studenten stets Ehrfurcht ein. Am Anfang entstand daraus freilich auch Verwirrung. In unseren Lektionen betonten wir immer die Notwendigkeit, anderen gegenüber hilfsbereit und rücksichtsvoll zu sein. Wenn aber das Examen herankam, änderten wir gnadenlos und ohne Erklärungen unsere Haltung. »Ihr dürft einander nicht helfen«, warnte ich sie streng. »Wer es dennoch tut, muß sein Heft abgeben und hinausgehen.« Die Klasse verlassen zu müssen, bedeutete eine furchtbare Schande, denn die Männer waren sich sehr wohl ihres Privilegs bewußt, als Vertreter ihrer Ortsgemeinden ausgewählt worden zu sein.

Unser Verhalten, das den Gebrauch der Heiligen Schrift betraf, beunruhigte die Studenten noch viel mehr. Wir ermutigten sie stets, die Bibel zu lesen und zu studieren, indem wir aufzeigten, daß sie in Zeiten der Not eine Quelle des Trostes und der Weisheit darstellt. Bestimmt war die Examenszeit auch eine solche Zeit der Not! – Aber was gebot ich hier? »Während des Examens dürfen weder die Evangelien noch andere Teile der Schrift verwendet werden.« Die Studenten waren ob meiner Inkonsequenz bestürzt.

Wir versuchten, strenge Testregeln aufzustellen, konnten sie aber nicht verständlich machen, weil sie zum Teil unlogisch waren.

Olomban war ein treuer und vielversprechender Ältester aus Kanggyme, zudem ein scharfsinniger Schüler. Während einer Examensarbeit blieb mir beinahe der Mund vor Staunen offen, als ich zusah, wie dieser anständige Mann eines seiner Evangelienhefte hervorholte. Ohne den geringsten Versuch der Geheimhaltung begann er darin zu blättern.

»Was machst du da, Olomban?«

Mit unschuldiger Hilflosigkeit blickte er mich an. »Ich entsinne mich einfach nicht auf die richtige Antwort zu dieser Frage. Ich weiß sie, aber sie fällt mir nicht ein.« Er lächelte: »Sie steht ganz bestimmt in diesem Buch! Ich weiß es, denn ich habe sie erst neulich gelesen.«

Schließlich hatte ich verstanden, was er sagen wollte. Wir mußten unsere Examen anders gestalten. Unser gesamtes Lehrprogramm war auf die Bibel ausgerichtet. Warum waren wir dann auf den Gedanken gekommen, ihren Gebrauch zu verbieten? Die Logik der Dani konnte man manchmal nur schwer widerlegen.

Vermißt, wahrscheinlich getötet

An den Nachmittagen gab es keinen Unterricht außer Englisch, wofür ich aber nicht verantwortlich war. Ich begab mich in mein Arbeitszimmer und genoß die Vorstellung eines ungestörten Nachmittags, den ich nutzen wollte, um Unterrichtsmaterial vorzubereiten.

Ein einfacher Kommentar zur Apostelgeschichte war bereits in der Sprache der Dani fertiggestellt, ebenso mehrere kleine Bücher über das Leben Christi. Diese Art von Arbeit liebte ich! Trotz vieler Schwierigkeiten hörte ich nie auf, mich über das Vorrecht, im vollzeitlichen Missionsdienst zu stehen, zu wundern. Zufrieden sah ich mich im Arbeitszimmer um, meine Augen wanderten die Bücherregale entlang.

Den größten Teil unserer Bibliothek hatten wir ausrangiert, bevor wir in die Mission gegangen waren. Um so mehr hing ich an den wenigen Büchern, die übriggeblieben waren. Ich liebte mein kleines Arbeitszimmer. Die Temperatur im Raum lag bei angenehmen 27 Grad Celsius. Der Kalender zeigte den 26. September 1968 an.

Das Geräusch eines Motorrads, das vor dem Haus zum Stillstand kam, riß mich aus meinen Träumereien. Ich runzelte die Stirn über diese unliebsame Unterbrechung. Dave Martin, ein Kollege aus Kanada, stürzte die Stiege herauf in mein Arbeitszimmer. Er war blaß, seine Stimme klang nervös. Seine Worte sollten meinen Schulvorbereitungen für viele Tage ein jähes Ende setzen.

»Stan und Phil werden vermißt, man glaubt, daß sie umgebracht wurden!« rief er atemlos und setzte sich dann hilflos auf den Holzboden nieder.

Stan Dale und Philip Masters waren ebenfalls Missionare der RBMU; Stan stammte aus Australien, Phil aus den Vereinigten Staaten. Sie waren im östlichen Hochland stationiert; Stan in Ninia, Phil in Koruppun.

Die Missionsstation in Ninia war im März 1962 eröffnet worden, Koruppun im Januar 1964. Die Stämme der Yali und der

Stan Dale mit Familie

Phil Masters mit Familie

Kimyal, die in diesem Gebiet lebten, hatten auf das Evangelium völlig anders reagiert als die Dani im Swart-Tal.

Stan und Phil verließen am 18. September gemeinsam Koruppun in der Absicht, die Sprachgrenzen zwischen beiden Stationen zu erforschen, das Evangelium in den Siedlungen am Weg zu verkündigen und einen geeigneten Landeplatz ausfindig zu machen. Drei Träger aus dem Stamm der Dani aus Karubaga und ein Mann aus Ninia begleiteten sie. Es war nicht die erste Missionsreise durch dieses Gebiet. Wenige Jahre zuvor waren Stan und sein Mitarbeiter Bruno de Leeuw durch Teile desselben Tales gewandert, ohne auf besondere Schwierigkeiten zu stoßen.

Dave Martin hatte um 1.15 Uhr nachmittags einen Funkspruch von Angguruk erhalten. Zwei der Männer aus Karubaga, die Stan und Phil begleiteten, Ndenggeniyak und Nigitanggen, waren bei der Station angekommen und hatten berichtet, daß Stan und Phil angegriffen und ermordet worden seien.

Ich war über Dave's Bericht noch nicht übermäßig beunruhigt. Viele von uns waren von Zeit zu Zeit in Schrecken versetzt worden. Neuigkeiten des Nachrichtendienstes waren nicht immer zuverlässig. Viele Fragen waren offen, und anscheinend hatte Dave nicht genügend Informationen für deren Beantwortung.

»Es ist gut, daß Frank hier ist«, sagte ich. »Warten wir ab, was *er* vorschlägt.«

Frank Clarke, der in Mamit stationiert war, befand sich gerade für einige Tage in Karubaga. In diesem Jahr war Frank zum Feldleiter bestellt, er war daher derjenige, der die weitere Vorgehensweise zu bestimmen hatte.

Klugerweise ließ er sich auf kein Risiko ein. Sogleich nahm er Kontakt mit MAF auf und ersuchte um ein Flugzeug, um an dem Ort Nachforschungen anzustellen, wo die Angriffe nach den Berichten stattgefunden hatten. Ganz spontan beschloß ich, mich ihm anzuschließen. »Wenn ich an der Stelle von Stan oder Phil wäre, würde Ruth es bestimmt begrüßen, wenn jemand freiwillig mitginge, um herauszufinden, was passiert ist«, sagte ich zu mir selbst. Ruth stimmte vollauf zu.

Kurze Zeit später befanden sich Frank und ich bereits in der Luft. Paul Pontier, Pilot der MAF, der den Spitznamen Pablo trug, weil er kurze Zeit in Mittelamerika gearbeitet hatte, flog uns nach Angguruk, um Ndenggeniyak und Nigitanggen an Bord zu nehmen. Die beiden stellten sich als hervorragende Führer heraus. Mit erstaunlicher Genauigkeit erkannten sie die verschiedenen Orte, an denen sie sich in den vergangenen Tagen aufgehalten hatten. Während die kleine Cessna ihren Weg zwischen den Bergketten suchte, hielten wir nach allen nur denkbaren Hinweisen Ausschau, um herauszufinden, wo Phil und Stan verblieben sein konnten. Als wir schon nahe an die Gegend herangekommen waren, die wir vor allem in Augenschein nehmen wollten, mußten wir die Suche abbrechen, da schwere Wolken über dem Tal aufgezogen waren und uns die Sicht nahmen.

Pablo flog uns zurück zu seinem Stützpunkt in Wamena im Baliem-Tal. An diesem Tag konnten wir nichts mehr unternehmen.

Die Lage sah nun ernster aus, als ich zunächst angenommen hatte. Wir befragten die beiden Dani ausführlich, konnten aber keine endgültigen Schlußfolgerungen ziehen.

»Sie schossen unsere Väter nieder«, bestätigten beide Männer mit Nachdruck.

»Habt ihr gesehen, daß sie tot waren?«

»Wir haben gesehen, wie man auf sie schoß.«

»Vielleicht sind sie lediglich verwundet worden.«

»Man hat auf sie mit vielen Pfeilen geschossen.«

Wir drängten auf mehr Antworten, als die Männer, die selbst mit letzter Kraft entflohen waren, mit Aufrichtigkeit liefern konnten. Eine quälende Ungewißheit blieb zurück. Nachmittags um 5.50 Uhr sprang der Funkempfänger in Wamena mit einem Knakken an.

»Wamena, Wamena – Angguruk. Ende.«

»Roger, Paul! Soeben ist ein Träger aus Ninia mit Namen Jimo angekommen, der Stan und Phil begleitet hat. Er bestätigt, daß Stan und Phil angegriffen und getötet worden sind. Ende.«

»Hat er gesehen, daß sie tot waren? Ende.«

»Nein! Zugleich mit den Männern aus Karubaga begann er wegzulaufen. Aber er sagt, daß sie tot sind. Ende.«

Das war das Ende des Gesprächs. Gut zu wissen, daß Jimo sich in Sicherheit bringen konnte. Was aber war mit Stan und Phil geschehen? Hatte man sie wirklich umgebracht oder nur verwundet, und wie schwer? Wo befanden sie sich? War es möglich, daß man sie gefangengenommen hatte? Was war mit dem dritten Mann aus Karubaga, Ndenggen, geschehen? Über ihn hatten wir nichts erfahren. Diese Fragen ließen uns keine Ruhe.

Wir saßen soeben beim Essen, das Ruth Pontier für uns zubereitet hatte, als sich das Funkgerät plötzlich und unerwartet meldete. Zu dieser Zeit war Nachrichtenverkehr höchst ungewöhnlich. Wir hörten eine männliche Stimme.

»Phil!« riefen wir alle vier zugleich.

Die Stimme übermittelte einige kurze Sätze, aber atmosphärische Störungen entstellten sie, so daß wir nichts verstehen konnten – Phils Botschaft ging verloren. Sogleich bestätigte Paul durch das Mikrophon, daß wir zuhörten. Es kam keine Antwort. Paul ersuchte um Wiederholung der Botschaft, änderte den Kanal, versuchte einen Blindabsatz[29], jedoch alles vergeblich. Was immer wir versuchten, es war keine weitere Kommunikation möglich. Aber noch hatten wir Hoffnung!

Früh gingen wir zu Bett, schliefen in dieser Nacht aber nicht viel.

Die herrliche Ruhe des Morgens stand in seltsamem Kontrast zu unseren Gefühlen. Wir konnten es kaum erwarten aufzubrechen. Unser Inneres war voller Fragen, Zweifel, Hoffnungen und Befürchtungen, dennoch, so eigenartig es klingt, es drängte uns, Gott gemeinsam für seine wunderbare Schöpfung zu danken. Die Sonne war noch kaum am Horizont sichtbar. Ein einsamer Vogel begann zögernd mit seinem Morgenkonzert.

Paul startete die Cessna. Das Motorengeräusch zerriß die Stille des Morgens. Wir rollten auf den Startplatz zu und ersuchten um Starterlaubnis. Mit Vollgas bewegte sich das Flugzeug vorwärts, als ahnte es, daß es sich um einen dringenden Fall handelte. Der Boden entfernte sich, schon sahen wir kleine Wölkchen silbrig-blauen Rauchs von den Grasdächern der Hütten unter uns aufsteigen. Die Eingeborenen waren dabei, ihr Frühstück aus Süßkartoffeln zu kochen. Wir konnten eine winzige Gestalt wahrnehmen, die sich auf dem Weg zur nahegelegenen Quelle bewegte. Dunkelbraun und träge lag der Baliem-Fluß unter uns, er sah aus wie eine dicke, unerträglich süße Paste aus Schokolade. Wir gewannen an Höhe; frostige Morgenluft drang in die Maschine. Es lief mir kalt den Rücken hinunter.

Wir entschlossen uns, zunächst Ninia anzufliegen. Vielleicht waren unsere vermißten Kollegen in der Nacht oder am frühen Morgen dort aufgetaucht. Als die von der Sonne beschienene Station in Sicht kam, wirkte sie seltsam still. Kein Mensch zeigte sich auf dem Landestreifen. Kein ermunternder Rauch stieg vom Kamin des Dale'schen Hauses auf. Auch im Garten war niemand zu sehen, alles sah ganz verlassen aus – es machte keinen guten Eindruck.

Obwohl Missionare und Helfer aus dem Dani-Stamm hart gearbeitet hatten, war der Landestreifen in Ninia für die Piloten immer noch ein Horror. Wenn am Landeplatz ein Flugzeug ankam, konnte es vom anderen Ende nicht wahrgenommen werden. Die Errichtung des Landeplatzes hatte fast ein Jahr in Anspruch genommen, weitaus länger als an jedem anderen Ort im Swart-Tal. Die Einheimischen hatten nur zögernd die Arbeit am Erdreich vorgenommen, weil sie glaubten, daß dort Geister wohnten.

Wir hauchten ein Gebet, als Pablo zum Landeanflug ansetzte. Die Maschine ging nieder, der Boden kam auf uns zu, wir setzten auf. Wir wurden gerüttelt, hüpften auf und nieder, als wir auf dem holprigen Landestreifen ausrollten. Es war wie eine Antwort auf unser Gebet, denn wir waren sicher gelandet. Durch das Geräusch des Flugzeugs aufmerksam geworden, kam Luliap herbeigelaufen, einer von Stans bewährten Männern.

»Mein Vater ist noch immer nicht zurückgekommen«, sagte er eilig. »Er ist mit Piliput noch auf dem Weg.« Auf diese Weise sprach er den Namen Philipp aus. Luliap hatte die neuesten Nachrichten noch nicht gehört und nahm daher an, daß wir nur einen Besuch abstatten wollten. Als wir ihm den Grund unseres Kommens sagten, war er sprachlos. »Oh mein Vater«, sagte er. »Was haben sie meinem Vater getan?«

Wir verließen Ninia und flogen wiederum in das Gebiet, wo der Angriff stattgefunden haben sollte. Es war aber vergeblich, denn der Ort des Geschehens war in einer tiefen Schlucht verborgen, auf beiden Seiten stieg dichter Wald empor. Um in das Gebiet vordringen zu können, beschloß Frank, einen Helikopter von Papua Neuguinea anzufordern – dem nächstgelegenen Ort, wo einer stationiert war. Wir flogen nun weiter nach Koruppun, wo Pat Dale und Phyliss Masters ängstlich auf weitere Nachrichten über ihre Ehemänner warteten.

Der häufige Gebrauch ihres Funkgerätes hatte dessen Batterie erschöpft. Seit mehreren Stunden waren sie von der Außenwelt abgeschlossen. Pat wurde an diesem Tag nach Ninia und Phyliss nach Karubaga gebracht, wo sie die weiteren Entwicklungen abwarten sollten.

»Ich gebe die Hoffnung nicht auf, Jacques«, sagte Phyliss, als sie an Bord ging. Tapfer lächelte sie.

Der Hubschrauber sollte am gleichen Nachmittag in Ninia landen. Frank und ich begaben uns dorthin, um auf seine Ankunft zu warten. Als er schließlich landete, war der Tag zu weit fortgeschritten, als daß man noch etwas unternehmen konnte. Dichte Wolken hingen in der Schlucht, eine Landung erschien ganz unmöglich. Wenn das Wetter es erlaubte, so würde der folgende Morgen der erste Zeitpunkt sein, die Gegend, wo Phil und Stan zum letzten Mal gesehen worden waren, genauer unter die Lupe zu nehmen. An diesem Abend schwieg das Funkgerät. Während die Spannung wuchs, schwanden unsere Hoffnungen. Es gab keinen Zweifel mehr, daß etwas nicht in Ordnung war.

Wieder legten wir uns früh schlafen. Wir hatten uns jede denkbare Handlungsweise durch den Kopf gehen lassen, jede Möglichkeit durchgesprochen. Wir konnten nur hoffen und beten, daß der Morgen bald kommen würde.

Ich lag schlaflos auf meiner Luftmatratze. Meine Gedanken gingen zu Ruth und zu den Kindern, die ich in Karubaga zurückgelassen hatte. Wie würden sie mit der Spannung und der Ungewißheit zurechtkommen?

Die Ungewißheit war das Schlimmste. Wir wußten nicht, wo sich Stan und Phil befanden, nicht einmal, ob sie am Leben waren oder nicht. Wenn es nur eine Bestätigung gegeben hätte, daß wir wieder Hoffnung schöpfen könnten – oder andererseits, wenn es sein sollte, wenn nur die falschen Hoffnungen endlich widerlegt würden. Wenn wir nur Gewißheit gehabt hätten!

In der Dunkelheit der Nacht in Ninia dachte ich über meine eigene Lage nach. Von dem Zeitpunkt an, nämlich am Nachmittag zuvor, als Dave Martin in mein Arbeitszimmer hereingeplatzt war, hatte eine unheimliche Wirklichkeit in meinen Gedanken Gestalt angenommen. Nun konnte ich ihr nicht mehr ausweichen. »Morgen um die gleiche Zeit könntest du selbst auch tot sein.«

Falls Phil und Stan getötet worden waren, dann könnten sich ihre Mörder im Freudentaumel befinden. Sogar die feindseligsten Stämme hatten immer Ehrfurcht vor dem rätselhaften weißen Mann und seinen scheinbar übernatürlichen Kräften gehabt. Der Tod von Phil und Stan würde das geändert haben. Die Angst, welche die Yali vielleicht vor dem weißen Mann besaßen, könnte in der Erregung des Mordens untergegangen sein. Hatten sie einmal das Blut eines Weißen vergossen, verspürten die brutalen Krieger bestimmt Durst nach mehr. Es schien nicht gerade der geeignete Augenblick, ihnen mit dem Hubschrauber einen Besuch abzustatten!

Leise betete ich: »Herr Jesus, ich lege mein Leben in Deine Hände. Danke, daß alles zwischen mir und dir in Ordnung ist.« Ich betete für Ruth und die Kinder.

Am nächsten Morgen wachte ich auf, als Frank sich zu rühren begann. Es war fünf Uhr früh, ich hatte schon lange nicht so friedlich geschlafen. Noch hatten wir kaum unser Frühstück – kalter Reis – beendet, als in Ninia bereits reges Leben herrschte.

Bob Hamilton überprüfte seinen Hubschrauber, Pablo holte per Flugzeug einige Soldaten des indonesischen Militärs aus Wamena ab. Die Wetterlage sah sehr gut aus: ein strahlend blauer Himmel mit nur kleinen, weißen Wolkenfetzen. Es war unser

Tag. Die Spannung wuchs. Wenn es eine Gelegenheit dazu gegeben hätte, hätte ich einen Rückzieher gemacht. Jetzt aber konnte ich nicht mehr aussteigen.

Frank sowie einer der Soldaten hoben mit Bob um 6.05 Uhr ab und wurden im Gebiet abgesetzt, wo man den Angriff vermutete. Nach 20 Minuten kehrte Bob zurück, um noch zwei weitere Soldaten mitzunehmen. Als er zum dritten Mal wiederkam, war ich an der Reihe.

»Beeile dich«, rief Bob, als ich in den Hubschrauber einstieg. »Die Eingeborenen treffen bereits in Scharen ein.«

Mein Mut sank. Ein Korporal sprang nach mir herein und drückte mir ein Gewehr in die Hand. Noch nie zuvor war ich mit einem Hubschrauber geflogen.

Bobs Worte klangen in meinen Ohren nach. »Sie strömen herein.« Was wollten wir denn ausrichten, ein halbes Dutzend Männer gegen eine Horde sich möglicherweise im Blutrausch befindender Krieger? Wir hatten doch keine Chance! War es das Ende? Ich versuchte zu beten, aber es gelang mir nicht; die Anspannung war zu groß. »Jesus, oh Jesus«, konnte ich nur flüstern – aber Er war da: als liebevolle, ermutigende und verständnisvolle Person, die Licht und Frieden ausstrahlte. Ich empfand Seine Gegenwart als so wirklich, daß ich mich selbst wunderte. »Wenn ich meine Hand ausstrecke, kann ich Seinen Arm berühren«, dachte ich. Diese Erfahrung war für mich überwältigend.

Wir landeten an einer flachen Stelle nahe bei einem Flußbett. Auf allen Seiten über uns ragten hohe Bergspitzen auf. Die Bergrücken waren gesäumt mit Kriegern, deren Stimmen wir hören konnten. Jeder einzelne schien bis an die Zähne bewaffnet.

»Sie werden nicht herunterkommen«, versicherte mir Korporal Sadely. »Kurz bevor wir gelandet sind, hat mein Kollege eine Gewehrsalve im Tal abgeschossen. Das Echo an diesen Bergwänden hörte sich wie Donner an.« Er lächelte. »Sie werden uns nicht angreifen, denn sie haben Angst bekommen.« Indem ich meine Gedanken für mich behielt, fragte ich mich, wie lange die Furcht der zornigen Krieger anhalten würde.

Frank und die anderen Soldaten waren nicht zu sehen. Bob hatte sie näher zu der Stelle gebracht, wo man meinte, daß alles vor sich gegangen war. Hier stand ich nun mit Lilly Sadely, einem Indonesier, den ich nie zuvor gesehen hatte. Es gab nicht viel zu sagen. Wir hatten zudem Schwierigkeiten, die Sprache des anderen zu verstehen. Die Bergkämme ließen wir nicht aus den Augen.

Über uns begann das Wetter umzuschlagen. Immer mehr Wolken bedeckten den zuvor strahlend blauen Himmel. Vom Wind herumgewirbelt, bauten sich die Wolken langsam an den Bergspitzen auf und drohten, unseren einzigen Fluchtweg zu verschließen. Pablo flog seine einsame Wache entlang der Gipfel, immer mit einem Auge bei den Menschen unterhalb von ihm und oberhalb von uns. Ich sehnte mich nach der sicheren Zuflucht seines winzigen Passagierraums, aber sie schien so weit weg wie der fernste Stern.

Ein Seufzer der Erleichterung entfuhr mir, als ich das vertraute »tak-etak-tak« des zurückkommenden Hubschraubers vernahm. Eilig stiegen wir ein und landeten wenige Minuten später in Ninia. Ich war froh, daß wir die Nacht nicht in jenem furchterregenden Tal verbringen mußten. Bob Hamilton brauste davon, um Frank und die anderen zurückzuholen, bevor die Wolkenlücke sich schließen würde. Fast hätten sie es nicht mehr geschafft.

Es gab mehr Neues, als einige von uns erwartet hatten. Frank war mit Beweisen zurückgekommen, die wir nicht zu finden gehofft hatten. Nüchtern berichtete er: »Nachdem wir in einem ausgetrockneten Flußbett gelandet waren, kamen wir nach einem Fußmarsch von 15 Minuten zu der Stelle. Kleider und Campinggeräte lagen verstreut. Aus der Zahl der abgebrochenen Pfeile, die herumlagen, schließe ich, daß auf Stan schätzungsweise 75 bis 100 Pfeile abgeschossen wurden, auf Phil etwas weniger. Ihre Kleidung wimmelte von Pfeilen. Ohne Zweifel müssen wir als sicher annehmen, daß Stan und Phil getötet worden sind. Die Körper konnten wir nicht finden. Es gibt aber Anhaltspunkte, daß sie verstümmelt und zerhackt wurden, bevor man sie zur Siedlung fortgeschafft hat.«

Es gab ein Beweisstück, das Franks Schlußfolgerungen untermauerte, klein, jedoch von niederschmetternder Gewißheit.

Frank öffnete seine Hand: Auf seiner Handfläche lag ein kleines Stück eines Kieferknochens, daran ein Zahn mit einer Füllung – Stammesangehörige, die in der Steinzeit leben, haben keine Zahnfüllungen.

Frank brachte auch einige Pfeilspitzen mit. Als ich sie berührte, wurden meine Hände blutig. »Es tut mir leid, Freunde«, sagte ich leise. Unsere Mission war zu einem jähen Ende gekommen.

Im Augenblick konnten wir nichts weiter tun. Noch bevor der Abend hereinbrach, flog ich nach Karubaga zurück. Phyliss bewohnte inzwischen unser Gästezimmer. Als sie zuletzt bei uns gewesen war, am 9. April des Jahres, hatten unsere beiden Familien gemeinsam den 37. Geburtstag Phils gefeiert. Es war sein letzter gewesen. Nun war er für immer gegangen.

Ich teilte Phyliss die endgültige und unveränderliche Wahrheit mit. Ihre Charakterstärke befähigte sie, die Nachricht mit Tapferkeit und ruhiger Zuversicht aufzunehmen. Behutsam unterrichtete sie die Kinder, die man vom Internat an der Küste eingeflogen hatte. Trotz ihrer Jugend reagierten die Kinder mit Würde. Curtis, der älteste Sohn Phils, fragte nur: »Warum haben sie meinen Vater umgebracht? Er tat nie jemandem etwas zuleide.« – Eine liebevolle Untertreibung über einen Mann, der sein Leben um Christi willen gegeben hatte.

Am 30. März 1969, über sechs Monate nach dem Tod seines Vaters am 25. September 1968, wurde Timothy Philip Masters geboren. Später konnte Phyliss Masters den Mördern ihres Ehemannes vergeben und durfte miterleben, als unter den Yali viele den christlichen Glauben annahmen.[30]

Wir hörten nie wieder etwas von dem vierten Träger der Dani, Ndenggen, der Phil und Stan begleitet hatte. Wie es aussah, war er in den Wald entflohen und dort an Hunger, Kälte oder Erschöpfung gestorben, als er versucht haben mochte, über die hohen Bergübergänge nach Karubaga zurückzukehren. Wir ehrten sein Andenken in einem besonderen Gottesdienst. Man kann sagen, daß Ndenggen der erste Märtyrer der Dani-Kirche war.

Mburumburu geht nach Hause

Um diese Zeit erreichte uns aus Mamit die Nachricht, das Mburumburu gestorben war. Die Art, wie es geschah, paßte zu dem liebenswürdigen alten Mann. Nie war er ein außergewöhnlicher geistlicher Führer gewesen, doch seine unerschütterliche Treue und Hingabe an seinen Heiland machten ihn zu einem einzigartigen und vorbildlichen Christen. Mburumburu wandelte mit Gott. Er sprach mit Gott wie mit einem Freund, und Gott sprach mit ihm. Bestätigt wurde dies auch dadurch, wie er heimging.

Er war schon ziemlich schwach, als ich ihn das letzte Mal sah. Auch früher war er niemals ein massiver Kerl gewesen, nun aber schien sein magerer Körper nur mehr ein Schatten seiner selbst zu sein. Seine Gestalt war nach vorne gebeugt, die Wangen hohl, die Stimme kratzig. Nur der Geist in ihm war frisch, stark und frei geblieben.

Seine Frau Eerariyakkwe, die mindestens ebenso alt war, legte zu Fuß den langen Weg von Mamit zurück, um uns von den letzten Stunden Mburumburus zu erzählen. Ein bißchen sah sie wie eine Hexe aus mit ihrem vorgebeugten Körper, knöchernen Fingern und dem einzigen gelben Zahn, der in ihrem Kiefer verblieben war. Ihr Geist aber war genauso lauter wie der ihres Mannes. Die Geschichte, die von ihren rissigen Lippen kam, war ebenso lieblich wie einfach.

»Eines Tages kam Mburumburu nach Hause«, begann sie zu erzählen. »Er war müde.«

»Eerariyakkwe«, krächzte er, »ich möchte gerne, daß du Blätter der Süßkartoffel für mich kochst. Wenn du sie gekocht hast, will ich sie essen.« Er sprach, wie es bei den Dani üblich war – kurze Sätze, von denen sich jeder folgende auf den vorangegangenen bezog. »Wenn ich sie gegessen habe, werde ich in den Garten meines himmlischen Vaters gehen.«

»Ai, mein Mann«, erwiderte Eerariyakkwe. Dies war eine ebenso typische Antwort, einer jener Ausrufe der Dani, die alles und nichts bedeuten konnten.

»Ai, mein Mann«, wiederholte sie, »ich will die Blätter sogleich für dich kochen. Wenn ich sie gekocht habe, kannst du sie essen.«

Mburumburu sah seiner Frau zu, wie sie die Blätter einem Netzsack entnahm, der auf einem Pflock in der Hütte baumelte. Die lebenslange Erfahrung mit der mühsamen Methode des Dampfkochens ließ die Angelegenheit einfach erscheinen. Kurze Zeit später entfernte Eerariyakkwe die heißen Steine mit einem gegabelten Stecken und legte die Blätter ihrem Mann vor.

»Ich werde nun essen«, kündigte er wie gewöhnlich an, bevor er die dampfenden, fleischigen Blätter in den Mund stopfte.

Nachdem Mburumburu sich sattgegessen hatte, aß Eerariyakkwe. Als sie fertig war, lehnte sich Mburumburu zurück und ließ seinen Körper an der rohen Holzwand ihrer Hütte ruhen. Mit einem zufriedenen Seufzer schloß er die Augen, aber er schlief nicht ein. Wie er es vorher angekündigt hatte, ging er ganz ruhig in die Gegenwart seines Herrn hinüber. Er war im Garten seines Vaters angekommen. Mburumburu war zu Hause.

Das Ende einer Epoche

Wir schreiben den 16. Juni 1974 und befinden uns auf dem Landeplatz von Karubaga. Dreizehn Jahre haben wir bei den Dani verbracht. Nun ist unsere Zeit abgelaufen.

Revolutionäre Veränderungen haben im Swart-Tal im Ablauf dieser dreizehn Jahre stattgefunden. Wir waren bei einem heidnischen Volksstamm angekommen, der in der Steinzeit lebte und völlig unberührt von Gott und Seinem Wort war. Nun war die Mehrzahl der Dani im Swart-Tal wiedergeborene Christen. 73 einheimische Gemeinden hatte man gegründet, jede besaß ihre örtliche Leitung. Seit SAM eröffnet worden war, hatten 117 Studenten die Ausbildung abgeschlossen. Die jungen Gemeinden waren kraftvoll und gesund. Zu jeder Gemeinde gehörte zumindest ein Missionarsehepaar, das in einem anderen Teil Irian Jayas tätig war, unter Menschen mit verschiedener Kultur und Sprache. Trotz der überaus großen Armut wurde jedes Ehepaar von der Heimatgemeinde unterstützt. Offensichtlich benötigte man auch fremde Missionare noch für längere Zeit, dennoch schien eine Epoche langsam dem Ende zuzugehen. Unsere Zeit war jedenfalls vorbei; neue Aufgaben lagen bereit.

Soeben ist die zweimotorige Maschine Aero Commander gelandet. Fleißige Hände laden ihre Fracht aus. Der Augenblick der Wahrheit ist gekommen. Man hat unsere wenigen Besitztümer bereits an Bord gebracht. Wir kamen mit wenigem an, und wir gehen mit wenigem – dennoch vertrauen wir darauf, daß wir ein reiches geistliches Erbe hinter uns lassen – und mit uns nehmen. Missionskollegen umringen das Flugzeug, jemand macht einen Witz. Abschiednehmen gehört zum Leben eines Missionars, aber leichter wird es dadurch nicht.

Einer möchte noch ein Foto machen. Kinder aus der Schule des Dorfes singen ein Abschiedslied. Der Wind verweht ihre dünnen Stimmen und trägt sie fort über das Tal. Ich blicke die dunklen Gesichter an, die den Landestreifen säumen. Keiner spricht etwas; einige Männer weinen hemmungslos. Jan, der geliebte SAM-Lehrer, ist nicht anwesend. Er befürchtete, die Verabschiedung nicht durchhalten zu können. Ich erblicke den alten Leenggwa. »Das letzte Mal auf dieser Erde«, denke ich.

Glen Laird, der Pilot, ersucht uns, an Bord zu gehen. Wie üblich gibt es Schwierigkeiten mit den Sicherheitsgurten. Die Türen schlagen zu, einer der Mitarbeiter der Dani-Station gibt das Freizeichen, um anzuzeigen, daß die Startblocks entfernt wurden und alles klar zum Start ist. Der linke Motor springt mit einem durchdringenden Knall an, dann folgt der rechte. Systematisch kontrolliert Glen das Armaturenbrett und bringt den Motor auf Touren. Ein letztes Winken.

Mit heulenden Motoren rollen wir donnernd über die Flugbahn. Das Bugrad hebt vom Boden ab. Vertraute Objekte liegen plötzlich unter uns und werden immer kleiner. Mit einem dumpfen Geräusch wird das Fahrgestell eingezogen.

Wir haben Irian Jaya verlassen. Das Flugzeug sucht seinen Weg aus dem vertrauten Tal. Gleich um die Kurve herum liegt Kanggyme, auf der linken Seite Mamit.

Meine Gedanken gehen zurück zu einem meiner letzten Erlebnisse in Mamit, kurz vor unserem ersten Urlaub.

Eine Gruppe von Männern ist in einer Hütte um die Feuerstelle versammelt; auch Tuwanonuwa, Andugumanggen und Kabutna sind dabei, ebenso Kimbameryme. In Kürze wird er zusammen mit der ersten Gruppe von Studenten SAM besuchen. Man unterhält sich mit gedämpften Stimmen. Sich über Vergangenes zu unterhalten, stellt einen beliebten Zeitvertreib bei den Dani dar. Die Männer tauschen ihre Erinnerungen aus, wie kleine Buben über ihre Streiche sprechen, die sie nach der Schule verübten.

»Habt ihr jemals die Absicht gehabt, mich zu töten?« frage ich unvermittelt.

Obwohl wir keine Geheimnisse voreinander haben, hüllen sich die Männer in verlegenes Schweigen. Ein junger Bursche versucht vergeblich, ein Kichern zu unterdrücken. Dann entschließt er sich zu sprechen:

»Aber sicher«, sagt er, noch immer peinlich berührt.

»Warum habt ihr es dann niemals ausgeführt?« beharre ich.

Ihre Verwunderung ist echt.

»Wir wissen es wirklich nicht …«, wagt einer zu äußern. »Irgendwie sind wir nie dazu gekommen …«

Die ganze Zeit war Gott im Spiel gewesen. Schließlich gehörte es zu den Sitten der Dani, jeden Fremden, der zu ihrem Stamm vordrang, zu ermorden. Aber Gott ließ es nicht zu, daß man mich tötete, damit ich ein Botschafter des Lebens werden konnte. Jesus Christus hat ihre mörderische Tradition durchbrochen, um den Dani das Geheimnis von Nabelan Kabelan anzubieten.

Gespräch mit Jacques und Ruth Teeuwen

Veronika Trautmann: »Durch die Arbeit an diesem Buch habe ich viel darüber nachgedacht, wie der erste Teil – deine Lebensgeschichte oder dein Werdegang – mit dem zweiten Teil – der Missionsgeschichte – untrennbar zusammenhängt. Dein Berufswunsch etwa, Bauer zu werden. In Holland war das, wie du sagst, aussichtslos, aber in Irian Jaya konntest du wohl einiges von dem verwerten, was du gelernt hast: Zumindest hattest du dort eine Hühnerzucht, ihr habt verschiedene Gemüsesorten eingeführt usw. – Dann denke ich auch an die unheimlich harten Zeiten, die du während des Zweiten Weltkrieges erleben mußtest. Ohne diese ›Abhärtung‹ aber hättest du vielleicht nicht so den Mut gehabt, in ein derart ›wildes‹ Land unter Menschenfresser zu gehen, wenngleich du es auch nicht beschönigst, daß du manchmal Angst hattest. Dein Charakter war anscheinend immer schon kämpferisch und draufgängerisch, nur wurdest du durch den Glauben sozusagen auf ein ganz anderes Ziel hin umgepolt.«

Jacques: »Es ist richtig, daß vieles aus meiner ›Vorgeschichte‹ eine Rolle gespielt haben mag oder mir sogar später zugute gekommen ist, so schwer es auch zunächst war. Was die Kriegsjahre betrifft, so vermag nicht einmal Ruth nach vierzig Ehejahren ganz zu erfassen, obwohl ich so oft davon erzählt habe, welche Tragödien sich damals abgespielt haben, wie sehr mich das ganze auch geprägt hat und wie tief die Verzweiflung und Sinnlosigkeit waren, in denen ich mich noch Jahre nach dem Krieg befunden habe. Für mich ist das eines der größten Wunder Gottes, daß ich wirklich mit meiner ›Bekehrung‹ sozusagen über Nacht frei wurde von den quälenden Gedanken an diese Kriegserlebnisse, denn ich kenne Menschen, die heute noch darunter leiden.«

Veronika Trautmann: »Als ihr in Irian Jaya angekommen seid, was waren in der Folge die größten praktischen Probleme? Was war für euch seelisch am schwersten zu verkraften? Als Mutter denke ich auch daran, daß Ruth damals ihr zweites Kind erwartete, an die ganzen Umstände bei den nachfolgenden Geburten, Umgang mit den Menschen dort und dergleichen ...«

Ruth: »Eines der größten Probleme am Anfang war für mich, daß wir niemals allein sein konnten, es gab keine Privatsphäre. Sobald wir unser kleines Haus verließen, waren wir sofort von einer großen Zahl von Menschen umringt, die uns und unser Baby berühren wollten – und sie waren ja so schmutzig! Ich empfand das als sehr schwierig, weil viele Leute an der schon beschriebenen Hautkrankheit litten und ich wußte, daß meine Kinder dasselbe bekommen konnten. Für mich als Mutter war das wirklich eine Angelegenheit, bei der ich Gott um Hilfe bitten mußte, um diese schmutzigen Menschen annehmen zu können und ihnen zu erlauben, mit meinen Kindern in Berührung zu kommen.

Wir hatten einen kurzen medizinischen Kurs absolviert, nicht nur für uns, sondern auch für die Leute dort und mußten oftmals selbst die Ärzte für unsere Familie sein. Sonst konnten wir medizinische Hilfe nur bekommen, wenn wir über das Funkgerät Kontakt mit einem Arzt aufnahmen. Es gab seltsame Krankheiten, die unsere Kinder auch bekamen, allerdings waren wir während der Zeit, die wir bei den Dani verbrachten, nicht ernsthaft krank, bis auf einmal, als unser ältester Sohn mit eineinhalb Jahren lebensbedrohlich an Brechdurchfall erkrankte. Gott schickte uns jedoch Hilfe. Einer der Eingeborenen bot sich an, noch in der Nacht acht Stunden über den Berg zu gehen, um von einem Arzt ein Medikament zu holen. Dadurch wurde das Leben unseres kleinen John Mark gerettet, und wir konnten Gott nicht genug für seine Fürsorge danken.

Das Schwierigste für uns als Familie war, daß wir unsere Kinder ins Internat schicken mußten. Mit sechs Jahren mußten sie von uns fort und kamen nur zweimal im Jahr nach Hause, in den Sommer- und in den Weihnachtsferien. Vielleicht kann Jacques erzählen, wie Gott uns in dieser schwierigen Situation beistand.«

Jacques, Priscilla und John Mark unter den Einheimischen

Jacques: »Zuerst ist Priscilla gegangen, ein Jahr später John Mark, schließlich flogen dann alle vier zugleich mit dem Flugzeug ab – 250 km über den Dschungel, womit ja auch Gefahren verbunden waren. Wir waren dann allein zu Hause, und es kam uns vor, als wäre jemand gestorben, so still, so sauber war es. Wir haben uns hingesetzt und zusammen geweint, und ich habe Gott in meiner Not gefragt: ›Herr, warum muß das uns passieren?‹ – Da sagte Gott in seiner Freundlichkeit: ›Mir ist es auch passiert! Auch ich habe meinen Sohn in die Welt geschickt, aber nicht, um Ihn in ein Internat zu geben, damit Er von christlichen Hauseltern betreut wird, sondern damit Er gekreuzigt werde!‹

Das Wort Gottes sagt uns, daß wir dem Bild Seines Sohnes gleich werden müssen. Durch diese unsere persönliche Erfahrung haben wir mehr verstanden von der Liebe unseres Gottes, aber auch von dem Leiden eines Christen.«

Ruth: »Die beiden mittleren Söhne wurden in Irian Jaya geboren, das vierte Kind, Stephen, während eines Heimaturlaubs in England. John Mark erblickte das Licht der Welt in einer Hütte mit Grasdach und Sandboden. Entbunden wurde er auf einem Küchentisch. Die Hebamme kam erst 15 Minuten vor der Geburt. Sie stammte aus Australien und wohnte nicht weit entfernt. Weil aber damals zwischen den Dörfern Kämpfe vor sich gingen, konnte niemand sie verständigen. Gleichzeitig hatte Jacques einen Infekt und fühlte sich gar nicht wohl. Als der kleine John Mark geboren war, konnte Jacques sich nicht einmal auf den Beinen halten.

Weil es überall so schmutzig war, waren alle Versuche, die Gegenstände rein zu halten, vergeblich – das Baby und unsere ältere Tochter Priscilla bekamen binnen Stunden nach der Geburt des Kleinen einen Hautausschlag – mit medizinischem Namen Impetigo –, das war ein harter Schlag für mich. Ich habe viel geweint, denn der Herr hatte uns dieses wunderbare kleine Baby gegeben, aber Stunden später war seine Haut bereits mit Grindblasen übersät. Dennoch vertraute ich auf Gott, daß er sich als fester Felsen erweisen und uns nicht im Stich lassen würde.

An Hausarbeiten gab es anfangs nur einfache Dinge, es war genug damit, die Familie zu ernähren und sauber zu halten. Unsere Nahrung war großenteils von Australien oder Holland gekommen, per Schiff, dann per Lastwagen, und schließlich wurden die Lebensmittel auf kleine Flugzeuge verladen, die alles zu uns brachten. Aber oftmals kam monatelang keine Lieferung, und so ging uns vieles ab. Ich mußte erst lernen, auf einem mit Holz gefeuerten Ofen Brot zu backen. Später konnten wir einen einheimischen Knaben instruieren, der uns bei der Hausarbeit half, damit ich in der Elementar- und später in der Bibelschule unterrichten und den Menschen eine Hilfe sein konnte.«

Veronika Trautmann: »Es wäre interessant zu erfahren, ob sich die Gemeinden in eurem Missionsgebiet auch so lebendig weiterentwickelt haben, wie es am Anfang den Anschein hatte. Habt ihr noch Verbindung mit den Menschen in Irian Jaya?«

Jacques: »Ja, wir haben noch Verbindungen, aber man muß sich vorstellen, daß eine Briefmarke dort sehr teuer ist. Daher wird wenig geschrieben, ab und zu hören wir aber dennoch etwas. Ein Brief, der mir am besten gefallen hat, war von einem einheimischen Mann, der Lehrer geworden war. Er schrieb uns nach Holland: ›Ich habe Dir noch nie gedankt dafür, daß Du mein Lehrer warst, aber ich möchte das heute tun, weil ich jetzt weiß, wie schwer das gewesen sein muß, weil ich nun selbst Lehrer bin.‹

Mit den Gemeinden geht es noch immer vorwärts; im September 1993 erhielt ich ein Foto von einem dieser einheimischen Jungen, der vor vielleicht fünfundzwanzig Jahren bei mir in der Bibelschule war. Damals war er beinahe nackt – auf dem Bild aber wurde er mit dunkler Hose, weißem Hemd und schwarzer Krawatte gezeigt. Er saß hinter einem Computer und hatte das Alte Testament in seine Muttersprache übersetzt.

Die Situation der Gemeinden heute ist sehr gut, in unserem Tal – im Swart-Tal – gibt es keine ausländischen Missionare mehr, man könnte wirklich sagen, es entwickelt sich reibungslos dort.«

Veronika Trautmann: »Du schreibst von neuen Aufgaben nach eurem Abschied von Irian Jaya. Wie ging euer Lebensweg dann weiter?«

Jacques: »So klar der Herr uns den Ruf gegeben hatte, nach Neuguinea zu gehen, so klar zeigte er uns auch, als es an der Zeit war zurückzukehren. Wir hatten Angebote aus Amerika und England, dort in den christlichen Dienst zu gehen, aber irgendwie hatten wir darüber keine Freimütigkeit, und es schien, daß der Herr uns nach Holland zurückführen wollte. Das kam uns deshalb unlogisch vor, da unsere Kinder nicht holländisch sprachen. Sie trugen auch keine holländischen Namen, denn wir hatten nie daran gedacht, daß wir wieder nach Holland gehen würden.

Schließlich war ich in Holland und wußte anfangs nicht, was ich nun anfangen sollte. Ungefähr ein Jahr später nahm ich an einer Konferenz teil, bei der ich mit dem Leiter einer Ostmission zusammentraf. Er kam auf mich zu und fragte: ›Möchtest du mit uns zusammen hinter dem Eisernen Vorhang arbeiten?‹ Ich konnte mich nicht sofort entschließen und hoffte, bei einer folgenden Konferenz Klarheit zu bekommen. Es war dort eine Frau, die Psalm 27,1 sang: ›Der Herr ist mein Licht und mein Heil, wen sollte ich fürchten?‹ – das gleiche Wort, das uns der Herr gegeben hatte, als wir mit dem Schiff vor der Küste Neuguineas lagen und ich wirklich wieder einmal ängstlich war, weil ich mich fragte, wie es weitergehen sollte: Ruth war damals schwanger, unser Töchterchen Priscilla erst zwei Jahre alt – und wir sollten zu den ›Wilden‹ gehen. In jener Situation habe ich auch den gleichen Vers bekommen. Nun hatte ich wiederum den Eindruck, Gott spricht durch diesen Vers zu mir.

1975 unternahm ich die erste Reise hinter den ›Eisernen Vorhang‹, wodurch ich neue Bestätigungen erhielt.

In der ehemaligen DDR trafen wir einen lutherischen Pfarrer, der sagte auf einmal zu mir, ich möge mit seiner Mutter reden, die an einer Beinvenenthrombose litt. Ich betete mit ihr, und innerhalb von acht Tagen war sie völlig geheilt. Die erste Bestätigung.

Auf der Weiterfahrt gab es an der Grenze von der DDR nach Polen Probleme. Abermals beteten wir, da klopfte plötzlich jemand ans Fenster; der Zöllner wußte nicht, was das bedeuten sollte, jemand rief etwas; jedenfalls hat er die Achseln gezuckt, auf einmal unsere Papiere unterschrieben und gestempelt, und wir konnten weiterfahren. Die zweite Bestätigung.

Schließlich waren wir in Polen, wobei ich aus Sicherheitsgründen den Bestimmungsort vorher nicht wußte. Daher fragte ich erst, als wir schon im Landesinneren waren, wo es hin ginge. Als ich den Namen der Stadt hörte, kam mir in den Sinn, daß ich schon einmal dort gewesen war, und zwar während der Hitlerjugendausbildung am Ende des Zweiten Weltkrieges. Unter anderem hatte man uns dort beigebracht, daß man Christen umbringen sollte, weil sie dem Fortschritt des Nationalsozialismus im Wege stünden.

Einunddreißig Jahre später waren wir wieder unterwegs zu dieser Stadt. War es ein Zufall, daß ich dort zum ersten Mal im

Osten Zeugnis abgelegt habe, was Jesus Christus für mich bedeutet? Die dritte Bestätigung.

Wir wollten weiterfahren nach Tschechien, um dort einen Pfarrer zu treffen. Man warnte uns aber, es sei zu gefährlich, weil ein Spitzel nebenan wohne und das Telefon abgehört würde; man riet uns, nicht hinzugehen. Da klingelte es, und auf einmal stand der Pfarrer, von dem wir gesprochen hatten, im Zimmer, obwohl er gar nicht hatte wissen können, daß wir da waren.

Die erste Reise hat also bereits viele Bestätigungen gebracht, und von der Zeit an haben wir dann immer mit großer Freimütigkeit die vielen Reisen unternommen.«

Ruth: »Für mich war Jacques' Berufung, in Osteuropa zu arbeiten, viel furchterregender als der Ruf nach Neuguinea, wohin wir als Ehepaar gemeinsam gegangen waren. Ich brauchte eine ganze Weile, um die Tatsache zu akzeptieren, daß Gott diesen Plan für uns hatte. Ich hatte einfach mehr Angst als bei unserem Ruf nach Neuguinea. Aber Gott schenkte es, daß ich Seinen Willen annehmen durfte. Er gab mir Frieden darüber und die Gewißheit, wenn dies unser Weg wäre, würde Er mit uns sein. Was Jacques soeben erzählte, war auch für mich eine große Ermutigung.«

Jacques: »Ich habe gesagt, es hat ein Jahr gedauert, bis ich wußte, was mein nächster Auftrag war; und weil ich ja immer schon in die Oststaaten gehen wollte, habe ich später nicht verstanden, warum ich so lange unsicher war. Es wurde mir aber bewußt, daß es einfach Angst war. Die Leute auf Neuguinea, die waren schon gefährlich, die haben einen in kürzester Zeit umgebracht; aber ich weiß auch eine Geschichte von einem Missionar, der im Osten erwischt wurde, und dem man sagte, er sollte jetzt reden, und wenn er nicht reden wollte, dann hat man gesagt: ›Wir werden dich einsperren, keiner wird wissen, wo du bist, und wenn du nachher doch reden möchtest, interessiert uns das nicht mehr, du bleibst einfach dort, bis du verfaulst.‹ Das hat mir dann doch zu schaffen gemacht, und ich habe gemerkt, das war der

Grund, warum ich meinen weiteren Ruf nicht gleich erkannt habe.«

Veronika Trautmann: »So ist dein ursprünglicher Wunsch, in den Oststaaten als Missionar tätig zu sein, also doch noch in Erfüllung gegangen. Wie beurteilst du im Nachhinein, daß Gott dich zunächst nach Irian Jaya geschickt hat, bevor du deine Tätigkeit hinter dem ›Eisernen Vorhang‹ aufnehmen konntest?«

Jacques: »Unsere Zeit in Irian Jaya war ja wie eine richtiggehende Ausbildung. Wir haben dort gelernt, wie man einigermaßen geduldig wird und wie man sich in gefährlichen Situationen benimmt. Ich bin jetzt ziemlich überzeugt: Wenn ich diese Vorausbildung nicht gehabt hätte, wäre der Dienst hinter dem Eisernen Vorhang nicht möglich gewesen.

Denn ich brauchte dort sehr viel Geduld, und manchmal war es auch gefährlich, wenn wir Bibeln geschmuggelt haben und auch andere Sachen, aber wir haben in Irian Jaya gelernt, wie man mit solchen Situationen fertig wird.«

Ruth: »Die Missionsgeschichte unserer Familie ist hier noch nicht zu Ende. Obwohl unsere Kinder teilweise im Internat aufgewachsen sind, haben sie doch das Wesentliche mitbekommen; sie haben die Bedeutung der christlichen Botschaft erkannt und wollen diese ebenfalls in andere Länder hinaustragen. Unsere vier Kinder sind jetzt alle verheiratet, die drei Älteren stehen bereits in der Missionsarbeit. Nur der jüngste Sohn, Stephen, wohnt mit seiner Familie in Holland, die anderen sind in fernen Ländern – Priscilla in Argentinien, Andrew in Albanien, John Mark in England, aber unsere größte Freude ist natürlich, daß sie alle den Weg des Glaubens gehen.«

Karte von Irian Jaya

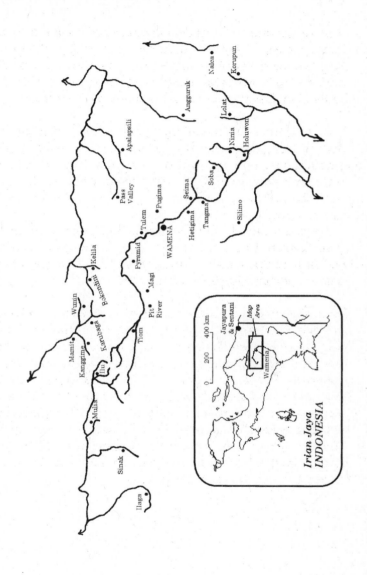

Anmerkungen

1. z.B. Mathieu Debout: Kinder der Steinzeit? Papua zwischen Militär und Mission im Hochland West-Neuguineas. Moers: edition aragon, 1991
2. Diese Kirche unterstützte die Teeuwens während ihres Aufenthalts in Irian Jaya durch finanzielle Zuwendungen.
3. Ein Land für Frösche
4. Psalm 103,8.
5. Röm 11,33.
6. eingedeichtes Land
7. Mt 6,31.32
8. z.B. indem man zum Schein den Glauben annahm, weil man sich erhoffte, der ausländische Missionar könne vielleicht bei der Beschaffung eines Reisepasses behilflich sein.
9. Röm 2,4.
10. im englischsprachigen Raum üblich für besonders gute Schulleistungen
11. Vater von Ruth
12. Joh 3,16: Denn so hat Gott die Welt liebt, daß er seinen eingeborenen Sohn gab, damit jeder, der an ihn glaubt, nicht verloren geht, sondern ewiges Leben hat.
13. Hauptstadt, heute Jayapura, an der Nordküste Irian Jayas.
14. Mission Aviation Fellowship – eine Missionsgesellschaft, die mit ausgebildeten Piloten und Flugzeugen anderen Missionen zu Diensten steht.
15. Originaltext: »To the regions beyond I must go, I must go, where the story has never been told. To the millions that never have heard of His love, I must tell the sweet story of old.«
16. Mehrzahl von »nak o« – »geh weg«
17. Durch die Behandlung mit Penicillin verschwand diese Krankheit allmählich.
18. Röm 8,15 und 8,21.
19. besonders Apg.2,37-47: » Was sollen wir tun, ihr Brüder,?«
20. Hebr 4,12.
21. vgl. Röm 6,3.4.

22. Apg 2,42.
23. Johannesevangelium 20,30.
24. Apg 2,44.
25. 2.Kor 9,7.
26. 2.Kor 8,2.
27. Apg 2,47.
28. siehe Joh 3,1 – 21.
29. d.h. eine Frequenz ohne Gewähr eines Empfanges.
30. Die Lebensgeschichte der beiden ermordeten Missionare Phil Masters und Stan Dale ist nachzulesen bei: Don Richardson: Herren der Erde. Bad Liebenzell: Verlag der Liebenzeller Mission, 1979.

Eileen Crossman
James O. Fraser

Hardcover

248 Seiten
DM 18,80
ISBN 3-89397-332-X

James Fraser war erst 22 Jahre alt, als er eine vielversprechende Karriere hinter sich ließ und zu den Lisus nach Südwestchina ging. Jahrhunderte der Finsternis mußten durch diesen »Bergsteiger im Gebet« dem Licht der Herrschaft Gottes weichen und der Sieg vom Kreuz wurde wahrhaftig von den Berghöhen gerufen. Tausende fanden durch ihn zu Christus und in ein Leben der Nachfolge.

Diese beeindruckende Biographie, von seiner Tochter Eileen Crossman aufgezeichnet, enthüllt das Geheimnis seines gesegneten Lebens und wird zur Herausforderung und zum Ansporn.
(Aber Achtung ... Lesen verpflichtet zur Veränderung!)

Elisabeth Elliot

Jim Elliot – Im Schatten des Allmächtigen

Hardcover

248 Seiten
DM 14,80
ISBN 3-89397-319-2

Die ungekürzte, von seiner Frau kommentierte Ausgabe der Tagebuchaufzeichnungen und Briefe Jim Elliots, der 1956 als junger Missionar bei der ersten Begegnung mit den Aucas in Ecuador ermordet wurde.

Diese ehrlichen Aufzeichnungen geben einen Einblick in das geistliche Leben eines Mannes, dessen nüchterne, ungeteilte Hingabe an Christus eine Herausforderung für jedes mittelmäßige, halbherzige Christenleben ist.

Eileen Vincent

Charles T. und Priscilla Studd
Vereint im Kampf für Jesus

Hardcover

240 Seiten
DM 18,80
ISBN 3-89397-365-6

Charles und Priscilla Studd – ein Mann und eine Frau Gottes! Nichts, was sie anfingen, machten sie nur halb. Sie lebten mit ganzer Hingabe für nur eine Sache – die Verherrlichung Gottes durch die Evangelisierung der Welt.

Doch der Preis war hoch. Reichtum, Bequemlichkeit, das Familienleben und das eigene Selbst kostete es, dieses hohe Ziel zu verwirklichen. Ihr Vorbild weckte lethargische Gemeinden und aktivierte mit sich selbst beschäftigte Gläubige. Viele wurden durch sie in den vollzeitlichen Missionsdienst geführt. Direkt oder indirekt sind Missionswerke auf sie zurückzuführen und ihre Missionskonzepte werden heute von vielen Werken übernommen.

Aber auch sie waren nur Menschen mit Schwachstellen – daß Gott sie dennoch gebrauchen konnte, sollte Ansporn und Ermunterung sein.